Frank Barthélemy | Heinz-Dieter Knöll | André Salfeld
Christoph Schulz-Sacharow | Dorothee Vögele

Balanced Scorecard

Frank Barthélemy | Heinz-Dieter Knöll | André Salfeld
Christoph Schulz-Sacharow | Dorothee Vögele

Balanced Scorecard

Erfolgreiche IT-Auswahl, Einführung und Anwendung: Unternehmen berichten

Mit 114 Abbildungen und 9 Tabellen

PRAXIS

VIEWEG+
TEUBNER

Bibliografische Information der Deutschen Nationalbibliothek
Die Deutsche Nationalbibliothek verzeichnet diese Publikation in der Deutschen Nationalbibliografie; detaillierte bibliografische Daten sind im Internet über <http://dnb.d-nb.de> abrufbar.

Höchste inhaltliche und technische Qualität unserer Produkte ist unser Ziel. Bei der Produktion und Auslieferung unserer Bücher wollen wir die Umwelt schonen: Dieses Buch ist auf säurefreiem und chlorfrei gebleichtem Papier gedruckt. Die Einschweißfolie besteht aus Polyäthylen und damit aus organischen Grundstoffen, die weder bei der Herstellung noch bei der Verbrennung Schadstoffe freisetzen.

1. Auflage 2011

Lektorat: Christel Roß | Walburga Himmel

Vieweg+Teubner Verlag ist eine Marke von Springer Fachmedien.
Springer Fachmedien ist Teil der Fachverlagsgruppe Springer Science+Business Media.
www.viewegteubner.de

Umschlaggestaltung: KünkelLopka Medienentwicklung, Heidelberg
Druck und buchbinderische Verarbeitung: MercedesDruck, Berlin
Gedruckt auf säurefreiem und chlorfrei gebleichtem Papier.
Printed in Germany

ISBN 978-3-8348-0686-4

Geleitwort

Das Controller-Leitbild der International Group of Controlling (IGC) bezieht die Transparenzverantwortung der Controller auf die drei großen Steuerungsfelder eines Unternehmens: Strategie – Ergebnis – Finanzen. In den Seminaren der Controller Akademie sprechen wir gerne vom Triptychon, was auf griechisch so viel wie „Drei-Bilder-Altar" bedeutet.

A. Gälweiler hat bereits in den 70er Jahren des letzten Jahrhunderts diesen Grundgedanken in die betriebswirtschaftliche Diskussion eingeführt. Er sprach von den strategischen Potenzialen eines Unternehmens als den „Vorsteuergrößen" für den Gewinn. Er betonte damit als einer der Ersten den inneren Zusammenhang zwischen dem Gelingen einer Unternehmensstrategie und dem finanziellen Unternehmenserfolg. Denn mit dem Begriff der „Vorsteuergröße" wird gezielt auf die Möglichkeit hingewiesen, dass sich der finanzielle Erfolg eines Unternehmens kausal und zeitlich frühzeitig beeinflussen lässt. Konsequentes Strategie-Controlling hat somit einen herausragenden Stellenwert im Rahmen eines Frühwarnsystems und eines ganzheitlichen Chance- und Risiko-Managements.

Leider ist es mit der Strategie-Transparenz in vielen Unternehmen nicht so gut bestellt! Dies hat sicherlich vielerlei Gründe. Zum Ersten ist eine Unternehmensstrategie schwerer zu fassen. Ein behaupteter Wettbewerbsvorteil ist nicht ohne weiteres zu quantifizieren. Marktanteile allein sind nicht unbedingt aussagefähig. Häufig handelt es sich bei einer Veränderung des Kundenverhaltens um so genannte „weak signals". Solch ambivalente Informationen lassen die unterschiedlichsten Interpretationen zu. Die Erfolgschancen einer Strategie im Vorhinein zu beurteilen, ist somit ein äußerst mühsames Geschäft.

Ganz im Gegensatz dazu sehen wir uns im Feld der Finanzen mit „hard facts" konfrontiert. Der Free Cash Flow als zentrale Steuerungsgröße ist eindeutig und klar zu quantifizieren. Es gilt das Motto: „No cash, no fun!" Wenn wir also in der Zeitung lesen, dass ein Unternehmen Insolvenz anmelden musste, weil es nicht mehr bezahlen konnte, so ist die Aussage glasklar. Die Diagnose kommt allerdings viel zu spät und greift zu kurz. Sie ist vergleichbar mit der Diagnose eines Hausarztes, der feststellt: „Der langjährige Herzinfarktpatient ist an Atemstillstand gestorben!" Die Diagnose ist richtig, kommt aber viel zu spät. Die Frage nach den Ursachen des Herzinfarktes führt wieder zu den strategischen Potenzialen. Da gehen die Einschätzungen dann häufig weit auseinander.

Zum Zweiten ist das Strategie-Controlling eine vergleichsweise junge Disziplin. Sicherlich war die Portfolio-Analyse der Boston Consulting Group ein wichtiger Wegbereiter der strategischen Planung. Seither hat sich das Arsenal an Methoden stetig weiterentwickelt. In dieser Entwicklung nimmt die von B. Kaplan und K. Norton konzipierte Balanced Scorecard einen herausragenden Stellenwert ein. Wie kaum eine andere Methode zuvor, hat sie die Strategie-Diskussion der letzten 15 Jahre in der deutschsprachigen Controller-Szene geprägt. Die Einschätzungen zur Balanced Scorecard gingen dabei weit auseinander. Von „Alter Wein in neuen Schläuchen" bis zum Allzweckwunderheilmittel war alles vertreten. Die Wahrheit liegt wie so oft in der Mitte.

Der Gründer der Controller-Akademie A. Deyhle hat bereits Ende der 60er Jahre des letzten Jahrhunderts mit dem „WEG"-Modell die Notwendigkeit ausgewogener Zielsysteme für eine nachhaltige Ausrichtung der Unternehmensstrategie betont. Die Frage, ob das Unternehmen auf dem richtigen WEG ist, lässt sich nicht eindimensional beantworten. Wachstum (W) spricht die Kundensicht an, Entwicklung (E) die Innovationsfähigkeit und Mitarbeiter, Gewinn (G) steht für die finanzielle Ebene. Die Ziele stehen gleichberechtigt – eben „balanced" – nebeneinander. Die einseitige Betonung eines Zieltyps, wie z. B. die ausschließliche Fixierung auf den Shareholder Value, führt zu einer Unwucht. Das (Steuer-)Rad läuft nicht mehr rund.

Die Konzeption der Balanced Scorecard von Kaplan und Norton enthält die beiden Grundgedanken von Gälweiler und Deyhle. Ausgewogene strategische Ziele sind in den bekannten vier Perspektiven „Finanzen – Kunden – Prozesse – Innovation" zu formulieren und miteinander in einen kausallogischen Zusammenhang zu bringen. Eine solchermaßen entworfene Strategie-Landkarte dokumentiert und kommuniziert die Vision und Strategie des betreffenden Unternehmens ganzheitlich.

Doch Kaplan und Norton wollten mehr! Der Untertitel des 1996 erschienenen Erstlingswerks lautet: „Translating strategy into action!" Damit stoßen die beiden Autoren in eine oftmals als schmerzhaft empfundene Lücke zwischen strategischem Wollen und operativem Tun im Unternehmen. Strategien sollen nicht länger in Form schöner Power-Point-Präsentationen in den Schreibtisch-Schubläden der Vorstände versauern, sondern das konkrete Handeln der operativ Ausführenden bestimmen. In diesem Sinne wird die Balanced Scorecard zu einer Art „Vier-Takt-Motor" der Strategieumsetzung im Unternehmen:

1. Strategische Ziele sind zu identifizieren (objectives)
2. Zielmaßstäbe sind zu definieren (measures)
3. Zielhöhen sind zu vereinbaren (targets)
4. Maßnahmen (strategische Projekte) sind zu verabschieden (initiatives)

Getreu nach dem Motto: „Ziele sind Zahlen!" ist der Erfolg des Managements bei der Strategieumsetzung an diesen Zielen zu messen. In der Folge wurden Performance Measurement und Management insbesondere durch P. Horváth zu einem umfassenden Klammerbegriff für die weiteren Entwicklungen rund um die Balanced Scorecard. Der darin enthaltene, hohe Anspruch eines strategiefokussierten Unternehmens ist ohne Management Reporting und Business Intelligence undenkbar.

Diese Brücke schlägt das vorliegende Werk der Autoren Barthélemy, Knöll, Salfeld, Schulz-Sacharow und Vögele. Allesamt gestandene Praktiker und ausgewiesene IT-Profis, befassen sie sich intensiv mit den praktischen Anforderungen an eine IT-Umsetzung der Balanced Scorecard-Werkzeuge im Unternehmen. Sie liefern eine praxisgerechte Checkliste zur Beurteilung unterschiedlicher IT-Anwendungen und geben damit dem Leser einen Leitfaden an die Hand, was bei der IT-Implementierung der Balanced Scorecard zu beachten ist. Praxisbeispiele aus Industrie und Dienstleistung runden das vorliegende Handbuch ab, indem sie betriebswirtschaftliche Konzeptionen und IT-technische Lösungen zur Balanced Scorecard anschaulich miteinander verbinden.

Ich wünsche der Schrift eine möglichst breite und zufriedene Leserschaft!

Prof. Dr. Martin Hauser

Vorstand Controller Akademie AG
Mitglied im Geschäftsführenden Ausschuss der International Group of Controlling IGC

Vorwort

Aufbauend auf dem Gedankengut von Kaplan/Norton, die konzeptionell die Balanced Scorecard entwickeln, und der Arbeit von Horváth, der sich insbesondere auf die betriebswirtschaftliche Umsetzung der Balanced Scorecard konzentriert, führt dieses Handbuch „Balanced Scorecard" diese Gedankengänge weiter und beschäftigt sich mit der Auswahl, der Einführung und der Nutzung von edv-gestützten BSC-Werkzeugen in der Praxis.

Anhand von durchgeführten Marktrecherchen bezüglich der Einführung und Umsetzung der Balanced Scorecard in Abhängigkeit von den Unternehmensgrößen und -typen werden unterschiedliche Anforderungen an edv-gestützte BSC-Werkzeuge sichtbar. Hieraus entstehen wichtige Beurteilungsmerkmale. Diese fließen in eine Checkliste bzw. in ein Punktbewertungsmodell ein, das je nach Unternehmensklasse unterschiedliche Gewichtung berücksichtigt.

Auf dieser Basis werden BSC-Werkzeuge betrachtet und spezielle Stärken-Schwächen-Profile dargestellt. Durch die Berücksichtigung von unterschiedlichen Unternehmensklassen und deren Anforderungen können verschiedene Nutzungskategorien gebildet werden. So entsteht ein Nutzen-Portfolio für BSC-Werkzeuge.

Für diese Kategorien werden im Anschluss beispielhaft BSC-Werkzeuge in der Praxis näher beschrieben. Anhand von Best-Practices-Beispielen werden Einführungsgründe und die Implementierung beschrieben sowie der konkrete Nutzen aus Unternehmenssicht dargestellt.

In den letzten Jahren wurden viele Veröffentlichungen zur Konzeption und Umsetzung der Balanced Scorecard geschrieben. Schwerpunkt fast aller Publikationen war die betriebswirtschaftliche Konzeption und Einführung der Balanced Scorecard.

Wie bei allen neuen Managementansätzen ist das Interesse vieler Unternehmen für ein solches Instrument vorhanden, die Unternehmensdurchdringung insbesondere im mittelständischen Bereich jedoch erst am Anfang.

Bei der Nutzung der Balanced Scorecard kommt der IT-Lösung ein immer größerer Stellenwert zu. Zum einen wachsen bei Unternehmen, die die BSC implementiert haben, die Anforderungen an die BSC-Lösung permanent, sodass vielfach einfache Excellösungen schon bald an die Grenze ihrer Leistungsfähigkeit stoßen. Zum anderen stellt die Auswahl der edv-gestützten BSC-Lösung insbesondere für mittelständische Unternehmen eine schwierige Aufgabenstellung dar. Hierbei ist neben dem heutigen Informationsbedarf auch gerade der zukünftige zu berücksichtigen. So ist zu vermuten, dass viele BSC-Projekte von einer mangelnden Informationsplattform gehindert werden bzw. sogar an ihr scheitern.

Es fehlt insgesamt eine differenzierte Betrachtung der Anforderungen aus Sicht unterschiedlicher Unternehmensklassen und der edv-gestützten BSC-Lösungen. Diese Lücke soll durch das vorliegende Buch geschlossen werden.

Die Autoren danken insbesondere Dorothee Vögele, die mit ihrer Diplomarbeit zu diesen Themen einen wichtigen Grundstock für dieses Buch geschaffen hat. Ebenso danken wir der Edding AG, der Marc O'Polo Holding AG und der NORD/LB Norddeutsche Landesbank Girozentrale, die mit ihren Aussagen und Fallstudien zur Einführung der Balanced Scorecard einen wertvollen Beitrag zu diesem Buch beigesteuert haben.

Herrn Jan Koppelin danken wir herzlich für die Formatierung des Manuskriptes.

Wir würden uns freuen, Anregungen und Fragen von Ihnen zu erhalten, die wir gegebenenfalls in einer weiteren Auflage berücksichtigen können. Gerne stehen wir Ihnen auch mit Rat und Tat per E-Mail (info@bsc-it-loesungen.de) zur Verfügung.

Wir wünschen Ihnen nun viel Spaß beim Lesen und beim Vertiefen der (neu) gewonnenen Einsichten!

Dipl.-Kfm. FRANK BARTHÉLEMY

Prof. Dr. HEINZ-DIETER KNÖLL

Dr. ANDRÉ SALFELD

Dipl.-Wirt.-Inf. CHRISTOPH SCHULZ-SACHAROW

Dipl.-Wirt.-Inf. DOROTHEE VÖGELE

Inhaltsverzeichnis

Abbildungs- und Tabellenverzeichnis

Abbildungen

1 Notwendigkeit eines strategischen Controllings

2 Balanced Scorecard – das Managementsystem

3 Einführung und Umsetzung in der Praxis

4 BSC-Anwendungen im Vergleich – Nutzwert und Checklisten

5 Best Practices: Unternehmen berichten

Tabellen

Abkürzungsverzeichnis

BI	Business Intelligence
BPM	Business Performance Management
BSC	Balanced Scorecard
BSCol	Balanced Scorecard Collaborative, Inc.
CPM	Corporate Performance Management
DBR	Deckungsbeitragsrechnung
DS	DataStore
DSO	DataStore-Objekt
DSS	Decision Support Systems
DV	Datenverarbeitung
DWH	DataWarehouse
EFQM	European Foundation for Quality Management
EIS	Excecutive Information Systems
EPM	Enterprise Performance Management
EQA	European Quality Award
ERP	Enterprise Resource Planning
err.	errechnet
GU	Großunternehmen
HR	Human Resources
KEF	Kritischer Erfolgsfaktor oder Kritische Erfolgsfaktoren
KMU	kleine und mittelständische Unternehmen
KonTraG	Gesetz zur Kontrolle und Transparenz im Unternehmen
KPI	Key Performance Indicator oder Key Performance Indicators
MA	Mitarbeiter
NOS	Never-out-of-Stock
ÖV	öffentliche Verwaltung
OLAP	Online Analytical Processing
PoS	Point of Sale oder Points of Sale
PSuK	Planung, Steuerung und Kontrolle
ROCE	Return on Capital Employed
SAP BW	Business Information Warehouse
SAP SEM	Strategic Enterprise Management

SBSC	Sustainability Balanced Scorecard
SEM BCS	Business Consolidation
SEM BIC	Business Information Collection
SEM BPS	Business Planning and Simulation
SEM CPM	Corporate Performance Monitor
SEM SRM	Stakeholder Relationship Management
TQM	Total Quality Management
NW	Nutzwert
www	world wide web
ZE	Zielerreichungsgrad oder Zielerreichungsgrade
ZVEI	Zentralverband der Elektronischen Industrie e.V.

1 Notwendigkeit eines strategischen Controllings

Spezialisierte Systemelemente

Die Aktivitäten der einzelnen Systemelemente eines Unternehmens im wirtschaftlichen Wertschöpfungsprozess erfolgen spezialisiert, zweck- und zielorientiert und sind an eine Auswahl der Teile der Makro-Umwelt gerichtet, die für das System von besonderer wirtschaftlicher Bedeutung sind. Daraus resultiert eine innerbetriebliche Komplexität, die unweigerlich einer Koordination durch eine Unternehmensführung bedarf.[1] Der Begriff des Managements wird synonym zur Unternehmensführung gebraucht. Die Führung ist durch seine sachbezogene Sichtweise geprägt, während das Management zusätzlich erfolgsrelevante verhaltenswissenschaftliche Dimensionen berücksichtigt.

Kernfunktionen der Führung

Um der Komplexität verzahnter Unternehmensprozesse zu begegnen, vollzieht das Management auf unterschiedlichen Hierarchieebenen die bereichsindividuellen Führungsaufgaben der PSuK. Prozesse beschreiben das Zusammenwirken von Mensch, Material und Methode, um ein bestimmtes Ziel zu erreichen. Dabei kann ein Prozess rekursiv in Teilprozesse aufgelöst oder selber als Teil einer Prozesskette in einen übergeordneten eingebunden werden.[2] Diese drei elementaren Kernfunktionen erfahren durch die Koordination, Organisation, Kommunikation und Personalführung eine zusätzliche Erweiterung des grundsätzlichen Aufgabenspektrums.

Quelle ERP-System und SAP R/3®

Zur Unterstützung dieser Funktionen gewinnt seit einigen Jahren die Informationstechnologie für das Management zunehmend an Bedeutung. Durch die Einführung integrierter Enterprise Ressource Planning (ERP)-Systeme ist es Unternehmen inzwischen gelungen mit Prozessen, Methoden sowie Techniken die Planung und Steuerung betrieblicher Ressourcen und operativer Geschäftsprozesse effizienter zu gestalten.[3] Ein Softwaresystem, das sich dazu erfolgreich auf dem Markt der betrieblichen Ressourcenplanung etabliert hat, ist das Produkt SAP R/3® mit seinen einzelnen Modulen unter anderem aus den Bereichen:

---

1 Vgl. *Pape, U.*, Wertorientierte Unternehmensführung, 1999, S. 9; vgl. *Horváth, P.*, Controlling, 1994, S. 100–103; vgl. *Braunschweig, C.*, Unternehmensführung, 1998, S. 15; vgl. *Hahn, D.*, PuK, 1996, S. 4–6.

2 Vgl. *Katzy, B. R.*, Unternehmensplanung, 1994, S. 8.

3 Vgl. *Grothe, M./ Gentsch, P.*, Business Intelligence, 2000, S. 25; vgl. *Gronau, N.*, Wirtschaftsinformatik, 2003, S. 1.

- **Rechnungswesen**: SAP FI® = Finanzwesen, SAP CO® = Controlling, SAP TR® = Treasury
- **Logistik**: SAP MM® = Materialwirtschaft, SAP SD® = Vertriebslogistik, SAP PP® = Produktionsplanung und -steuerung
- **Personalwirtschaft**: SAP HR® = Human Resources

Daten-entstehung

Der Betrieb eines ERP-Systems generiert fortlaufend Daten, deren Auswertung Erkenntnisse über das eigene Unternehmen liefert. Insbesondere die Fortschritte der DWH-Technologie und darauf aufsetzender Analysetools im Bereich entscheidungsunterstützender Systeme ermöglichen mittlerweile eine Nutzung dieser operativen Daten zur effizienteren Gestaltung des führungstechnischen Workflows.

1.1 Struktur der Unternehmensführung

Management ist ein eindeutig identifizierbarer, methodisch-systematischer Prozess, bestehend aus den Phasen der PSuK, die über den institutionsgesteuerten Einsatz von Ressourcen zur Erreichung von Zielen führen. Bei dieser betriebswirtschaftlichen Definition des Managements lassen sich unterschiedliche Begriffsdimensionen erkennen, die einen individuellen Informationsbedarf erfordern. Demnach wird Unternehmensführung einerseits als eine reine Form der Institution verstanden.[4] Andererseits kann sie jedoch auch als ein Komplex von funktionalen Aufgaben charakterisiert werden, die zur Steuerung eines Systems ergriffen werden. Durch die tiefere Analyse der Verkettung des Ablaufs und der formalen Struktur unternehmerischer Führungsprozesse lässt sich die funktionale um die prozessuale Dimension des Managements erweitern.[5] Diese Dimension verdeutlicht die eigentlichen Teilprozesse der Phasen zur unternehmerischen Willensbildung innerhalb eines revolvierenden Kreislaufs. Die Willensbildung dient als Teil des unternehmerischen Entscheidungsprozesses der Erarbeitung und Analyse von Informationen über die Ausgangssituation für die Suche nach Anregungen, Alternativen und Entscheidungen.[6]

---

4 Vgl. *Hummel, T. R./ Zander, E.*, Unternehmensführung, 2002, S. 355; vgl. *Steinmann, H./ Schreyögg, G.*, Management, 2000, S. 5.

5 Vgl. *Hopfenbeck, W.*, Betriebswirtschafts- und Managementlehre, 2000, S. 493; vgl. *Macharzina, K.*, Unternehmensführung, 1999, S. 32.

6 Vgl. *Rahn, H.-J.*, Unternehmensführung, 2002, S. 118; vgl. *Olfert, K./ Pischulti, H.*, Unternehmensführung, 1999, S. 49.

1.1.1 Organisatorische Struktur des modernen Managements

Institutionelles Management

Folgt man der institutionellen Sichtweise, so verbindet man mit dem Begriff des Managements eine abgegrenzte Gruppe von Personen, die innerhalb einer Organisation mit Anweisungs- und Entscheidungsbefugnissen betraut wird. Demnach gehören der Führungsriege alle Organisationsmitglieder an, die Vorgesetztenfunktionen in einem Unternehmen wahrnehmen, um die bestehende Komplexität des gesamten Systems hierarchisch gegliedert zu koordinieren. Gemeinhin differenziert man innerhalb dieser Sichtweise drei institutionale Managementebenen, die mit unterschiedlichen Aufgabengebieten und Verantwortungen betraut werden.[7]

Das Top-Management bildet den obersten Führungskader, dem das Middle- und Lower-Management untergeordnet sind (vgl. Abbildung 1).

Strategisches Management

Das Top-Management bzw. strategische Management ist ausschließlich mit richtungweisenden Führungsaufgaben beschäftigt und wird von Investoren mit der Festlegung einer langfristigen Unternehmenspolitik und Zielkonzeption beauftragt. Ihm obliegt dadurch die Verantwortung gegenüber Investoren und Arbeitnehmern mit zukunftsorientierten Strategien künftige Erfolgspotenziale zu schaffen und die positive Entwicklung der Unternehmung nachhaltig zu steuern.[8] Letztere hängt wesentlich von der rechtzeitigen Erkenntnis der sich bietenden Chancen und Risiken auf dem Markt sowie den ergriffenen Maßnahmen der strategischen Führung ab. Dabei gilt es unter anderem vorhandene Strukturen, die das Verhalten der Mitarbeiter kanalisieren und gratifizieren, miteinander in Einklang zu bringen. Die dafür angewandten Strategien stellen mittel- bis langfristige Grundsatzentscheidungen mit Instrumentalcharakter dar, die auf die Produkte und deren Marktkombinationen als Betrachtungsobjekte fokussieren. Die strategische Unternehmensführung beeinflusst dadurch unweigerlich das Unternehmen in seiner Gesamtheit.[9]

---

7 Vgl. *Steinmann, H.*/ Schreyögg, G., Management, 2000, S. 6; vgl. *Chamoni, P.*, Informationssysteme, 2003, S. 5.

8 Vgl. *Taylor, B.*, Strategic Leadership, 1997, S. 174–175; vgl. *Chamoni, P.*, Informationssysteme, 2003, S. 4.

9 Vgl. *Woll, A.*, Wirtschaftslexikon, 1996, S. 457; vgl. *Wiese, J.*, Balanced Scorecard, 2000, S. 21.

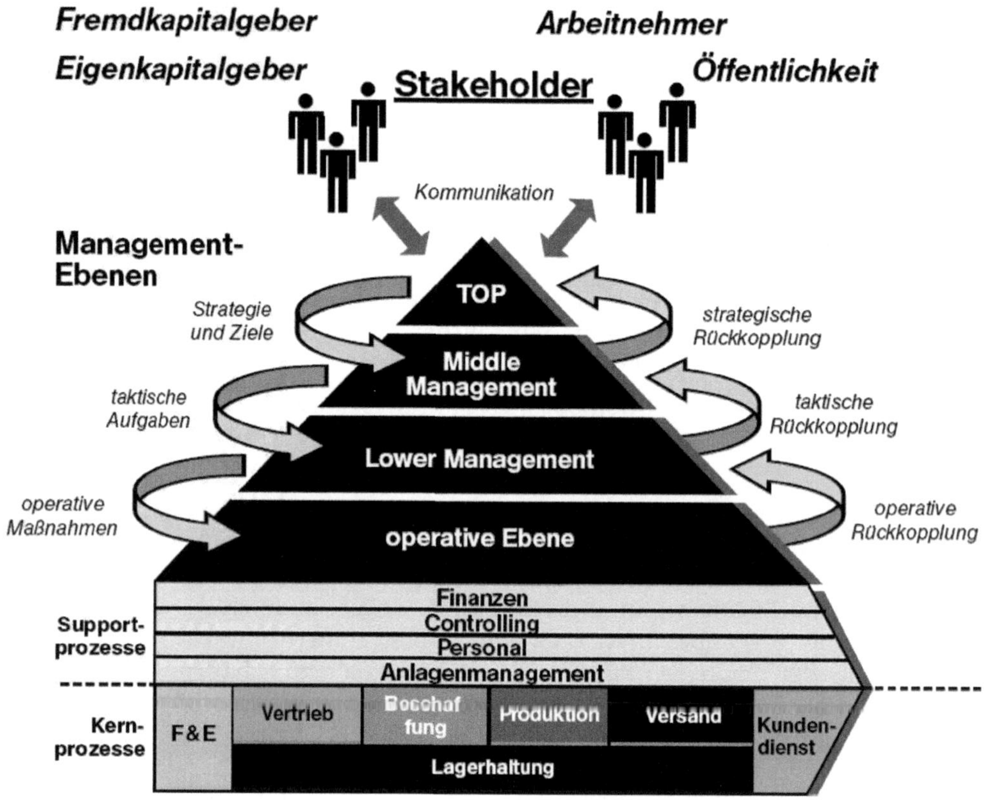

Abbildung 1: Pyramide der Managementebenen
Quelle: Eigene Darstellung

Taktisches Management

Das Middle-Management bzw. taktische Management beschäftigt sich mit der taktischen Aufgabenstellung für das Gesamtunternehmen oder einzelnen untergeordneten Funktionsbereichen. Ihm obliegt es, Weisungen des Top-Managements konkretisiert umzusetzen sowie bereichsbezogene Entscheidungen zu treffen. Darunter fällt neben der Planung und Budgetierung zusätzlich die Operationalisierung unternehmenspolitischer Ziele und strategischer Entscheidungen. Dazu werden Maßnahmen ergriffen, die geschaffene Erfolgspotenziale ausnutzen und eine effiziente Strategierealisierung sicherstellen. Der Betrachtungszeitraum der Aktivitäten ist dabei tendenziell mittelfristig.[10]

Operatives Management

Das operative Management wird begrifflich auch als Lower-Management bezeichnet und folgt als letzte Führungsebene der taktischen Unternehmensführung. Auf dieser mit vornehmlich delegierbaren Ressortentscheidungen betrauten Ebene erfolgt die technische Steuerung und ablauforganisatorische Realisation der durch das taktische Management vorgegebenen Maßnahmen, indem eine unmittelbare Beeinflussung der zuständigen Verrichtungsträger und einzelnen konkreten Transformationsprozesse vorgenommen wird.[11] Die direkte Lenkung ist aus diesem Grund vom Zeithorizont durch die zunehmend detaillierten Sachentscheidungen kurzfristig ausgelegt.

Informationsbedarf

Aus den ausgeführten Charakterisierungen des Führungskaders ist ersichtlich, dass im Rahmen der Unternehmensführung unterschiedliche Aufgabenbereiche auftreten, deren Zeithorizonte zudem divergent sind. Es ist zu erkennen, dass auf jeder Hierarchieebene, in Anbetracht der Zuständigkeiten und der zu treffenden Entscheidungen, unterschiedlicher Informationsbedarf herrscht. Die Schwierigkeit liegt darin die Führungsebenen miteinander zu verbinden, um eine integrierte PSuK des Gesamtunternehmens zu erzielen. Dabei stellt die übergreifende Kommunikation von Informationen sowie die Koordination des PSuK-Prozesses einen Schlüsselerfolgsfaktor dar.

Darüber hinaus erschwert die Unternehmenshierarchie ein einheitliches Verständnis und die Integration des Führungsprozesses über die gesamte Wertschöpfungskette des Unternehmens. Sofern eine erweiternde Betrachtung von Zulieferern und Kunden erfolgt, muss der gesamte Führungsprozess über die Unternehmensgrenzen hinaus einheitlich aufeinander abgestimmt werden.

1.1.2 Funktionsorientiertes Management im Leistungsprozess

Managementfunktion

Die funktionsorientierte Dimension betrachtet im Gegensatz zum institutionellen Ansatz die Gesamtheit von Aktionen des Managements, die zur Steuerung des komplexen Leistungsprozesses einer Unternehmung und zur Zielerreichung erforderlich sind, unabhängig

10 Vgl. *Chamoni, P.*, Informationssysteme, 2003, S. 4; vgl. *Olfert, K./ Pischulti, H.*, Unternehmensführung, 1999, S. 24.

11 Vgl. *Neu, M.*, Unternehmensführung, 1998, S. 20; vgl. *Chamoni, P.*, Informationssysteme, 2003, S. 4; vgl. *Hummel, T. R./ Zander, E.*, Unternehmensführung, 2002, S. 10.

von den konkreten Entscheidungsebenen. Die Unternehmensführung hat die Aufgabe die drei Elementarfaktoren der Arbeit, Betriebsmittel und Werkstoffe zu einem Produkt zu kombinieren.[12]

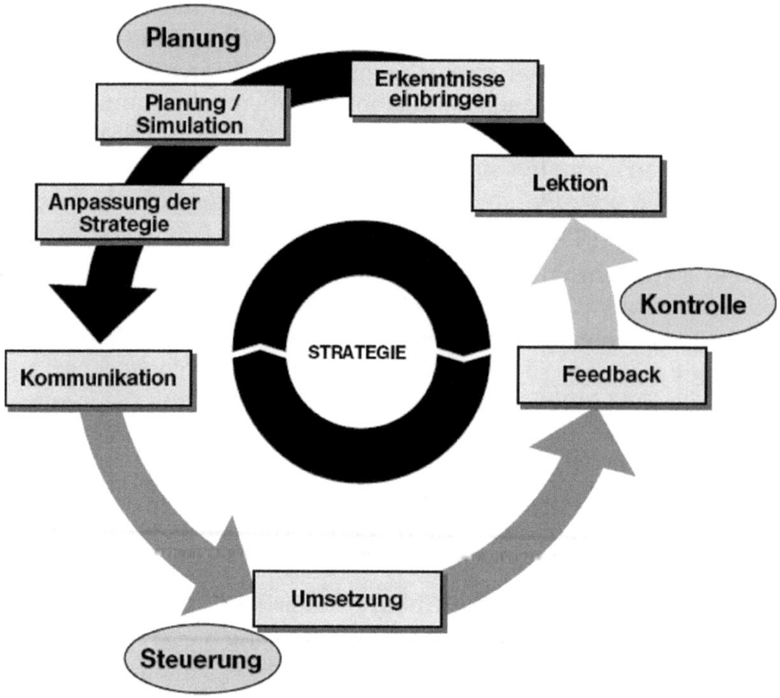

Abbildung 2: Funktionsorientierter Managementzyklus
Quelle: Eigene Darstellung

Planung, Steuerung und Kontrolle (PsuK)

Als kategorisierte Kernelemente gelangen die Handlungsfunktionen der PSuK als sich stetig wiederholender Regelkreis neben den Funktionen Entscheidung und Verantwortung in das Zentrum der Betrachtung.[13] Bei diesen sich wechselseitig bedingenden Hauptfunktionen steht der Entscheidungsbezug im Mittelpunkt. Sie orientieren sich am gesteuerten, arbeitsteiligen Prozess der Willensbildung,

---

[12] Vgl. *Steinmann, H./ Schreyögg, G.*, Management, 2000, S. 6–7; vgl. *Neu, M.*, Unternehmensführung, 1998, S. 20.

[13] Vgl. *Pape, U.*, Wertorientierte Unternehmensführung, 1999, S. 10; vgl. *Neu, M.*, Unternehmensführung, 1998, S. 21.

-durchsetzung und -sicherung des Managements und der damit einhergehenden Entscheidungsverantwortung. Zu den Hauptaufgaben gehören demnach neben der Disposition von Elementarfaktoren die Bestimmung von Zielen und die Kommunikation entwickelter Strategien zu deren Umsetzung (vgl. Abbildung 2).[14]

Planungsaktivitäten

Den logischen Ausgangspunkt bilden die Planungsaktivitäten. Im Wesentlichen erfolgt dort die Bestimmung der Zielrichtung einer Unternehmung und die daraus abzuleitenden und zu bewertenden Handlungsoptionen. Die nachfolgende Umsetzung zeigt sich in der prozesssteuernden, institutionalen Organisationsstruktur. Die dort erwirtschafteten Daten werden mit den ursprünglichen Plan-Daten im Rahmen der Kontrollphase verglichen. Daraus gewonnene Informationen dienen als Basis neuer Planrevisionen.[15] Das Management ist somit ein Komplex von PSuK-Aufgaben, die bei der Leistungserstellung und -sicherung in arbeitsteiligen Systemen koordiniert, erbracht und kommuniziert werden müssen.

1.1.3 Prozessorientiertes Management

Managementprozess

Die prozessuale Managementdimension ergänzt und erweitert die funktionale Dimension des Managements, indem der Ablauf und die Struktur der Teilfunktionen unternehmerischer Führungsprozesse analysiert werden. Der Führungsprozess wird hierbei verstärkt als Informationsverarbeitungsprozess interpretiert, der Entscheidungs- und Planungsprozesse im Hinblick auf Unternehmensziele, Maßnahmen und Potenziale umfasst. In der prozessorientierten Sichtweise werden die Funktionen des Managements als dynamische Abfolge aufgefasst, deren Phasen einen komplexen, sich ständig wiederholenden Management-Zyklus bilden.[16]

Handlungs- und Entscheidungsprozess

Die prozessuale Sichtweise wird maßgeblich durch das entscheidungs- und systemorientierte Verständnis des Managementprozesses geprägt. Während der funktionsorientierte Ansatz den modelltheoretischen Rahmen der Unternehmung primär als Regelkreis beschreibt, innerhalb dessen der Entscheidungsprozess des Managements ab-

---

14 Vgl. *Hopfenbeck, W.*, Betriebswirtschafts- und Managementlehre, 2000, S. 46.

15 Vgl. *Hummel, T. R./ Zander, E.*, Unternehmensführung, 2002, S. 17–18.

16 Vgl. *Macharzina, K.*, Unternehmensführung, 1999, S. 32; vgl. *Neu, M.*, Unternehmensführung, 1998, S. 22; vgl. *Braunschweig, C.*, Unternehmensführung, 1998, S. 25.

läuft, analysiert und gestaltet der prozessorientierte Ansatz die vor- oder rückgekoppelten Handlungs- und Entscheidungsvorgänge des unternehmerischen Führungsprozesses (vgl. Abbildung 3). Interne oder externe Umwelteinflüsse lösen als Indikatoren den Prozess der Zielbildung aus. Der angestoßene Entscheidungsprozess setzt sich fort, indem die Einflussfaktoren erkannt und beurteilt werden. Durch Vergleich der Methoden und Verfahren, die zur Problemlösung beitragen, entscheidet sich die Führung für eine Alternative. Es folgt die Realisation mit Hilfe der Unternehmensorganisation und abschließender Verifizierung des Zielerreichungsgrades.[17] Unternehmensführung ist dementsprechend als Meinungsbildungs- und Beeinflussungsprozess zu begreifen, der sich auf die Formulierung und die Durchsetzung der Unternehmenspolitik erstreckt.

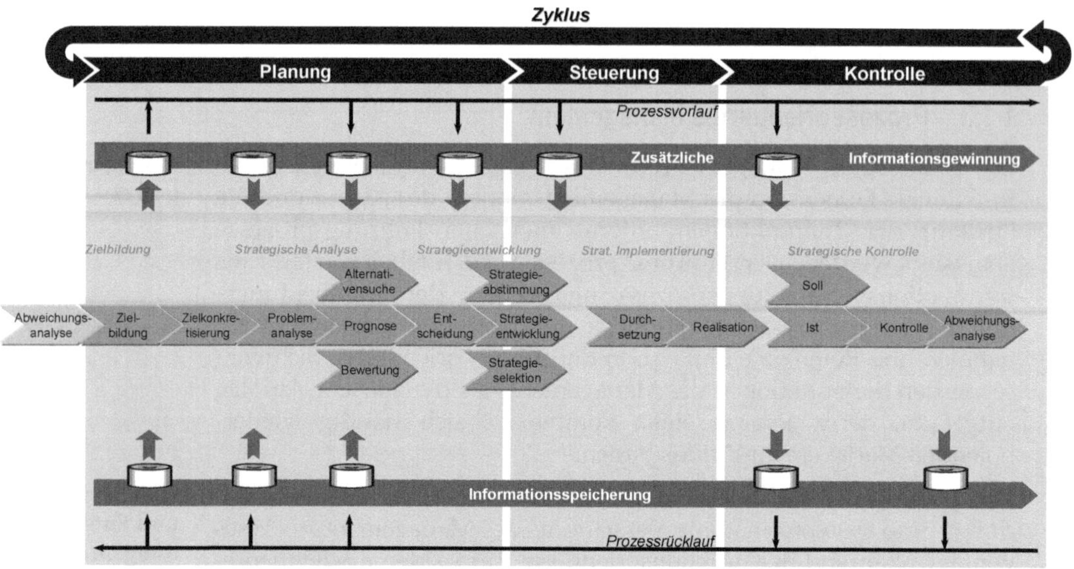

Abbildung 3: Prozessorientierter Managementzyklus
Quelle: Eigene Darstellung

[17] Vgl. *Pape, U.*, Wertorientierte Unternehmensführung, 1999, S. 10; vgl. *Neu, M.*, Unternehmensführung, 1998, S. 22.

Mehrdimensionales Management

Bei Betrachtung der institutionalen Managementperspektive, in Verbindung mit der funktionalen und prozessorientierten Sichtweise, entsteht eine mehrdimensionale Begriffsstruktur hoher Komplexität. Management ist demnach ein sich stetig wiederholender Regelprozess der PSuK, innerhalb dessen fortlaufend und rückgekoppelt in Teilprozessen eine Informationsgewinnung, -verarbeitung und -speicherung erfolgt. Dieser Prozess beschränkt sich dabei nicht nur auf eine einzelne Managementebene, sondern erweist sich als hierarchie-, fach- und teilweise unternehmensübergreifend. Der resultierende, unterschiedliche Informationsbedarf der verzahnten Managementebenen ist individuell abhängig von der jeweiligen Prozessphase des Regelkreises.

Ausgehend von der Überlegung, dass ein Unternehmen den Leistungsherstellungs- bzw. Wertschöpfungsprozess nach den Grundsätzen der Wirtschaftlichkeit gestalten muss, ist ein möglichst exakter PSuK-Prozess auf den unterschiedlichen Managementebenen erforderlich.[18] Die antreibenden Rahmenbedingungen einer Unternehmung sind dabei nicht als beherrschbare Einflüsse zu verstehen. Die Synthese von internen und externen Präventionen bedarf der konsensfähigen Formulierung, PSuK von Unternehmenszielen. Diese Vorgaben weiter zu detaillieren und zu operationalisieren, stellt die Problematik des Managements dar. Im Rahmen einer wertorientierten Unternehmensführung steht dabei die Frage im Vordergrund wie dieser Weg, ausgehend vom Leitgedanken der Unternehmenswertsteigerung unter expliziter Berücksichtigung von Unternehmenssituation und -umfeld, konkret gestaltet werden kann.[19]

1.2 Planung, Steuerung und Kontrolle als Kernfunktionen des Führungsprozesses

Kybernetischer Regelkreis

Das Verhältnis von Planung, Kontrolle und Steuerung lässt sich als ein kybernetischer, sich zyklisch wiederholender Regelkreis darstellen (vgl. Abbildung 4). Der Realisationsprozess des betrieblichen Ausführungs- bzw. Produktionssystems wird durch eine Regelstrecke repräsentiert, für die durch die Planung Führungsgrößen als Soll-

---

18 Vgl. *Hummel, T. R./ Zander, E.*, Unternehmensführung, 2002, S. 95.

19 Vgl. *Meier, M./ Sinzig, W./ Mertens, P.*, SAP Strategic Enterprise Management, 2002, S. 19; vgl. *Copeland, T./ Koller, T./ Murrin, J.*, Unternehmenswert, 2002, S. 69.

Anforderungen vorgegeben werden. Die Realisation und ihre Prozesse unterliegen während ihrer Ausführung durch Personen und Anlagen dem stetigen Einfluss externer Störgrößen. Aus diesem Grund erfolgt durch das Kontrollsystem ein fortlaufender Abgleich der geplanten und realisierten Größen, um bei Bedarf Maßnahmen zur Anpassung der Regelstrecke vorzunehmen. Eine selektive Überprüfung und ggf. Modifizierung der Führungsgrößen ist durchzuführen, wenn sich der Toleranzbereich aufgrund des Ausmaßes der Abweichung nicht einhalten lässt.[20]

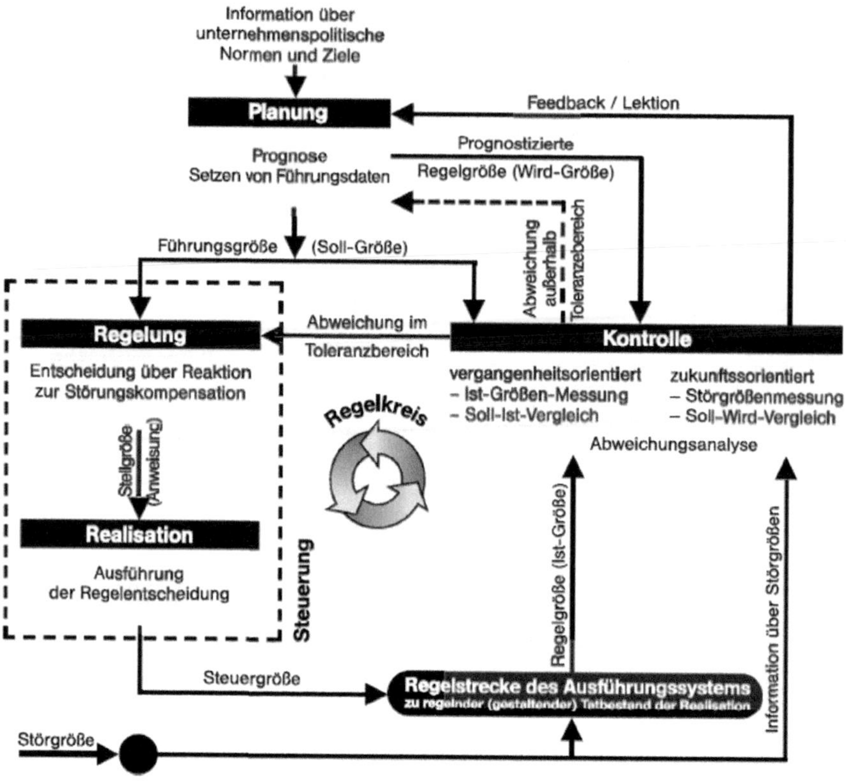

Abbildung 4: Das kybernetische Grundprinzip
Quelle: Eigene Darstellung

[20] Vgl. *Küpper, H.-U.*, Controlling, 1997, S. 179–180; vgl. *Wiese, J.*, Balanced Scorecard, 2000, S. 18–19.

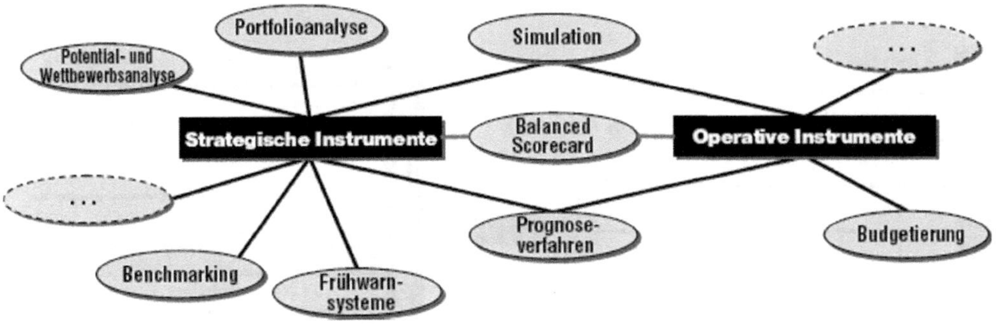

Abbildung 6: Fachliche Zuordnung der Instrumentenauswahl
Quelle: Eigene Darstellung

1.2.4.1 Potenzial- und Wettbewerbsanalyse

Potenzialprofil

Ein Unternehmen ist dann erfolgreich, wenn dessen Potenziale und Fähigkeiten auf die Anforderungen der Umwelt, insbesondere den Wettbewerb, abgestimmt sind. Die Analyse untersucht deshalb in der Planungs- und Kontrollphase anhand eines Fähigkeitenprofils die einzelnen Unternehmensbereiche auf Stärken und Schwächen. Inwieweit ein Unternehmen derartige Stärken oder Schwächen aufweist, hängt von der Beschaffenheit der unternehmerischen Potenziale und strategischen Erfolgsfaktoren gegenüber der Leistungsfähigkeit des Wettbewerbs ab. Strategische oder auch kritische Erfolgsfaktoren sind erfolgsrelevante Stärken und Schwächen einer Unternehmung.[33]

Wertschöpfungskette

Als Mittel zur Strukturierung der internen Analysebereiche orientiert sich die Unternehmensführung an den primären, unmittelbar mit der Herstellung und dem Vertrieb eines Produktes verbundenen Aktivitäten und den sekundären Aktivitäten der Wertschöpfungskette, die die primären unterstützen. Die unternehmensindividuelle Kette ist in ein System von vor- und nachgelagerten Lieferanten und Abnehmern eingebettet. Ziel der Analyse ist die Generierung oder Erhaltung eines effizienten Leistungsprozesses aus den Erfolgspotenzialen, die Basis für einen kosten- und differenzierungsorientierten Wettbewerbsvorsprung sein können.

33 Vgl. *Bea, F. X./ Haas, J.*, Strategisches Management, 2001, S. 106–107; vgl. *Rahn, H.-J.*, Unternehmensführung, 2002, S. 430.

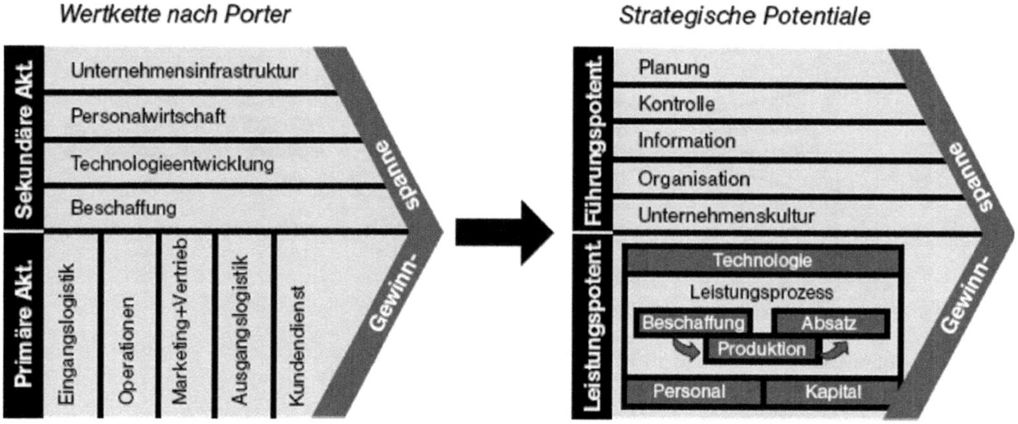

Abbildung 7: Potenzialbetrachtung
Quelle: Eigene Darstellung

Intra-System und System-Umwelt

Das dargestellte Konzept weist jedoch eine sehr starke Funktionsorientierung auf, in der die eigentliche Unternehmensführung lediglich als Teil eines unterstützenden, dem Leistungsprozess dienenden Infrastrukturprozesses gesehen wird (vgl. Abbildung 7). Aus den bisherigen Ausführungen von Kapitel 3 ist jedoch ersichtlich, dass der Führungsprozess eine gleichberechtigte und eigenständige strategische Position einnehmen muss. Der Erfolg eines Unternehmens hängt wesentlich von der Abstimmung zwischen den einzelnen Systemen des Managements, den Leistungspotenzialen (Intra-System-Fit) und den Anforderungen aus der Unternehmensumwelt (System-Umwelt-Fit) ab. Leistungspotenziale tragen direkt zur Wertschöpfung und indirekt zum Unternehmenserfolg bei. Zu den Leistungspotenzialen zählen Leistungsprozess, Kapital, Personal und Technologie.[34]

Wettbewerbsbewertung

Als Maßstab für die analytische Bewertung der eigenen Stärken und Schwächen dienen neben internen Informationen die Daten über die Leistungsfähigkeit der Wettbewerber. Dabei kommt es nicht darauf an aktuelle, sondern vor allem Analysen für künftige Verhaltensweisen der Konkurrenz zu erschließen. In diesem Kontext stellt die interne und externe Informationsbeschaffung aufgrund der heterogenen Daten ein schwer zu lösendes Problem dar. Eine umfangreiche Datenbasis ist jedoch der Schlüsselfaktor einer effektiveren Überprüfung der Erfolgschancen von geplanten Strategien, indem die relative

[34] Vgl. *Bea, F. X./ Haas, J.*, Strategisches Management, 2001, S. 108–505.

Wettbewerbsposition zum stärksten Konkurrenten bestimmt wird und man überprüft, ob das Leistungsvermögen für die geplante Geschäftsfeldstrategie ausreicht.[35]

1.2.4.2 Portfolioanalyse

Schlüsselfaktoren

Abweichend zur Untersuchung der Wertschöpfungskette ermöglicht das Konzept einer Portfolioanalyse eine kombinierte Betrachtung einer Umwelt- und Unternehmensanalyse, die die Einflussfaktoren auf die Chancen und Risiken sowie Stärken und Schwächen einzelner Geschäftsfelder und -objekte identifiziert. Diese Faktoren werden jeweils auf zwei repräsentative Schlüsselfaktoren (eine unternehmensexterne und eine unternehmensinterne Dimension) verdichtet.[36] Zweidimensional werden diese dann auf einer Matrix als aggregierte Schlüsselfaktoren des Unternehmens und dessen Umwelt abgetragen (vgl. Abbildung 8). Eine klassische Darstellung ist im Rahmen des Marktanteil-Wachstums-Portfolio (auch Boston-Portfolio genannt) die Unterteilung nach Nachwuchs- (Question Marks), Star- (Stars), Cash- (Cash Cows) und Auslaufprodukten (Poor Dogs). Weitere Ausprägungen treten als Marktwachstums-Marktanteils-, Markt-attraktivitäts-Wettbewerbsvorteil-Portfolio (absatzmarktorientierte Portfolios) oder Geschäftsfeld-Ressourcen und Technologie-Portfolio (ressourcenorientierte Portfolios) auf. [37]

Normstrategien

Der Grundgedanke der Portfoliokonzepte verfolgt auf Basis dieser Analyse und ermittelter Einflussfaktoren die Bestimmung des Ertrags und Cashflows einzelner strategischer Geschäftsfelder, um in der Planungsphase daraus eine Ableitung von Normstrategien vornehmen zu können.[38] Der Umfang und die Position eines gebildeten strategischen Geschäftsfeldes repräsentieren als ein Indikator seinen Anteil an der Gesamtgröße und sind Basis für das Ableiten von Normstrategien.

---

[35] Vgl. *Ehrmann, H.*, Unternehmensplanung, 1997, S. 133–134; vgl. *Hopfenbeck, W.*, Betriebswirtschafts- und Managementlehre, 2000, S. 611.

[36] Vgl. *Welge, M. K./ Al-Laham, A.*, Strategisches Management, 2003, S. 340.

[37] Vgl. *Ehrmann, H.*, Unternehmensplanung, 1997, S. 140; vgl. *Bea, F. X./ Haas, J.*, Strategisches Management, 2001, S. 142–154.

[38] Vgl. *Kreikebaum, H.*, Strategische Unternehmensplanung, 1997, S. 74–75; vgl. *Hahn, D.*, Portfolio-Konzepte, 1997, S. 374–379.

Ursache und Wirkung

Die Ziele und Kennzahlen der einzelnen Perspektiven leiten sich aus der im Mittelpunkt stehenden Strategie ab. Dabei stehen die strategischen Ziele sowie deren Messgrößen, Zielwerte und strategischen Aktionen nicht losgelöst nebeneinander. Vielmehr sind sie durch Ursache-Wirkungs-Beziehungen eng miteinander verknüpft und zeigen auf, wie die einzelnen strategischen Ziele zur Erreichung des langfristigen finanziellen Erfolges beitragen. Die Kernidee einer BSC ist die Umsetzung der Vision und Strategie eines Unternehmens in qualitative und quantitative Zielsetzungen und Kennzahlen. Sie ist somit als Instrument zur Strategie-Implementierung zu verstehen, weil sie einen Rahmen für die Umsetzung zur Strategie in der Gesamtorganisation zur Verfügung stellt.[56]

Strategischer Aktionsrahmen

Die BSC ist nicht nur eine Sammlung von finanziellen und nichtfinanziellen Kennzahlen, sondern unterstützt als System das Management bei der Strategieumsetzung, was nachfolgend dargestellt werden soll. Mit dem BSC-Konzept wird ein strategischer Handlungsrahmen bereitgestellt. Auf diese Weise können strategische, operative und ressourcenkalkulative Kommunikations-, Koordinations- und Ausrichtungsbarrieren überwunden werden.[57]

Strategie, Vision und Leitbild

Voraussetzung für die Erstellung einer BSC ist die Formulierung einer unternehmensindividuellen Strategie (vgl. Abbildung 10). Diese Strategie lässt sich direkt aus der Vision und dem Leitbild des Unternehmens ableiten. Die Vision liefert ein Zukunftsbild der Organisation, das die Richtung verdeutlicht und den Mitarbeitern hilft Verständnis dafür aufzubauen, warum und wie sie die Organisation unterstützen sollen.

Während die Vision in erster Linie auf das eigene Unternehmen gerichtet ist, will die Mission eine Außenwirkung erreichen.[58] Die Mission beschreibt die Aufgaben, Mechanismen und Randbedingungen für ein Unternehmen. Die so genannten Leitbilder von Unternehmen verkörpern mehr als nur die Vision und Mission. Ein Leitbild ist eine schriftlich fixierte Darlegung der Mission, Vision oder strategischen Positionierung, das zusätzlich um die Unternehmenskultur bzw.

---

56 Vgl. *Horstmann, W.*, Umsetzung von Unternehmensstrategien, 1999, S. 193.

57 Vgl. *Horváth, P./ Gaiser, B.*, Implementierungserfahrungen, 2000, S. 17; vgl. *Kaplan, R. S./ Norton, D. P.*, Balanced Scorecard, 1997, S. 10-17.

58 Vgl. *Gerberich, C./ Stephan, M.*, Balanced Scorecard, 2002, S. 60; vgl. *Kaplan, R. S./ Norton, D. P.*, Die strategiefokussierte Organisation, 2001, S. 66.

-philosophie ergänzt wird.[59] Das Leitbild, die Vision und die Mission bilden die Basis zur Ableitung der richtigen Strategien und Maßnahmen zur Sicherung des langfristigen Erfolgs eines Unternehmens.

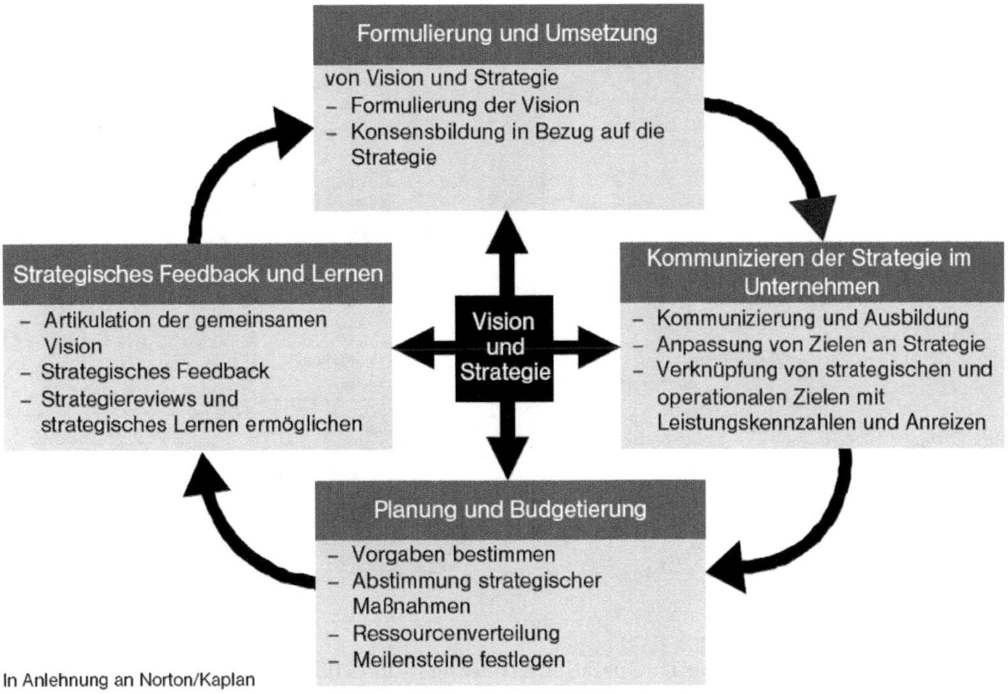

Abbildung 10: Etablierung einer BSC
Quelle: Vgl. Kaplan, R. S./ Norton, D. P., [Balanced Scorecard, 1997], S. 10–17

Strategische Stoßrichtung

Die Ergebnisse der Strategieentwicklung werden durch die Festlegung der strategischen Stoßrichtung dokumentiert. Dabei handelt es sich um wenige, relativ allgemeine Grundstatements, die die Strategie des Unternehmens bzw. Bereichs kurz beschreiben und richtungweisende Impulse darstellen.[60] Nach der Klärung der strategischen Stoßrichtung werden strategische Ziele für die einzelnen Per-

[59] Vgl. *Bernhard, M. G.*, Strategieumsetzung, 2001, S. 212, vgl. *Bea, F. X./ Haas, J.*, Strategisches Management, 2001, S. 45.

[60] Vgl. *Wunder, T.*, Balanced Scorecard, 2001, S. 134.

spektiven der BSC formuliert (vgl. Abbildung 11). Durch den Einsatz der BSC wird die Kommunikation über die Managementebenen und Umsetzung der Strategie sichergestellt.

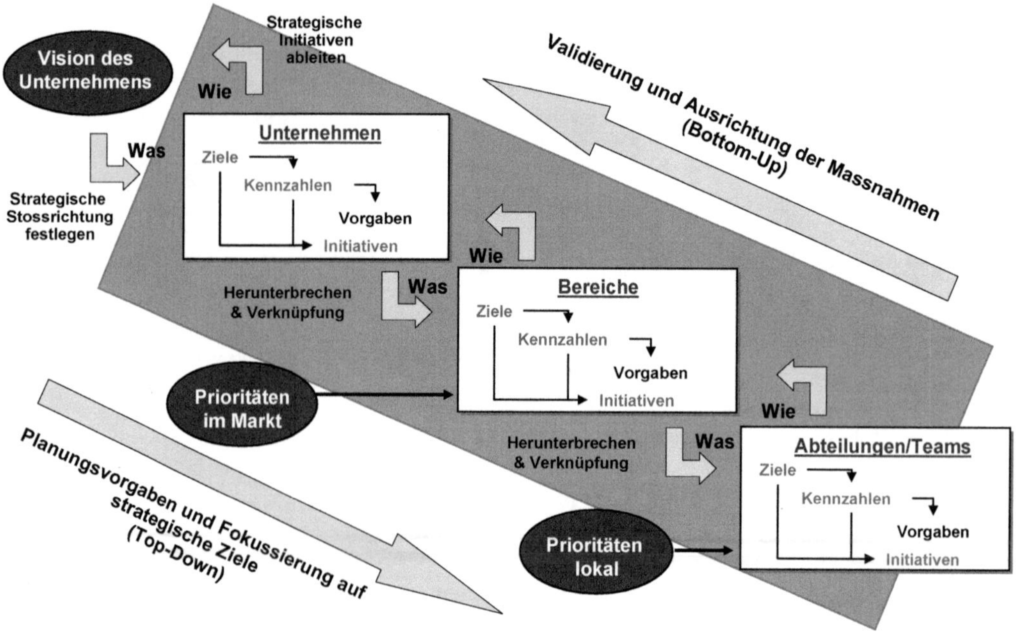

Abbildung 11: Operationalisierung mittels BSC-Methodik
Quelle: Eigene Darstellung

Zusammenfassend ist die BSC ein strategisches Steuerungsinstrument, das aus der Strategie für jede Perspektive die entsprechenden Ziele, Messgrößen und strategischen Aktionen ableitet. Betrachtet man das BSC-Konzept vor diesem Hintergrund, so wird die Gesamtkonzeption eines unternehmensweiten Informationssystems zur Versorgung des gesamten Führungssystems deutlich, das auf die Definition, Verwaltung und Analyse der Beziehungen zwischen einzelnen Kennzahlen auf der Grundlage einer konsistenten, breiten und aktuellen Basis interner und externer Informationen angewiesen ist.

1.2.4.8 Budgetierung

Budgetierung und Aktionsplan

Das Prinzip der Budgetierung dient als Planungs- und Kontrollinstrument der Transformation erstellter sach- und formalzielorientierter Pläne in quantitative, wertmäßige Größen. Das aus dem Budgetierungsprozess resultierende Budget ist ein formulierter Plan, der einer Entscheidungseinheit für eine Zeitperiode entweder mit starrem oder an geänderte Bedingungen anpassbarem Verbindlichkeitsgrad vorgegeben wird. Innerhalb dieses Rahmens kann eigenverantwortlich entschieden werden.[61] Von der formalzielorientierten Budgetierung, die monetäre Größen wie Leistungen, Erlöse, Kosten und Vermögen festlegt, ist die sachzielorientierte Aktionsplanung abzugrenzen, deren Aufgabe die Bestimmung der realen Handlungen in den Funktionsbereichen des Unternehmens ist.

Budgetgestaltung

Die Reihenfolge bezüglich der Gestaltung von Budgetierung und Aktionsplanung im Management vollzieht sich nach dem Top-Down-, Buttom-Up- oder Gegenstromverfahren. Einerseits lassen sich Budgets nur über die Planung und Durchführung von Maßnahmen realisieren, andererseits sind aus Maßnahmen- bzw. Aktionsplänen Budgets herzuleiten.[62]

Budgetarten

Strategische Budgets werden zunächst durch globale Rahmenbudgets konzipiert und implizieren durch die Verknüpfung mit der strategischen Planung tendenziell langfristige Wirkung. Im Unterschied zu diesen haben dann die taktischen und operativen Budgets mit den Maßnahmen und Ressourcenbindungen zu tun, die aufgrund des Geschäftprozesses erforderlich werden und in konkrete kurz-, mittel- und langfristige Umsatz-, Projekt- oder Produktionsbudgets münden. Als Instrument verfolgt jedes Budget eine Orientierungs-, Koordinations-, Integrations-, Kontroll- und Motivationsfunktion (vgl. Abbildung 12).[63]

---

61 Vgl. *Hopfenbeck, W.*, Betriebswirtschafts- und Managementlehre, 2000, S. 539; vgl. *Horváth, P.*, Controlling, 1994, S. 255–257; vgl. *Woll, A.*, Wirtschaftslexikon, 1996, S. 96.

62 Vgl. *Ziegenbein, K.*, Controlling, 2002, S. 473; vgl. *Küpper, H.-U.*, Controlling, 1997, S. 295.

63 Vgl. *Steinmann, H./ Schreyögg, G.*, Management, 2000, S. 360–362; vgl. *Hopfenbeck, W.*, Betriebswirtschafts- und Managementlehre, 2000, S. 540.

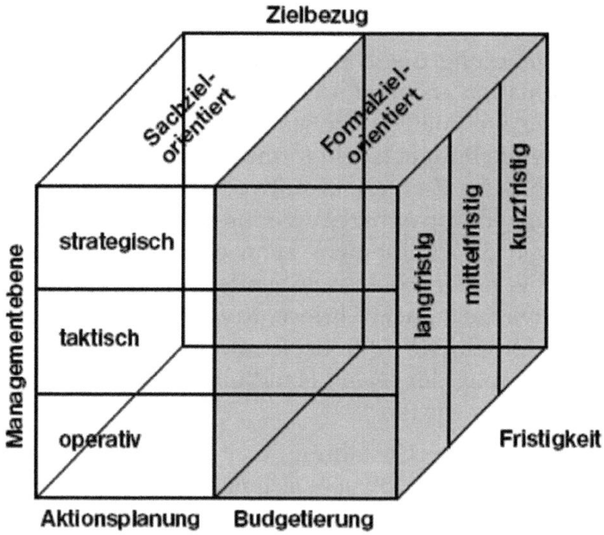

Abbildung 12: Budgetierung im Rahmen der Planung
Quelle: Eigene Darstellung

Budegetierungstechniken

Die Budgetbestimmung hängt wesentlich vom Planungsproblem, -system und der Aufbauorganisation ab. Eine zuverlässige Planung von Budgets basiert auf der Kenntnis über Beziehung zwischen Handlungsvariablen, Einflussgrößen und den zu budgetierenden Größen. Die Verschiedenartigkeit der Prozesse erfordert unterschiedliche Techniken der Budgetierung:[64]

- **Problemorientierte Budgetierungstechniken** gehen von den konkreten individuellen Handlungsproblemen aus. Hierzu werden Produktionsfunktionen und -programme formuliert, die das Wissen oder die Vorstellung über die Input- und Output-Beziehungen der zu lösenden Probleme wiedergeben. Quantitative Prognoseverfahren und Entscheidungsmodelle unterstützen den Bestimmungsprozess eines optimalen Plan- bzw. Budgetwertes.
- **Verfahrensorientierte Budgetierungstechniken** finden ihre Verwendung bei Prozessen mit dynamischen Produktionsprogrammen und quantitativ unbestimmbarem Output. Durch den wertmäßig erfassbaren Gütereinsatz lässt sich die Vorgabe der Budgets am Input orientieren.

64 Vgl. *Küpper, H.-U.*, Controlling, 1997, S. 296–306.

Budgetierungssystem

Ein Budgetierungssystem besteht aus einer Anzahl interdependenter objekt- oder funktionsbezogener Teilpläne, die zu diesem Zweck über die Managementebenen hinweg kommuniziert, aufeinander abgestimmt und konsolidiert werden müssen. Der Entwurf jedes einzelnen Budgets des Systems baut dabei auf der allgemeinen Rahmenplanung eines Unternehmens auf. Rahmenplanung und Budgetentwurf erfordern eine objekt- bzw. funktionsbezogene Analyse von Informationen und Strukturen, um relevante interne und externe Trends sowie kritische Erfolgsfaktoren zu identifizieren.[65] Durch Umweltveränderungen treten auch hier Diskontinuitäten in den Informationsstrukturen auf, die rechtzeitig in ihrer Art und Wirkungsweise erkannt, verarbeitet und in das Analysemodell integriert werden müssen.

Instrumentinterdependenzen

Bei einer zusammenfassenden Betrachtung der Instrumente einer PSuK verdeutlicht sich neben der Notwendigkeit zur Unternehmensführung ihre kombinierte Verknüpfung untereinander. Die Prognose von Trends sowie die Identifizierung und Simulation von Interdependenzen bildet eine wesentliche Voraussetzung für den effektiven Einsatz der übrigen Instrumente. Allen gemein ist jedoch eine effektive, gezielte und zügige Analyse von Daten, Strukturen und Informationen unter der Berücksichtigung unternehmensinterner und -externer Diskontinuitäten.

1.3 Herausforderungen im informationstechnisch gestützten Managementprozess

Durch die Eigenschaft, große Mengen an Daten entsprechend den obigen Anforderungen schnell und effizient verarbeiten zu können, wurde die Informationstechnologie schon früh ein Bestandteil von Informationssystemen. Technologisch gestützte Informationssysteme, die der Versorgung des Führungssystems mit Informationen zur PSuK dienen, werden im Allgemeinen als Führungsinformationssysteme (FIS) oder Management Support-Systeme (MSS) bezeichnet.

---

65 Vgl. *Hopfenbeck, W.*, Betriebswirtschafts- und Managementlehre, 2000, S. 541–545.

1.3.1 Entwicklung von Managementinformationssystemen

Die Entwicklung computergestützter Systeme zur adäquaten Versorgung von Fach- und Führungskräften mit Informationen blickt inzwischen auf eine dreißigjährige Historie zurück.[66] Innerhalb dieser Zeit wurden diverse Ansätze, Konzepte und Systeme realisiert, deren Ziel es war, den Managementprozess in seinen Phasen ebenenübergreifend durch geeignete Mittel zu unterstützen (vgl. Abbildung 13).

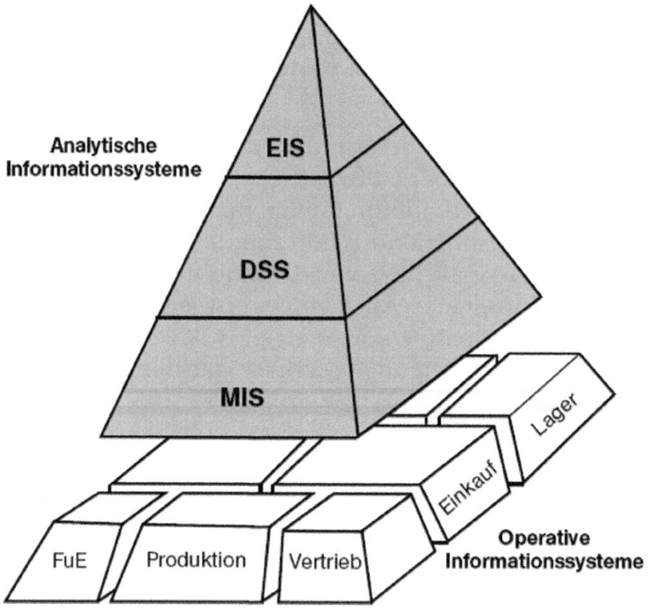

Abbildung 13: Betriebswirtschaftliche Informationssysteme
Quelle: Eigene Darstellung

Management Informationssysteme

Historisch betrachtet stellten die Management-Informationssysteme (MIS) die ersten Beiträge einer gezielten EDV-Unterstützung des Managements dar. Diese Systeme versuchten, entscheidungsrelevante detaillierte Informationen aus den operativen Datenbasen durch Datenverdichtung zu extrahieren, jedoch ohne Modellbildung und logisch-algorithmische Aufbereitung. Die unflexiblen Datenstruktu-

[66] Vgl. *Gabriel, R./ Dittmar, C.*, Knowledge Managements, Dez. 2001, S. 23; vgl. *Holthuis, J.*, Aufbau, 1997, S. 36.

ren orientierten sich mehr an den operativen Systemen als an betriebswirtschaftlichen Erfordernissen und Interaktivitäten der Fach- und Führungskräfte.[67]

„Decision-Support"-Systeme

Die Zielsetzung einer Verbesserung fachorientierter strukturierter Entscheidungsprozesse verfolgte der sich anschließende Ansatzpunkt der „Decision-Support"-Systeme (DSS). Diese interaktiven Systeme griffen auf abgeleitete, entscheidungsrelevante Daten und eine Vielzahl von Methoden und entscheidungsspezifischem Wissen zurück, das durch modellgestützte Analyse-, Prognose- und Simulationsmethoden ermittelt wurde.[68]

„Excecutive-Information"-Systeme

Während MIS und DSS sich wenig im oberen Management etablierten, hatten die präsentationsorientierten „Excecutive-Information"-Systeme (EIS) genau diesen Personenkreis und dessen Informationsbedarf zur Zielgruppe. Auslöser für eine weitere Novellierung des MIS-Ansatzes waren die aufkommenden personalisierten Benutzeroberflächen und die zunehmende Dezentralisierung sowie Vernetzung der DV-Systeme. Über die reine Versorgung mit relevanten internen und externen Informationen hinaus wurden diese dialog- und datenorientierten Informationssysteme mit umfangreichen Analyse-, Navigations- und Kommunikationswerkzeugen ausgestattet.[69]

Systemintegration

Das grundlegende Problem der bisherigen Softwareprodukte lag in einer ungenügenden Integration mit den operativen Systemen, die eine mangelnde Aktualität und Inkonsistenz in den Datenbeständen sowie eine fehlende unternehmensweite Semantik nach sich zog.[70] Im Funktionsbereich der Entscheidungsunterstützung wurde zudem die fehlende Flexibilität zugrundeliegender Analyse- und Datenmodelle bemängelt. Aus diesem Grund wurden neuere Management Support-Systeme als DWH-Systeme auf der Basis des gleichnamigen Ansatzes konzipiert, um auf diese Weise Konsistenz, Aktualität, Qualität und flexible Auswertbarkeit der entscheidungsrelevanten Daten zu verbessern.

---

67 Vgl. *Chamoni, P./ Gluchowski, P.*, Einordnung und Überblick, 1998, S. 6–7; vgl. *Behme, W/ Muksch, H.*, Informationsversorgung, 1997, S. 15–18.

68 Vgl. *Seufert, A.*, Wissensnetzwerken, ohne Datum, S. 8; vgl. *Holthuis, J.*, Aufbau, 1997, S. 37.

69 Vgl. *Gabriel, R./ Dittmar, C.*, Knowledge Managements, Dez. 2001, S. 23; vgl. *Chamoni, P./ Gluchowski, P.*, Einordnung und Überblick, 1998, S. 8–9; vgl. *Holthuis, J.*, Aufbau, 1997, S. 38.

70 Vgl. Behme, W/ Muksch, H., Informationsversorgung, 1997, S. 21; vgl. Seufert, A., Wissensnetzwerken, ohne Datum, S. 9.

1.3.2 Das Konzept von Data Warehouse-Systemen

In Bezug auf die Durchführung von Analysen zum Zweck der Entscheidungsunterstützung liegt der Fokus des DWH-Konzeptes auf der effizienten Bereitstellung großer Datenmengen durch Integration operativer Datenbanken und externer Datenquellen.

Syntax und Semantik

In diesen liegen die Daten in Form von einzelnen Zeichen vor, die erst durch ihre syntaktische Verkettung auf Grundlage von Regeln Daten ergeben. Erfolgt eine Zusammenführung und Aufbereitung von Daten aus der Datenbasis, lassen sich durch Erkennen der Semantik bzw. inhaltlichen Bedeutung Informationen gewinnen. Auf ihrer Grundlage gelangt man über die pragmatische Analyse im nächsten Schritt zum Wissen. In Form von Aktionen wird schließlich das erworbene Wissen angewandt, um im Rahmen der Strategie Kernprozesse zu identifizieren, zu gestalten, zu strukturieren und anschließend neue Daten für Analysen zu generieren (vgl. Abbildung 14).[71]

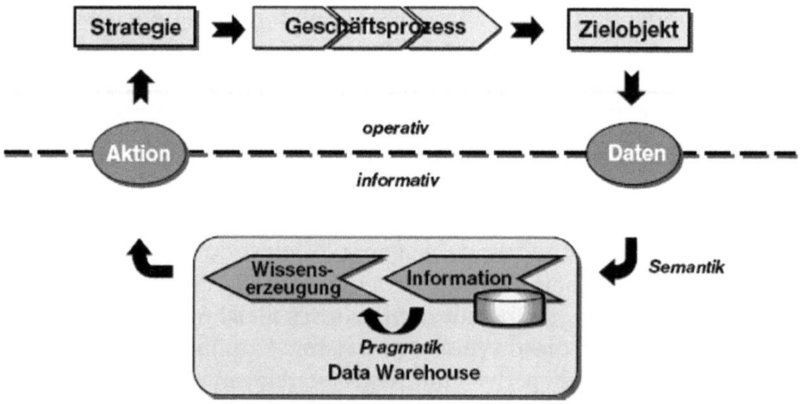

Abbildung 14: DWH-Wertschöpfungskette: Daten über Wissen in Aktionen verwandeln
Quelle: Eigene Darstellung

[71] Vgl. *Martin, W.*, Data Warehouse, Data Mining und OLAP, 1998, S. 24–25; vgl. *Holthuis, J.*, Aufbau, 1997, S. 71.

DWH Wertschöpfungskette

So entsteht ein Kreislauf, der eine stetige Verbesserung der Unternehmenssituation zum Ziel hat. Die ziel- und benutzerorientierte Datenauswahl erfolgt immer unter Berücksichtigung des Informationsangebotes und tatsächlichen Bedarfs. Daraus resultiert die Problematik der Erreichung eines Informationsoptimums – die Beziehung zwischen Informationsmenge, -qualität und der -versorgung zum richtigen Zeitpunkt.

Probleme herkömmlicher Datenbasen

Der Ansatz und damit das Konzept des DWH resultiert aus den Problemen der herkömmlichen operativen Datenbasen und Informationssysteme sowie zusätzlich angestrebten ökonomischen Zielen:

- Betriebliche operative Systeme stellen Insellösungen dar, die nur bedingt untereinander kommunikationsfähig sind. Ihre Daten werden teilweise redundant, in unterschiedlichen Formaten und unsystematisch historisch gewachsen dezentral in mehreren Systemen verwaltet. Die Datenstrukturen sind in Bezug auf ihre **syntaktische Konsistenz** zur Integration in den Analyseprozess unterschiedlich.[72] Das Herauslösen und Zusammenführen von Daten ist nur mit hohem Aufwand möglich. Deshalb ist eine Datenbasis mit einem unternehmensweit einheitlichen Datenmanagement erforderlich.
- Entscheidungen des Managements basieren i.d.R. auf einer Vielzahl aggregierter Daten. Die unregelmäßigen Zugriffe zum Zweck der komplexen Analyse über mehrere Systemkomponenten hinweg würden jedoch zu einer **Performancebelastung** operativer Datensysteme führen.[73] Die Konsequenz daraus ist die Vorwegnahme von Berechnungen und die zentrale Verwaltung von Daten, die bei Analysen direkt auf den operationalen Datenbeständen erst im Moment der Anforderungen erstellt würden.
- Operative Systeme verfolgen die Unterstützung operativer Geschäftstätigkeiten und halten erforderliche Daten i. d. R. zeitlich nur begrenzt vor. Dadurch lassen sich keine **Zeitreihen** entscheidungsrelevanter Datenbestände aufbauen.[74]
- Das ungenügende Informationsangebot bisheriger Systeme bedarf einer Optimierung zur Verbesserung des Entscheidungsprozesses hinsichtlich Qualität und Verfügbarkeit.

---

72 Vgl. *Totok, A.*, Modellierung, 2000, S. 41.

73 Vgl. *Esswein, W./ Räbiger, M./ Selz, A.*, Anforderungen an Data-Warehouse-Systeme, 1997, S. 7.

74 Vgl. *Grothe, M./ Gentsch, P.*, Business Intelligence, 2000, S. 52–53.

Merkmale eines DWH

Aus diesen Anforderungen lassen sich folgende Merkmale eines DWH ableiten[75]:

- **Themen- bzw. Analyseorientierung:** Gespeicherte Informationen orientieren sich an entscheidungsrelevanten Geschäftsobjekten, jedoch nicht an den operativen Geschäftsprozessen konventioneller operativer Systeme.
- **Zeitraumbezug:** Alle Informationen enthalten einen Bezug zu einem Zeitraum, innerhalb dessen sie gültig sind. Damit können auch historische Daten parallel zu aktuellen gespeichert werden, ohne sie, wie bei operativen Systemen üblich, zu verlieren.
- **Struktur- und Formatvereinheitlichung:** Gleiche Informationen werden in einer Datenstruktur in einem Format abgelegt. Vorhandene unterschiedliche Ablagen dieser Informationen müssen in das einheitliche Format überführt werden.
- **Nicht-Volatilität:** Übertragene und archivierte Daten werden in einem DWH nicht mehr verändert, um eine konsistente Datenbasis zu gewährleisten. Eine Ausnahme bilden Plan-Daten, die im Zuge von Planungsprozessen häufigen Änderungen unterliegen können.

Weitere Anforderungen ergeben sich durch die dynamische Erweiterbarkeit der Datenbasis, die dynamische Skalierbarkeit des Datenbanksystems oder die Flexibilität hinsichtlich des Datenzugriffs.

Entity Relationship-Datenmodell

Um diese geforderten Eigenschaften realisieren zu können, bedarf es der Umsetzung eines multidimensionalen Entity Relationship (ER)-Datenmodells, auf dessen Grundlage sich ein exploratives und interaktives Navigationskonzept umsetzen lässt. Das Entity Relationhip-Modell dient der grafischen Darstellung und Erfassung aller relevanten Daten- und Geschäftsobjekte sowie der zwischen diesen bestehenden Beziehungen in einem semantischen Datenmodell.[76]

1.3.3 Die Schichten von Data Warehouse-Systemen

Referenzarchitektur

Das DWH-System ist ein Informationssystem, das mittels seiner Schichten die Prozesse der Datenbeschaffung, -integration, -haltung und -darstellung unterstützt, um durch Extraktion und Transforma-

75 Vgl. *Inmon, W. H.,* data warehouse, 1992, S. 29; vgl. Inmon, W. H., Using the data warehouse, 1994, S. 2–12.

76 Vgl. *Totok, A.,* Modellierung, 2000, S. 76.

tion operativer Daten eine Basis für die methodisch-komplexe Analyse von aufbereiteten Unternehmensdaten zu schaffen.[77]

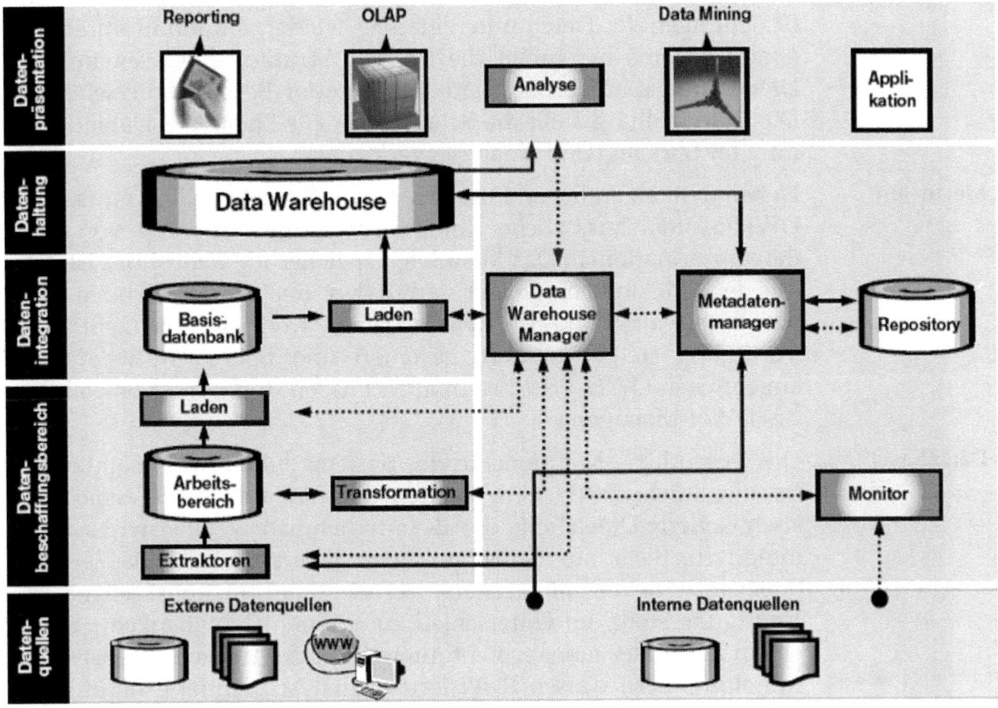

Abbildung 15: Referenzarchitektur mit den Schichten des DWH
Quelle: Eigene Darstellung

Datenfluss

Der einleitende Vorgang der Datenbeschaffung (vgl. Abbildung 15) betreibt dazu die kontrollierte Extraktion und Transformation dieser Daten aus den externen und internen Quellsystemen eines Unternehmens in den Datenbeschaffungsbereich. Dabei werden die relevanten Datenänderungen in den jeweiligen Quellen durch Monitore kontrolliert und bei Bedarf die identifizierten Datenänderungen zur Transformation in den temporären Arbeitsbereich des Systems kopiert. Zur folgenden Datenintegration werden die aufbereiteten Daten des Datenflusses in die Basisdatenbank des Systems kopiert, um dort mit anderen aktuellen oder historisierten Daten integriert und

77 Vgl. *Bauer, A./ Günzel, H.*, Data-Warehouse-Systeme, 2001, S. 515–517.

anschließend in das zentrale DWH überführt zu werden. In diesem erfolgt die Speicherung aller analyserelevanten Daten der Datenhaltung innerhalb vordefinierter, analysebedarfsorientierter Strukturen. Dazu dient ein multidimensionales Schema, das die Anordnung und Beziehungen der Daten untereinander wiedergibt. Ein multidimensionales Schema beschreibt die logische Struktur eines semantischen Datenmodells auf Basis charakterisierender Beschreibungselemente. Die Datenhaltung stellt die Schnittstelle zur Ebene der Datendarstellung für Berichts- und Analysezwecke dar.

Metadaten

Neben dem eigentlichen Fluss operativer Geschäftsdaten umfasst das DWH-System zusätzliche Komponenten zur Sicherung von Metadateninformationen. Das Metadaten speichernde Repository ist dabei mit dem Metadatenmanager verbunden, der alle anfallenden Metadaten verwaltet und sie den restlichen Komponenten zentral zur Verfügung stellt.[78] Initiiert, gesteuert und überwacht werden die angeführten DWH-Prozesse in allen Phasen durch die Kontrollflüsse des DWH-Managers.

Datenbasis

Die wesentliche Komponente des Systems bildet im Gesamtkontext das eigentliche DWH, eine von den operationalen DV-Systemen physisch isolierte Datenbank, die als unternehmensweite Datenbasis eine integrierte Sicht auf beliebige Daten liefert und für das gesamte Spektrum managementunterstützender Informationssysteme zur Verfügung steht. Im Unterschied zu anderen Datenbanken steht bei einem DWH der managementunterstützende Auswertungsaspekt im Mittelpunkt, zu dessen Realisierung analyseorientierte multidimensionale Schemata dienen.[79]

Archivierung und Historisierung

Die Stärke eines DWH liegt in der möglichen Historisierung von modifizierten Quellsystemdaten durch die periodische oder getriggerte Archivierung, ohne dabei eine Veränderung bereits archivierter Daten zu bewirken. Dadurch gewinnt das DWH-System an betriebswirtschaftlicher Bedeutung. Die Archivierung historischer, aktueller und geplanter Daten in einem multidimensionalen Schema zur Bewältigung heterogener, transaktionaler Datenspeicherung stellt einen kritischen Erfolgsfaktor zur unternehmensführerischen Analyse dar. Im Gegensatz zu den verteilten, heterogenen Transaktionssystemen bietet das DWH eine geordnete, funktionsorientierte und unterneh-

---

[78] Vgl. *Wieken, J.-H.*, Data Warehouse, 1999, S. 205–207..

[79] Vgl. *Muksch, H./ Behme, W.*, Informationslogistik, 1997, S. 34–36; vgl. *Bauer, A./ Günzel, H.*, Data-Warehouse-Systeme, 2001, S. 516; vgl. *Holthuis, J.*, Aufbau, 1997, S. 72.

mensübergreifende, an Geschäftsobjekten (z. B. Kunden, Produkte, Lieferanten oder Wettbewerber) orientierte Datensammlung über einen mehrperiodischen Zeithorizont.[80]

1.3.3.1 Datenbeschaffung

Datenquellen

Datenquellen sind der Ausgangspunkt einer datenflussorientierten Betrachtung und können internen als auch externen Ursprungs sein. Sie enthalten Daten sowie deren Metadaten, die hinsichtlich ihrer Eignung für ein DWH in einem validen Format vorliegen müssen. Definiert wird diese Eignung durch den Zweck des DWHs, die Qualität der Quelldaten, die Verfügbarkeit (rechtlich, organisatorisch und technisch) und den Preis für deren Erwerb. Bei der Beschaffung gilt es, mit einer zweckorientierten Vorgehensweise die Datenquellen zu identifizieren und zu validieren.

Ansprüche des DWH an die Daten

Um Mängel in der Datenbeschaffung zu vermeiden, sind folgende Ansprüche zu berücksichtigen:

- **Konsistenz**: Die Daten und deren Metadaten sind untereinander widerspruchsfrei.
- **Korrektheit**: Die Datensätze und deren inhaltliche Beschreibung weisen einen Realitätsbezug auf.
- **Vollständigkeit**: Es besteht eine Attributs-, Entitäts- und Themenvollständigkeit.
- **Eindeutigkeit**: Es treten keine identischen Datenelemente bzgl. Inhalt und Granularität auf.
- **Verfügbarkeit und Validität**: Zuverlässigkeit des Datenlieferanten und die nachvollziehbare Entstehung, Plausibilitätsprüfung und Transformation der Daten.
- **Verständlichkeit**: Die effektiven Daten sind inhaltlich und technisch verständlich beschrieben und es für kodierte Werte existieren die erklärenden Beschreibungen.

Eine Klassifikation und Strukturierung der Quelldaten lässt sich nach folgenden Kriterien vornehmen:[81]

- **Herkunft**: interne und externe Daten
- **Zeit**: aktuelle und historische Daten
- **Nutzungsebene**: Primär- und Metadaten

---

80 Vgl. *Erler, T./ Schelp, J.*, Data Warehouse, 1998, S. 17–18; vgl. *Meier, M./ Sinzig, W./ Mertens, P.*, SAP Strategic Enterprise Management, 2002, S. 68.

81 Vgl. *Bange, C./ Mathes, T.*, Management der Datenqualität, 09/2003, S. 28; vgl. *Bauer, A./ Günzel, H.*, Data-Warehouse-Systeme, 2001, S. 44–46.

- **Datentyp**: nummerisch, alphanummerisch, boolean oder binär
- **Sprachlicher und technischer Zeichensatz**
- **Vertraulichkeitsgrad**

Die Bewegungsdaten werden physisch gespeichert und stellen die betriebswirtschaftlichen Transaktionsdaten dar.

1.3.3.2 Datenbereitstellung und Integration

Dem Prozess der Datenbeschaffung schließt sich die Datenbereitstellung und -integration an, die sich in den einzelnen Schritten der Extraktions-, Transformations- und Ladevorgänge vollziehen. Das Ziel ist der Aufbau einer strukturellen, inhaltlich homogenen und konsistenten Datenbasis durch Vereinheitlichung betriebswirtschaftlicher Zusammenhänge und Korrektur der Quellsystemdaten.[82]

Extraktion

Extraktion und Staging

Die für ein DWH relevanten Daten werden für die aufbereitende Transformation mittels der Extraktion in einen Arbeitsbereich (Staging Area) kopiert. Ein Monitorprogramm unterstützt diesen Vorgang, indem es abhängig von den unterschiedlich definierten Strategievarianten eine Kontrolle des Datenbestandes vollzieht und die zu extrahierenden Daten bestimmt. Als zusätzliche Kontrollinstanz meldet der Monitor fehlerhafte Ladeprozesse bei der Durchführung des Extraktionsvorganges. Zu unterscheiden sind[83]:

- **Trigger-basiert**: Jede Datenmanipulation aktiviert einen Trigger als Mechanismus, der die Änderungen beispielsweise in eine Datei schreibt.
- **Zeitstempel-basiert**: Jedem Datensatz wird ein identifizierender Zeitstempel zugewiesen, der den Zeitpunkt der Änderung enthält.
- **Log-basiert**: In diesem Fall werden vorgenommene Transaktionen in einer gesonderten Log-Datei protokolliert, aus deren Analyse sich die geänderten Datensätze ermitteln lassen.
- **Snapshot-basiert**: Hierbei wird in regelmäßigen Abständen der Datenbestand in eine Schnappschussdatei geschrieben. Für die Entdeckung von Änderungen wird dann der aktuelle Datenbestand mit einem Schnappschuss der alten Daten verglichen.

---

82 Vgl. *Schinzer, H. D./ Bange, C./ Mertens, H.,* Data warehouse und Data mining, 1999, S. 28.

83 Vgl. *Muksch, H./ Behme, W.,* Informationslogistik, 1997, S. 55–59; vgl. *Bauer A./ Günzel, H.,* Data-Warehouse-Systeme, 2001, S. 34–47.

Die besondere Semantik der Datenstrukturen heterogener Datenquellen stellt unter Umständen spezielle Anforderungen an den Zeitpunkt der Extraktion, die Relevanz und die Beschaffenheit der Daten:

- **Periodisch**: Die Extraktion wird periodisch durchgeführt, wobei die Periodendauer von der Dynamik und Aktualität der Daten abhängt.
- **Anfragegesteuert**: In diesem Fall wird die Extraktion durch eine explizite Anfrage angestoßen.
- **Ereignisgesteuert**: Der Extraktionsvorgang wird durch ein Zeit-, Datenbank- oder externes Ereignis ausgelöst.
- **Sofort**: Änderungen in den Quellsystemen werden unmittelbar veranlasst.

ETL-Tool

Die technische Realisierung des Datenzugriffs erfolgt durch Extraktions-, Transformations- und Lademechanismen, die auch als ETL-Tools bezeichnet werden. Diese greifen über Schnittstellen zwischen Netzwerken und Datenbankschnittstellen auf die heterogenen Datenquellen zu.

Transformation

Schema- und Datenintegration

Durch die Versorgung des DWH von mehreren heterogenen Datenquellen besteht die Möglichkeit, Daten mit disjunkten oder sich überschneidenden Inhalten in unterschiedlichen Repräsentationsformen zu erhalten. Bevor die aus den Quellen extrahierten Daten in ein DWH integriert werden können, bedarf es daher einer Überführung in eine einheitliche integre Form.[84] Dies betrifft sowohl strukturelle Aspekte wie Schemaintegration als auch inhaltliche wie Datenintegration und -bereinigung. Transformationen, die dem Zweck der Vereinheitlichung, Verdichtung und Anreicherung dienen, werden unter dem Begriff der „Data Migration" zusammengefasst und umfassen die Phasen der

- Anpassung von Datentypen,
- Konvertierung von Kodierungen,
- Vereinheitlichung von Zeichenketten,
- Vereinheitlichung von Datumsangaben,
- Umrechnung von Maßeinheiten,
- Kombination bzw. Separierung von Attributwerten.

---

84 Vgl. *Hinrichs, H.*, Datenqualitätsmanagement, 2002, S. 17–18; vgl. *Schinzer, H. D./ Bange, C./ Mertens, H.*, Data warehouse und Data mining, 1999, S. 384; vgl. *Bauer, A./ Günzel, H.*, Data-Warehouse-Systeme, 2001, S. 49.

Star-Schema

Data Mart

Das Star- bzw. Sternschema ist als Grundschema eines Data Mart ein Ansatz zur Speicherung multidimensionaler Datenstrukturen in einer relationalen Datenbank. Ein Data Mart bietet für einen bestimmten betriebswirtschaftlich abgeschiedenen Anwendungsbereich eine externe Teilsicht auf ein DWH, die i.d.R. durch Kopieren und somit durch die Einführung von Redundanz erreicht wird. Dabei orientiert sich der Data Mart an der anwendungsbereichspezifischen Eigenschaft und weist häufig eine höhere Verdichtung auf als das eigentliche DWH. Er ist optional und kann unter dem Begriff DWH subsumiert werden.

Fakten und Dimensionen

Die grundlegende Prämisse des Schemas ist die Klassifizierung von Daten in Tabellen nach Fakt- oder Dimensionsdaten.[88] Faktdaten bilden die Kerndatenelemente mit meist quantitativer Größe und nummerischer Eigenschaft. Demgegenüber haben Dimensionsdaten einen deskriptiven Charakter. Sie stellen die beschreibenden Attribute zu den Faktdaten dar und enthalten die einzelnen Ausprägungen innerhalb verschiedener Geschäfts- bzw. Merkmalsdimensionen. Die Verknüpfung der Faktentabelle mit den Dimensionstabellen erfolgt über einzelne oder kombinierte Primär- und Sekundärschlüssel[89] in den Tabellen (vgl. Abbildung 17).[90]

Im Gegensatz zur Modellierung operationaler Datenstrukturen wird auf die Normalisierung zur Vermeidung von Redundanzen verzichtet, um multidimensionale Strukturen auf relationalen Datenbanken (Dimensionstabellen) abzubilden. Dies ist auch nicht erforderlich, da aufgrund der statischen Struktur der Daten durch Änderungs- und Löschoperationen die Integrität gefährdet wäre. Nachteilig wirken sich jedoch der erhöhte Speicherbedarf und die Performancebelastung aus, die durch die redundante Datenhaltung innerhalb der Dimensionstabellen hervorgerufen wird.[91]

---

88 Vgl. *Holthuis, J.*, Aufbau, 1997, S. 196; vgl. *Kirchner, J.*, Online Analytical Processing, 1998, S. 160–161.

89 Wird auch als Privat- (private-) und Fremdschlüssel (foreign-key) bezeichnet.

90 Vgl. *Wieken, J.-H.*, Data Warehouse, 1999, S. 179–180; vgl. *Holthuis, J.*, Datenstrukturen, 1997, S. 171; vgl. *Schinzer, H. D./ Bange, C./ Mertens, H.*, Data warehouse und Data mining, 1999, S. 48–50.

91 Vgl. *Schinzer, H. D./ Bange, C./ Mertens, H.*, Data warehouse und Data mining, 1999, S. 50.

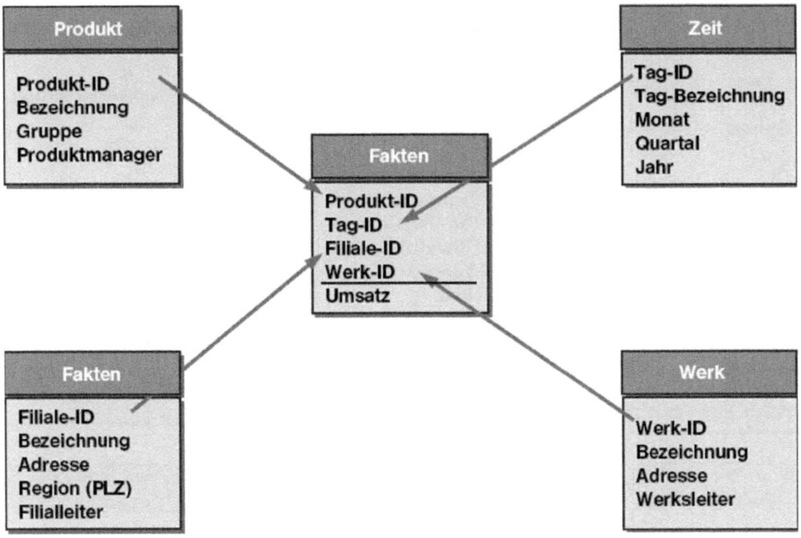

Abbildung 17: Beispiel eines Star-Schemas
Quelle: Eigene Darstellung

Snowflake-Schema

Normalisierung

Zur Vermeidung auftretender Redundanzen innerhalb der Dimensionstabellen wird bei dem Snowflake- bzw. Schneeflockenschema eine Normalisierung der Datenstrukturen in Unterdimensionen vorgenommen. Die Tabellen enthalten dadurch nicht mehr alle Elemente, sondern weiterverzweigende Daten über eine Dimensionshierarchie (vgl. Abbildung 18).[92] Die Verknüpfung mit der zentralen Fakttabelle und den darunterliegenden Attributtabellen, die die deskriptiven Informationen über die Dimensionselemente enthalten, erfolgt wiederum über Schlüsselattribute. Jede Tabelle besitzt somit neben einem Surrogat alle Attribute der Hierarchieebene sowie zusätzliche Fremdschlüsseleinträge der direkt darüberliegenden Hierarchieebenen.[93]

92 Vgl. *Lusti, M.*, Data Warehousing, 2002, S. 191; vgl. *Holthuis, J.*, Aufbau, 1997, S. 203; vgl. *Holthuis, J.*, Datenstrukturen, 1997, S. 177.

93 Vgl. *Anahory, S.*, Data Warehouse: Planung, 1997, S. 400; vgl. *Herden, O.*, Entwurfsmethodik, 2001, S. 44–45.

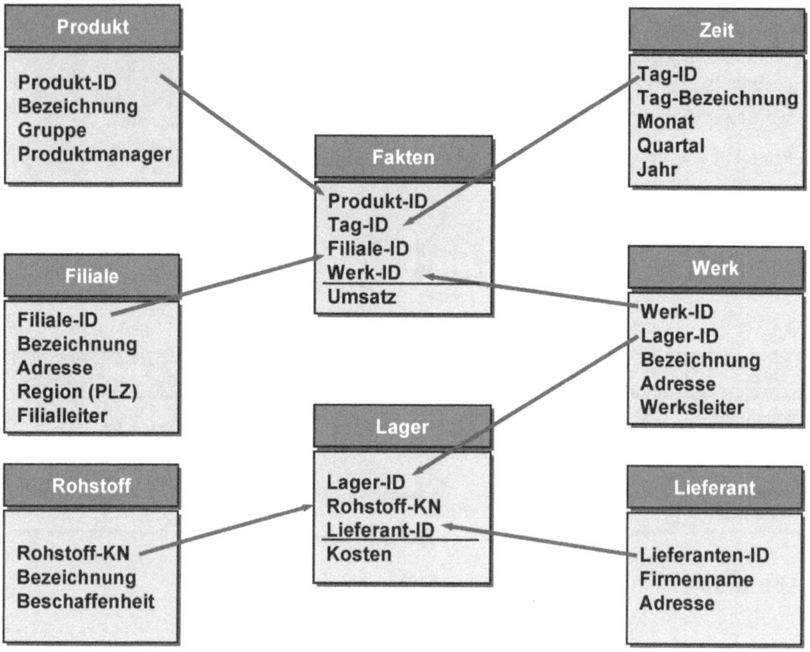

Abbildung 18: Beispiel eines Snowflake-Schemas
Quelle: Eigene Darstellung

Schema-Wechsel

Ein möglicher Übergang vom Star-Schema zum Snowflake-Schema kann darin bestehen, dass für die einzelnen Ebenen der Dimensionen die Fakten inklusive der Bezeichnungen und Beschreibungen abgespalten und in jeweils einer eigenen Tabelle gespeichert werden.[94] Durch die erhöhte Komplexität und Verknüpfungstiefe wirkt sich die Vermeidung von Redundanz negativ auf die Performance von Abfragen aus, da sie zu erheblicher Komplexität der Datenstruktur führt.[95]

1.3.3.4 Anwendungen der DWH-Daten

Der Aufbau eines DWHs sowie die Modellierung der Daten dient dem Zweck, entscheidungsrelevante Informationen in unterschiedlichem Kontext darzustellen und weiterzuverarbeiten. Damit aus den

---

94 Vgl. *Wieken, J.-H.*, Data Warehouse, 1999, S. 184.

95 Vgl. *Schinzer, H. D./ Bange, C./ Mertens, H.*, Data warehouse und Data mining, 1999, S. 50–51.

gesammelten Daten jedoch geschäftsrelevante Informationen werden, ist es erforderlich, sie entsprechend aufzubereiten. Dies kann die Erstellung von Standardberichten oder eine analytische Modellierung und Verarbeitung von Daten beinhalten. Folgende Hauptkategorien lassen sich unterscheiden[96]:

- **Berichtswesen:** Statische oder dynamische Darstellung von Kennzahlen mit weitergehenden Möglichkeiten zur Formatierung.
- **Ad-hoc-Analyse:** Anzeige von Daten in einem mehrdimensionalen Modell mit unterschiedlichen Ansichten.
- **Planung & Budgetierung:** Unterstützung von Planungs- und Budgetierungsprozessen durch Datenverteilung, Forecasting und Simulation.
- **Data Mining:** Komplexe und ungerichtete Analyse von Datenbeständen.

OLAP

Um den Unterschied der Datenbehandlung bei Standardberichten und analytischer Datenaufbereitung hervorzuheben, wird in diesem Zusammenhang auch vom Online-Analytical-Processing (OLAP) gesprochen. Für die mit OLAP unterstützten analytischen Aufgaben ergeben sich besondere Anforderungen hinsichtlich der Geschwindigkeit der Informationsbereitstellung, Analysemöglichkeiten im System, Sicherheit und Komplexität hinsichtlich Berechnungen und zu verarbeitender Datenmengen.

OLAP als integraler Bestandteil der DWH-Philosophie

OLAP-Ansätze

OLAP steht eng im Zusammenhang mit dem DWH-Konzept. Während das DWH eher auf die Speicherung und Verwaltung umfangreicher Datenbestände im Backend-Bereich fokussiert, rückt OLAP die Zugriffsmöglichkeiten am Frontend in den Mittelpunkt. OLAP wurde im Zuge der Diskussionen um die ineffiziente Auswertung relationaler Datenbestände bezüglich multidimensionaler betriebswirtschaftlicher Analysen geprägt. Hierzu entwarf *Codd* zwölf Regeln, die Anforderungen an ein OLAP-System definieren. So wird unter anderem die Integration von Daten aus möglichst vielen Systemen, die Garantie stabiler Antwortzeiten, eine Client-Server-Architektur, umfangreiche Berichts- und Darstellungsformen und die uneingeschränkte Bewegungsfreiheit des Nutzers im multidimensionalen Raum gefordert.

96 Vgl. *Bange, C.*, Business Intelligence, 2003, S. 7.

Bei der Gestaltung von OLAP-Systemen dominieren die folgenden drei Ansätze:

- **Relationales OLAP (ROLAP):** Die mehrdimensionale Analyse von Daten, die in einer relationalen Datenbank abgelegt sind, liefert dann einen virtuellen Würfel, wenn die flachen Tabellen mit zusammengesetzten Schlüsseln räumlich interpretiert werden. Dabei entspricht jede Schlüsseldomäne einer Dimension. Die Modellierung dieser Mehrdimensionalität geschieht durch Stern- oder Schneeflocken-Schemata. Die notwendige Transformation aus den Relationen in die Würfelsicht stellt ein Hindernis für den Aufbau des Systems dar. Da bei jeder Abfrage der virtuelle Würfel auch jedes Mal dynamisch geladen werden muss, lassen sich mit den heutigen Werkzeugen aus Performancegründen nur gering dimensionierte Würfel generieren.[97]
- **Multidimensionales OLAP (MOLAP):** Als Alternative zu den relationalen Datenbanken bietet sich die tatsächliche physikalische Speicherung der multidimensionalen Daten an. Hierzu werden proprietäre Datenbanken genutzt, in denen eine Struktur aufgebaut wird, die jede Zelle bezüglich jeder Dimension indiziert. So erreicht man einen schnellen Zugriff über alle Dimensionen zu den einzelnen Datenwerten. Die Größe eines physikalischen Datenwürfels ist durch die Multiplikation über die Anzahl von Elementen mit jeder Dimension gegeben. Diese Zahl ist jedoch i.d.R. von der Größe der zugrunde liegenden Datenfelder auf der Basis von Leerfeldern sehr verschieden. Neben dem Problem des speicherschonenden Umgangs besteht eine weitere Problematik in der Ladezeit hoch indizierter Würfel.[98]
- **Hybrides OLAP (HOLAP):** Das hybride OLAP versucht, die Vorteile des multidimensionalen und des relationalen OLAP zu vereinen. In Abhängigkeit von den Erfordernissen, die durch Abfragehäufigkeit und Aggregationsniveau gestellt werden, können die Daten entweder in einem relationalen oder multidimensionalen Datenbanksystem abgelegt werden. Dabei eignen sich solche Daten, die häufig benötigt werden und kritische Anforderungen hinsichtlich der Verfügbarkeit haben, primär für die multidimensionale Speicherung. Die hohe Flexibilität der Datenbereitstellung verursacht jedoch einen größeren Wartungsaufwand.[99]

---

97 Vgl. *Chamoni, P.*, Entwicklungslinien, 1998, S. 239.

98 Vgl. *o.V.*, OLAP, ohne Datum, S. 32–33.

99 Vgl. *Schinzer, H. D./ Bange, C./ Mertens, H.*, Data warehouse und Data mining, 1999, S. 54.

FASMI

Die durch Codd aufgestellten Regeln sind nicht unumstritten. Ihre Erweiterung und Vertiefung fand Niederschlag in der „Fast Analysis on Shared Multidimensional Information" (FASMI)-Definition (vgl. Abbildung 19):[100]

- Mit **Fast** sind sehr schnelle Antwortzeiten durch das System gefordert.
- **Analysis** steht für einfache und vielseitige Analysemöglichkeiten wie z. B. wirtschaftswissenschaftliche und statistische Funktionen.
- **Share** fordert die Analyse und Eingabe durch verschiedene Anwendergruppen mit unterschiedlichen Rechten und Sicherheitsmechanismen.
- **Multidimensionalität** bezieht sich auf die essentielle multiple Sicht auf die Informationsobjekte.
- Unter **Information** wird die Problematik behandelt, wie viele Daten in einer multidimensionalen Datenstruktur bereitgestellt werden müssen, um daraus Informationen generieren zu können.

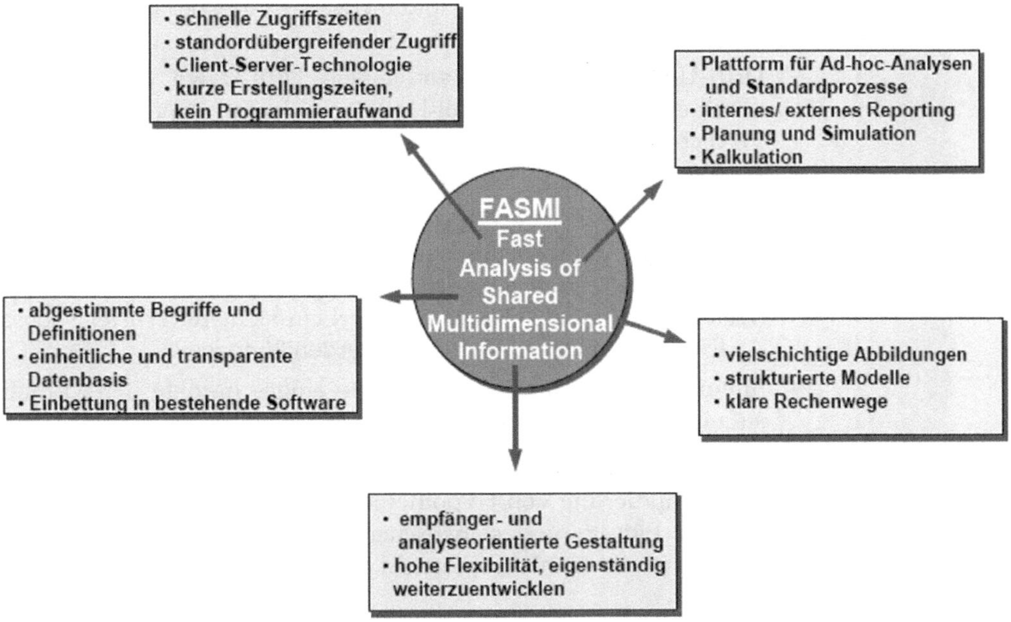

Abbildung 19: FASMI
Quelle: Eigene Darstellung

100 Vgl. *Chamoni, P.*, Entwicklungslinien, 1998, S. 237.

Navigation im Rahmen von OLAP

Multidimensionale Datenanalyse

Während Reportingwerkzeuge Ergebnisse erst nach der Definition ihrer Berichtsstrukturen liefern, erfolgt die multidimensionale Datenanalyse bei OLAP-Werkzeugen interaktiv mit dem Benutzer. Sie dienen damit weniger der Abdeckung eines Basisinformationsbedarfs, sondern eher der Erforschung von Entscheidungsalternativen in der Analyse- oder Kontrollphase. Für ein flexibles Berichtswesen ist es unerlässlich, dass die Möglichkeit besteht, innerhalb der durch das Datenmodell aufgespannten multidimensionalen Würfel zu navigieren und komplexe Operationen über mehrere Dimensionen hinweg auszuführen.[101]

Im OLAP-Würfel sollen Informationen in verschiedenen Perspektiven unter unmittelbarer Änderbarkeit von Datenansichten sowie in unterschiedlichen Detaillierungsgraden dargestellt werden (vgl. Abbildung 20):

- **Drill-Down**: Ein Drill-Down ermöglicht die vertikale abwärtsgerichtete Ursachenanalyse entlang eines Verdichtungswegs, um nach dem Top-Down-Prinzip die Ursachen in einer detaillierteren Ansicht ausfindig zu machen.
- **Drill-Up**: Das Gegenteil von einem Drill-Down erreicht man durch einen Drill- bzw. Roll-Up. Man gelangt zur nächst höheren Verdichtungsebene.
- **Drill-Across**: Durch einen Drill-Across werden die Dimensionen gegeneinander vertauscht.
- **Dicing**: Mit dem Dicing wird die Möglichkeit bezeichnet, nur bestimmte Attribute einer Dimension zu betrachten und alle weiteren auszublenden. Daraus resultiert ein kleinerer Würfel, sodass Analysen schneller durchgeführt werden können.
- **Slicing**: Das Slicing bezeichnet eine eingeschränkte Betrachtung auf einen Teil bzw. eine Scheibe des Würfels.

Erweiternde Gruppierungs- und Berechnungsfunktionen ermöglichen die Validierung von Hypothesen und andere Formen von Analysen. Der Einsatz von statistischen oder betriebswirtschaftlichen Analyseverfahren enthält weitere Erkenntnisse aus den Analysen.[102]

---

[101] Vgl. *Kirchner, J.*, Online Analytical Processing, 1998, S. 145; vgl. *o.V.*, OLAP, ohne Datum, S. 30–31; Vgl. *Totok, A.*, Modellierung, 2000, S. 62–63.

[102] Vgl. *Bauer, S./ Winterkamp, T.*, Relationales OLAP, 1996, S. 47.

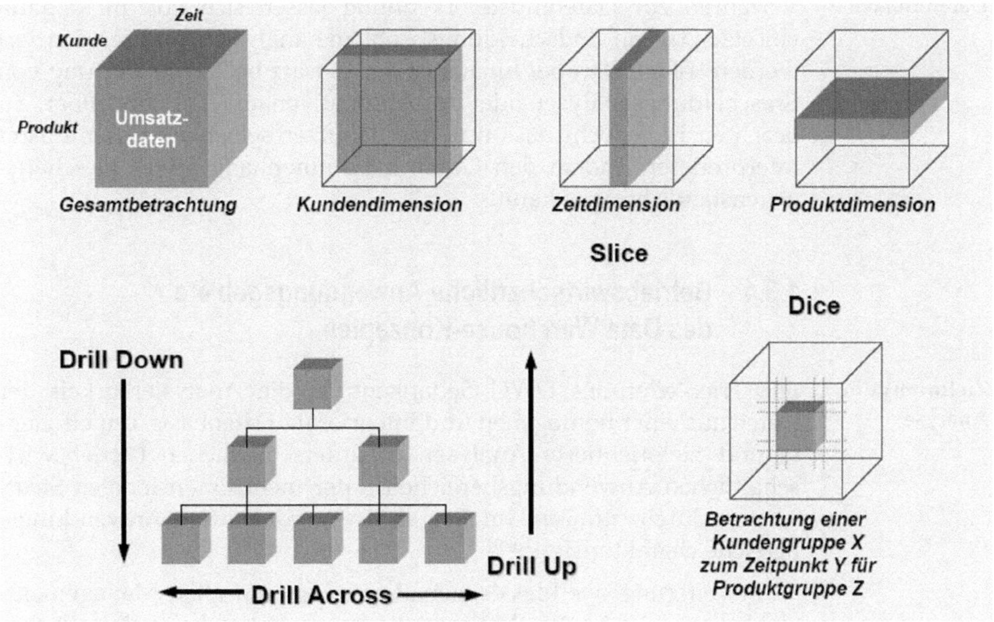

Abbildung 20: Selektion unterschiedlicher Datenschichten
Quelle: Eigene Darstellung

Data Mining

Die bisher beschriebenen Tools dienen der Analyse der im DWH enthaltenen Informationen, jedoch ohne eine Unterstützung durch weitere Modelle und Methoden zu bieten.

Unentdeckte Zusammenhänge

Die spezialisierten Funktionen des Data Mining erweitern die betriebswirtschaftlichen Analysemethoden, um unentdeckte Zusammenhänge und Muster aus Beziehungen oder Gesetzmäßigkeiten zwischen Daten zu extrahieren und offen zu legen.

Zum Einsatz kommen hierbei hauptsächlich Techniken aus den Bereichen der Statistik, z. B. Neuronale Netze, Clusteranalyse- und Entscheidungsbaumverfahren sowie Algorithmen zum Finden von Assoziationsregeln und Sequenzmustern. Diese Techniken unterstützen die drei Verfahren der Segmentierung, Klassifizierung und Assoziierung von abhängigen Daten.[103]

103 Vgl. *Preßmar, D. B.*, Planungssysteme, ohne Datum, S. 87; vgl. o.V., OLAP, ohne Datum, S. 43–44.

Datenmuster

Verfahren zur Datenmustererkennung lassen sich vor allem dann einsetzen, wenn Endscheidungsprobleme analysiert und strukturiert werden sollen. Darüber hinaus ist der Einsatz bei der Bewertung von Entscheidungsanalysen oder der Alternativenauswahl vorstellbar. Zu beachten ist jedoch, dass nur der Benutzer selbst die Datenmuster interpretieren und in den Gesamtzusammenhang seines Geschäftsgegenstands bringen kann.

1.3.4 Betriebswirtschaftliche Anwendungsgebiete des Data Warehouse-Konzeptes

Zielorientierte Analyse

Die Triebfeder des DWH-Gedankens ist die Analysierbarkeit der Daten aus einer homogenen und integrierten Datenbasis, um effiziente und zielorientierte Analysen in unterschiedlichen betriebswirtschaftlichen Anwendungsbereichen unter mehrdimensionalen Sichtweisen durchzuführen. Im Folgenden werden diese Anwendungsbereiche charakterisiert:[104]

- Erweiterung des **klassischen Reportings** auf allen Managementebenen durch die Navigation in multidimensionalen Datenmodellen.
- Potenzielle Steuerungsgrößen dienen als Grundlage effektiverer Planung und Kontrolle im **Erlös-**, **Marketing**- und **Vertriebscontrolling** zur Optimierung der unternehmerischen Distribution.
- **Betriebliche Kennzahlensysteme** ermöglichen die konzentrierte Abbildung betriebswirtschaftlicher Sachverhalte. Sie enthalten Informationen über Kennzahlen und deren hierarchischen Beziehungen zur Entscheidungsunterstützung und vermitteln damit eine zusammenhängende Betrachtung von Funktionen oder Prozessen innerhalb und außerhalb des Unternehmens. Ein aktuelles Konzept für ein erfolgsorientiertes Kennzahlensystem ist die BSC.
- Analytische Kosten- und Leistungsrechnung zur Abbildung einer periodischen Bewertung und Informationsbereitstellung über Entscheidungsobjekte der **Kostenrechnung**.
- Plan- und Ist-Informationen sind untrennbar miteinander verzahnte Management-Aspekte **analytischer Informationssysteme**. Für eine konsistente Vergleichsbasis werden Plan- und Ist-Zahlen im gleichen Datenmodell des DWHs generiert. Zudem können

104 Vgl. *Bauer, A./ Günzel, H.,* Data-Warehouse-Systeme, 2001, S. 12–23.

unterschiedliche Planungsvarianten parallel entwickelt, analysiert und diskutiert in das DWH einfließen. Um diese verwalten zu können, muss ein DWH-System um eine Workflow-Komponente ergänzt werden, die den Planungsprozess steuert.

– Ausnahmeberichte im Rahmen des **Exception Reporting** treten beim Über- oder Unterschreiten von Schwellenwerten auf. Im Inhalt konzentrieren sie sich auf die auftretende Ausnahmesituation mit den potenziellen Problemstellungen, um eine Überflutung des Managements mit unrelevanten Daten zu vermeiden.

Die aufgeführten Anwendungsgebiete verdeutlichen die Notwendigkeit einer entscheidungsorientierten Datengrundlage mit einer validierten, strukturierten, korrigierten und angereicherten Eigenschaft, um den PSuK-Prozess der Unternehmensführung adäquat zu unterstützen. Der Erfolg des DWH-Konzeptes gegenüber den bisherigen MSS liegt daher sowohl in der Möglichkeit des differenzierteren Informationszugriffs als auch einer besseren Informationspräsentation. Allerdings verdeutlichte sich bei der Untersuchung der betriebswirtschaftlichen PSuK, dass eine Optimierung der Geschäftsleistung, die instrumentale Messung des Erfolgs und ein eindeutiger Entscheidungsprozess angestrebt werden. Dies bedingt neben der Informationsbereitstellung einen analytischen Entdeckungsprozess, der fragmentierte Unternehmens- und Wettbewerbsdaten über Fähigkeiten, Positionen, Handlungen und Ziele der betrachteten internen oder externen Geschäfts- bzw. Aktionsfelder unter Berücksichtigung von Diskontinuitäten in handlungsgerichtetes Wissen transformiert.

Begriff BSC

Der Name Balanced Scorecard ergibt sich aus den Wörtern „balanced", dem englischen Wort für „ausgewogen", und „scorecard". Der zweite Begriff kommt auch dem Bereich Sport und bedeutet übersetzt Spielberichtsbogen, Punktzettel (beim Boxen) oder Zählkarte (beim Golf).[8] Zusammengefasst ergibt sich der ausgewogene Berichtsbogen, der Kennzahlen des Unternehmens darstellt, indem er alle Bereiche gleichberechtigt integriert, ohne Finanzkennzahlen, Innovationen oder Sonstiges hervorzuheben. Er bietet Platz für monetäre (harte) und nicht monetäre (weiche) Erfolgsfaktoren.[9]

2.2 Idee und Zielsetzung

Zielsetzung

Als Managementsystem nützt sie in erster Linie der Strategie und ihrer Umsetzung. „Die Balanced Scorecard übersetzt die ... [Unternehmensvision] und -strategie in ein übersichtliches System zur Leistungsmessung, welches den Rahmen für ein strategisches Leistungsmessungs- und Managementsystem bildet."[10] Dabei bietet sie die Möglichkeit, die Visionen und Strategien aus verschiedenen Perspektiven zu betrachten und zum Zweck ihrer Umsetzung konkrete Maßnahmen und Ziele abzuleiten.[11]

„Die Balanced Scorecard ist ein deduktives System – aus der Vision werden die Ziele abgeleitet, aus den Zielen die Steuerungsgrößen und die Maßnahmen. So bietet die BSC die immens wichtige Verbindung zwischen der Strategie und der Aktionsplanung."[12]

Umgekehrt sollte die Balanced Scorecard aber auch Rückschlüsse auf die Strategie geben. Eine gut durchdachte BSC ermöglicht dem Betrachter die dahinterstehende Strategie herauszulesen.[13]

Das Ziel ist, „die Entwicklung eines Unternehmens ganzheitlich, aber zugleich sehr detailliert zu betrachten".[14] Dies bedeutet, dass Ziele des gesamten Unternehmens berücksichtigt werden und bis auf Mitarbeiterebene heruntergebrochen und damit detailliert werden.[15] Die

---

8 Vgl. *Langenscheidt,* Handwörterbuch, 1996, S. 569.

9 Vgl. *Schaltegger, S./Dyllick, T.,* Scorecard, 2002, S. 38.

10 *Kaplan, R. S./Norton, D. P.,* Strategien, 1997, S. 2.

11 Vgl. *Friedag, H. R./Schmidt, W.,* Scorecard, 2000, S. 86.

12 *Horváth, P.,* Umsetzungserfahrungen, 2000, S. 125.

13 Vgl. *Kaplan, R. S./Norton, D. P.,* Strategien, 1997, S. 143.

14 *Rüth, B.,* Einführung, 2004, S. 8.

15 Vgl. ebd., S. 9 f.

Ziele werden durch Kennzahlen messbar und durch Maßnahmen umsetzbar gemacht, wobei nicht nur Spätindikatoren (wie Finanzziele), sondern auch Frühindikatoren berücksichtigt werden sollen.

Voraussetzung für den Erfolg

Wichtig ist, dass alle Mitarbeiter bei der Umsetzung der Strategie eingebunden werden, damit diese realisiert werden kann. Das beginnt bei den Führungskräften und endet bei den Mitarbeitern auf der operativen Ebene. *Norton* formuliert dies als „Making Strategy Everyone's Job".[16]

Die Balanced Scorecard ist damit ein Kommunikations- und Steuerungsinstrument, das zur Verbindung der strategischen und operativen Planung dient.

Perspektiven

Die Betrachtung der unterschiedlichen Perspektiven ist nach *Gleich* der Kern der BSC.[17] Dadurch werden neben den monetären Zielen wie Umsatz oder ROCE (Return on Capital Employed) auch die nicht monetären wie zum Beispiel Kundenzufriedenheit oder Innovation berücksichtigt, denn sie sind als Werttreiber für die Erfüllung der finanziellen Ziele verantwortlich und dürfen nicht unbeachtet bleiben. Da es sich bei ihnen im Gegensatz zu den Finanzzielen um Frühindikatoren handeln kann, lassen sich negative Auswirkungen frühzeitig erkennen und gegebenenfalls steuern.

Norton umschreibt dies treffend: „The only thing worse than bad news is bad news late. "[18]

Ausgewogenes System

Wichtig ist der Ansatz, dass es sich bei der Balanced Scorecard um ein, wie der Name schon sagt, ausgewogenes System handelt. Es wirkt ausgleichend zwischen kurz- und langfristigen Zielen, monetären und nicht monetären Kennzahlen, Spät- und Frühindikatoren sowie zwischen externen und internen Perspektiven.[19]

Erstveröffentlichung

Interessant ist, dass die Balanced Scorecard zwar 1992 das erste Mal publiziert und als Innovation im Bereich Controlling gefeiert wurde, der Ansatz jedoch nicht neu war. Bereits 1959 haben *P. Lauzel* und *A. Cibert* die Wichtigkeit von nicht monetären Zielen erkannt und daraus das Tableau de Bord entwickelt, das sich auch auf die unterschiedlichen Unternehmensebenen anwenden lässt. Es ist ebenfalls strategisch ausgerichtet, die Kennzahlen sind durch Ursache-Wirkungs-Beziehungen verbunden und das Reporting erfolgt in Form

---

16 *Norton, D. P.*, Organization, 2002, www, Zugriff am 05.11.2005, S. 3.

17 Vgl. *Gleich, R.*, Performance, 2001, S. 52.

18 *Norton, D. P.*, Organization, 2002, www, Zugriff am 05.11.2005, S. 56.

19 Vgl. *Kaplan, R. S./Norton, D. P.*, Strategien, 1997, S. VII.

eines Berichtsbogens.[20] Obwohl noch im selben Jahr das Buch „Des ratios au tableau de bord" veröffentlicht wurde, setzte sich der Ansatz außerhalb Frankreichs nicht durch.

Tableau de Bord

Streng genommen ist die BSC nur eine Erweiterung des Tableau de Bord. Auch *Kaplan* und *Norton* erwähnen das französische System in ihrem ersten Buch zur Balanced Scorecard, tun es aber als einfache „Sammlung von kritischen Erfolgsfaktoren" ab.[21] Es scheint nicht sehr bekannt zu sein, dass die Erfindung der BSC keineswegs neu ist, denn die wenigsten Veröffentlichungen zu dem Thema erwähnen das Tableau de Bord und bezeichnen die Veröffentlichung von 1992 durch *Kaplan* und *Norton* als das BSC-Geburtsdatum.

Indirekt bestätigen *Kaplan* und *Norton* auch die oben genannte These, denn ihre Bücher zur BSC verwenden im Französischen den Begriff des Tableau de Bord, was sicherlich nicht nur daran liegt, dass Franzosen Anglizismen weitgehend zu vermeiden suchen. So wurde das Buch „Balanced Scorecard" mit „Le tableau de bord prospectif: Pilotage stratégique: Les 4 axes du succès" übersetzt und das Werk „Die strategiefokussierte Organisation" heißt in Frankreich „Comment utiliser le tableau de bord prospectif".

Dass sich die Balanced Scorecard im Gegensatz zum Tableau de Bord durchgesetzt hat und international sehr bekannt ist, „kann unter anderem auf drei in der Harvard Business Review zum Themenbereich Balanced Scorecard veröffentlichte Beiträge, ... [Buchpublikationen] sowie den hohen Bekanntheitsgrad des Mitautors Kaplan zurückgeführt werden".[22]

2.3 Abgrenzung zu anderen Kennzahlensystemen

Kennzahlensystem allgemein

Unter Kennzahlensystemen „versteht man die Gesamtheit von geordneten Kennzahlen, die die Zusammenhänge zwischen verschiedenen Größen aufzeigen und so betriebswirtschaftlich sinnvolle Aussagen über Unternehmungen und ihre Teile vermitteln".[23]

Wie die bereits erwähnte empirische Untersuchung der Universität Essen ergeben hat, sind die in der Praxis am häufigsten vorkommenden Kennzahlensysteme die Balanced Scorecard, das Rentabilität-

---

20 Vgl. *Gleich, R.*, Performance, 2001, S. 60 ff.

21 Vgl. *Kaplan, R. S./Norton, D. P.*, Strategien, 1997, S. 28.

22 *Hoffmann, O.*, Performance, 1999, S. 49.

23 *Gladen, W.*, Berichtssysteme, 2003, S. 91.

Liquidität-Kennzahlensystem von *Reichmann* und *Lachnit*, das DuPont-System, das EFQM-Modell (European Foundation for Quality Management) sowie das ZVEI-Kennzahlensystem (Zentralverband der Elektronischen Industrie e.V.). In welchem Verhältnis diese Systeme von den 108 teilnehmenden Unternehmen umgesetzt werden, zeigt Abbildung 21.[24]

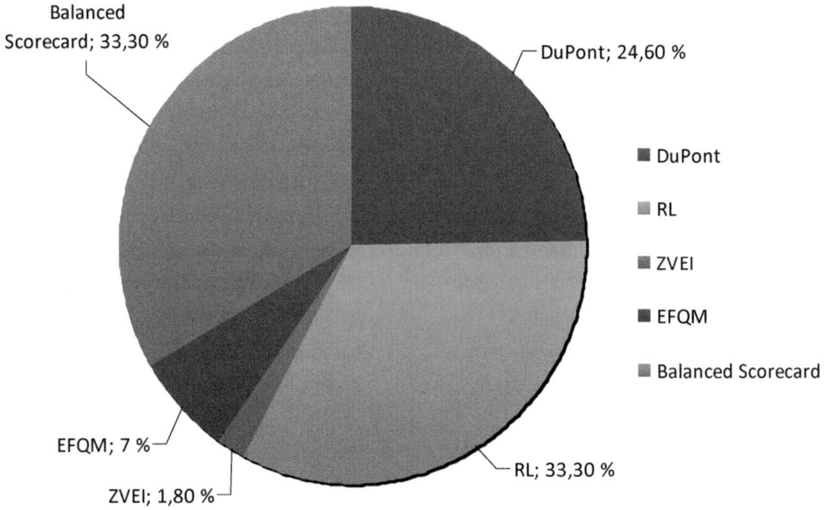

Abbildung 21: Eingesetzte Kennzahlensysteme, Ergebnis einer Studie von 2002
Quelle: Eicker, S./Kress, S./Lelke, F., Geschäftssteuerung, 2005, www, Zugriff am 06.11.2005, S. 6

Traditionelle Kennzahlensysteme

Bei traditionellen Kennzahlensystemen wie dem Rentabilität-Liquidität-Kennzahlensystem, dem DuPont-System, und dem ZVEI-Kennzahlensystem handelt es sich um Analyse-Kennzahlensysteme.[25] Dabei werden die ausschließlich finanziellen Kennzahlen meist auf ein übergeordnetes Ziel in Form einer Spitzenkennzahl ausgerichtet (oft in Darstellung eines Baumes). Diese Spitzenkennzahl ergibt sich aus mathematischen Zusammenhängen der Kennzahlen unterer Ebenen und liefert Aussagen über das Betriebsergebnis oder die Liquidität eines Unternehmens, wobei Markt- und Kundenorientierung so-

[24] Vgl. *Eicker, S./Kress, S./Lelke, F.*, Geschäftssteuerung, 2005, www, Zugriff am 06.11.2005, S. 5 f.

[25] Vgl. *Gladen, W.*, Berichtssysteme, 2003, S. 92.

Umsetzung in der Praxis

Wie und in welcher Form sich die Umsetzung der Balanced Scorecard in der Praxis gestaltet und wie weit die Entwicklung aus Sicht der unterschiedlichen Unternehmenstypen wie kleine und mittelständische Unternehmen, Großunternehmen sowie öffentliche Verwaltung bereits fortgeschritten ist, zeigt das Kapitel 5.

2.4 Bestandteile einer Balanced Scorecard

Elemente

Aus welchen Elementen sich die BSC zusammensetzt, wird in Abbildung 23 grafisch dargestellt. Dabei ist zu beachten, dass es sich hier nicht um ein vordefiniertes Kennzahlensystem handelt, sondern um ein Rahmenwerk, das individuell an das Unternehmen angepasst werden muss und verändert werden kann.

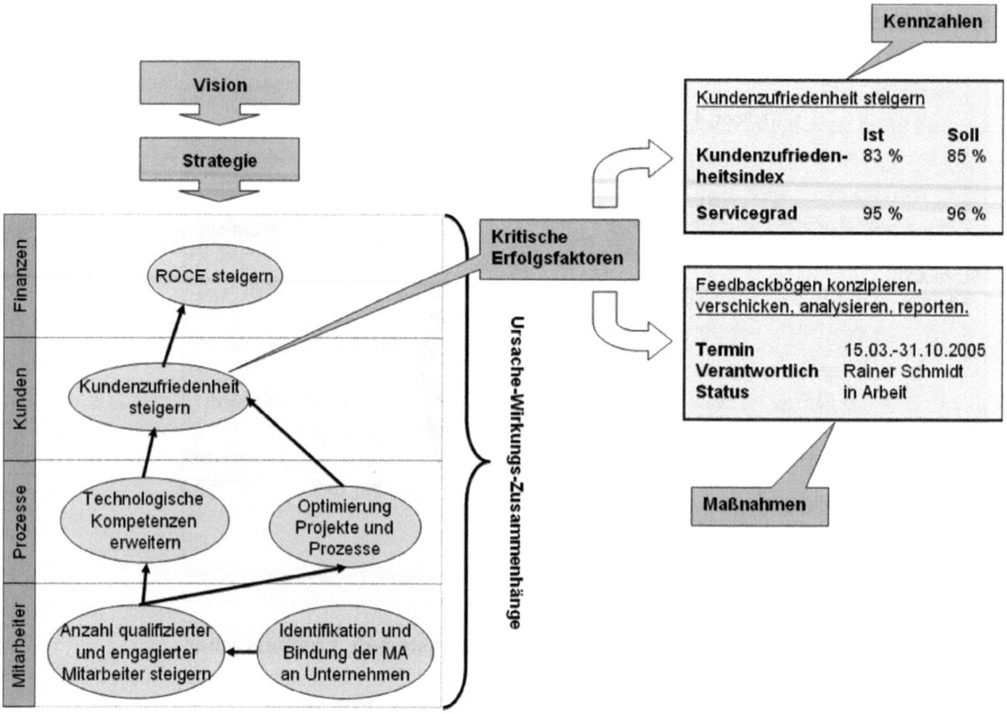

Abbildung 23: Bestandteile einer Balanced Scorecard
Quelle: in Anlehnung an Prosser, A./Auer, J./Kellermann, S., SAP®, 2005, S. 14

Im Folgenden werden die aufgezeigten Bestandteile und ihr Nutzen näher betrachtet, um die Beschreibung, worum es sich bei dem Managementsystem Balanced Scorecard handelt, zu komplettieren und das gegebene Bild abzurunden. Jedes Unternehmen, das die Balanced Scorecard umsetzen möchte, muss sich vorstellen können, welche Bestandteile in ihr enthalten sind und was sie bedeuten.

Bestandteile

2.4.1 Unternehmensvision und -strategie

„Visionen sind die Wunschvorstellungen der Unternehmen, die oft noch vagen obersten Ziele, die erst im Laufe der Zeit konkrete Formen annehmen. Sie haben ihren Ausgangspunkt oft in Träumen, in Traumvorstellungen vom eigenen Unternehmen."[30] Meist handelt es sich bei einer Vision um nur einen prägnanten Satz, der besagt, wie sich das Unternehmen in Zukunft sieht.

Unternehmensziele

Albrecht Deyhle, Verleger und Herausgeber des „Controller Magazin", sagte bereits im Jahre 1971: „Erfolg haben kann nur die Unternehmung, die weiß, was sie will."[31] Zwar bezieht sich diese Aussage nicht direkt auf Visionen und Strategien, dennoch wird deutlich, wie wichtig die klare Ausrichtung eines Unternehmens ist.

„Strategien zu entwickeln bedeutet im betriebswirtschaftlichen Sinn, Grundsatzentscheidungen zu treffen, die sämtliche Unternehmensbereiche tangieren. Durch Strategien werden wesentliche unternehmerische Absichten in die Realität umgesetzt."[32] Die Strategie ist also die detailliert ausformulierte Vision und enthält somit sowohl Ziele als auch die geplanten Wege dorthin. Nach *Deyhle* ist eine gut durchdachte Strategie die Grundlage zum Erfolg.

Strategie

Besorgnis erregend ist daher die Tatsache, dass eine wirkungsvolle Umsetzung nur bei 10 % aller Strategien erfolgt.[33]

Strategien sind wesentlich, wenn man sich am Markt und gegenüber den Mitbewerbern behaupten möchte. Aus diesem Grund müssen Strategien externe Chancen und interne Ressourcen in Einklang bringen. Dies setzt voraus, dass ein Unternehmen seine Stärken und

30 *Ehrmann, H.*, Kompakt-Training, 2003, S. 21.

31 *Georg, S.*, Managementinstrument, 1999, S. 3.

32 *Ehrmann, H.*, Kompakt-Training, 2003, S. 25.

33 Vgl. *Frick, I.*, Größen, 2000, S. 23.

Schwächen kennt sowie sich den Chancen, aber auch den Risiken am Markt bewusst ist (vgl. Abbildung 24).[34]

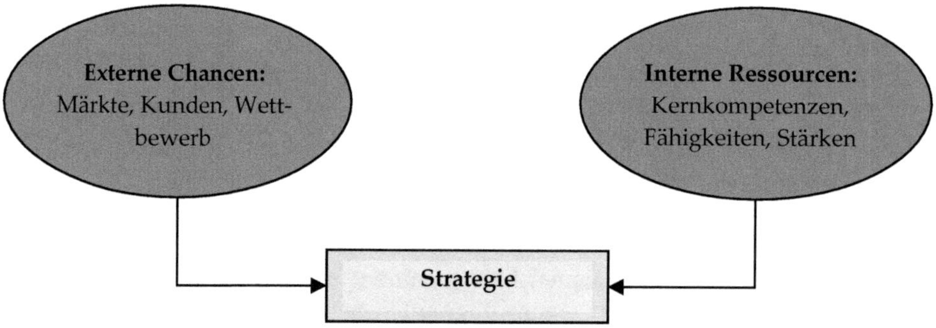

Abbildung 24: Zwei Aspekte der Strategie
Quelle: *Müller, A.*, Management, 2000, S. 15

Herausforderung

Die Herausforderung für die Unternehmensführung besteht also in der ganzheitlichen Betrachtung des eigenen Unternehmens einschließlich seiner Kunden und der Konkurrenz sowie der eigenen Mitarbeiter.

2.4.2 Perspektivenwahl

Managementinstrument

Die Balanced Scorecard in ihrer Funktion als Management- und Kommunikationsinstrument bietet zum einen die Möglichkeit die Strategie umzusetzen und hilft zum anderen, die Strategie im Unternehmen zu kommunizieren. Sie steuert das gesamte Unternehmen oder einen bestimmten Bereich und gibt Einblicke aus verschiedenen Perspektiven.

Perspektiven

Diese Perspektiven bilden die unterschiedlichen Kernbereiche der Strategie ab. Anders ausgedrückt bedeutet dies, dass alle wesentlichen Bereiche eines Unternehmens durch die Perspektiven in einem ausgewogenen Verhältnis betrachtet werden.[35]

---

[34] Vgl. *Müller, A.*, Management, 2000, S. 15.

[35] Vgl. *Horváth & Partner*, Scorecard, 2004, S. 43 f.

Jeder Perspektive werden strategische Ziele, Kennzahlen zu deren Messung und Maßnahmen zur Umsetzung der Ziele zugeordnet.

Von den Erfindern der BSC in der heutigen Form werden die vier Perspektiven Finanzen, Kunden, interne Prozesse und Mitarbeiter beispielhaft vorgegeben. Diese „klassischen" Perspektiven sind aber nicht unabdingbar festgelegt, sondern müssen wie alle Elemente der Balanced Scorecard individuell an jedes Unternehmen angepasst werden.

Perspektiven-inhalte

Inhaltlich geht es bei den Perspektiven von *Kaplan* und *Norton* um Folgendes:

- Die ***Finanzperspektive*** enthält Ziele, die Aufschluss über Erfolg oder Misserfolg der Strategie geben und sie damit messbar machen. Anteilseigner und Unternehmensleitung können erkennen, ob sich die Ergebnisse der Unternehmung verbessert und die vorgenommenen Ziele erfüllt haben. Typische Finanzkennzahlen sind Cashflow, Eigenkapitalrendite, Umsatzwachstum oder ROCE.[36] Auch wenn alle Perspektiven der Balanced Scorecard als gleichwertig erachtet werden, ist es dennoch bestätigt, dass ein Unternehmen nicht ohne langfristige finanzielle Fortschritte und Gewinne existieren kann und der Finanzperspektive folglich eine besonders wichtige Stellung zukommt.
- Die ***Kundenperspektive*** stellt den Teil der Strategie dar, der auf den Kunden, den Markt und die Konkurrenz ausgerichtet ist, und enthält vor allem Ziele wie Lieferpünktlichkeit, Kundenzufriedenheit oder Marktanteil. Sie gibt Auskunft darüber, wie das Unternehmen aus Sicht der Kunden gesehen wird und wie es sich am Markt positioniert.
- Die Ziele der ***internen Prozessperspektive*** sind mit ausschlaggebend für die Erfüllung der Ziele der eben erläuterten Perspektiven. Meist beinhaltet sie die Betrachtung der Qualität, der Kosten und der neuen Produkte.[37]
- Die ***Mitarbeiterperspektive*** ist die Grundperspektive, die die Erfüllung der Ziele der übrigen Perspektiven ermöglicht. Sie wird als Potenzial der Mitarbeiter wie Motivation, Produktivität und Zufriedenheit gesehen.

---

36 Vgl. *Weber, J./Schäffer, U.*, Controlling, 2000, S. 5 f; vgl. *Wolter, O.*, TQM, 2000, S. 24; dazu auch *Ehrmann, H.*, Kompakt-Training, 2003, S. 33; vgl. *Horváth & Partner*, Scorecard, 2004, S. 45.

37 Vgl. *Kaplan, R. S./Norton, D. P.*, Strategien, 1997, S. 42.

selben Grund empfehlen *Kaplan* und *Norton* einen Anteil von 80 % für nicht monetäre Kennzahlen.[47]

Spät- und Früh-indikatoren

Ebenso wichtig ist die Balance zwischen Spät- und Frühindikatoren. Den Finanzzielen, die letztendlich die Umsetzung der Strategie bewerten, liegen meist Spätindikatoren zugrunde, die sich erst nach Ablauf einer Periode messen lassen. Damit der Geschäftserfolg aber steuerbar bleibt, sollten für die anderen Perspektiven Frühindikatoren beachtet werden, die Frühwarncharakter haben und aufzeigen, ob ein Ziel noch erreicht werden kann.

2.4.6 Maßnahmendefinition

Strategie-realisierung

Auf Basis der ausgearbeiteten Ziele und ihren zugehörigen Kennzahlen müssen Maßnahmen definiert werden, durch deren Umsetzung die Ziele erreicht werden. Dabei dürfen die Ziele jedoch nicht losgelöst betrachtet werden, sondern unter Berücksichtigung ihrer Beziehungen untereinander.[48] Die Strategie wird durch die Bildung von Maßnahmen konkretisiert. Es werden Operationen festgelegt, um die Strategie zu realisieren.[49] Dabei sind auch Termine und Verantwortlichkeiten bezüglich jeder Maßnahme zu benennen.

Kommunika-tionsmodell

Durch die formulierten Maßnahmen erkennt jeder Mitarbeiter den eigenen Beitrag zur erfolgreichen Strategieumsetzung und damit seinen Anteil am Unternehmenserfolg. Die Strategie wird für alle verständlich.[50] Auch hier kommt die BSC in ihrer Funktion als Kommunikationsmodell zur Anwendung.

---

47 Vgl. *Kaplan, R. S./Norton, D. P.*, Organisation, 2001, S. 330.

48 Vgl. *Rüth, B.*, Einführung, 2004, S. 66.

49 Vgl. *Ehrmann, H.*, Kompakt-Training, 2003, S. 37; vgl. *Horváth & Partner*, Scorecard, 2004, S. 51.

50 Vgl. *Ferrari, E./Tausch, C.*, Verwaltung, 2002, S. 253.

3 Einführung und Umsetzung in der Praxis

3.1 Beschreibung der marktüblichen Strategien

Unterschiedliche Einführungsweisen

In der Praxis wird die Balanced Scorecard auf unterschiedliche Weisen im Unternehmen eingeführt, wobei das ursprüngliche Modell von *Kaplan* und *Norton* meist zu Grunde gelegt wird. Wie im Folgenden beschrieben wird, setzen Unternehmen die Balanced Scorecard häufig in Verbindung mit anderen Managementsystemen, wie zum Beispiel dem Risiko-, Qualitäts- oder dem Nachhaltigkeitsmanagement ein. Die diesbezüglichen Vorgehensweisen sowie die damit verbundenen Vor- und Nachteile werden näher betrachtet.

3.1.1 Das Kaplan/Norton-Modell

Kaplan und *Norton* entwickelten die Balanced Scorecard und brachten damit das erste Modell einer Implementierung ins Unternehmen auf den Markt.

Vier Hauptprozesse

Das Vorgehen beinhaltet vier Hauptprozesse, die sequentiell und wiederholt durchlaufen werden (vgl. Abbildung 25). Die Balanced Scorecard wird während des spiralförmigen Durchlaufens präzisiert und den Unternehmenseinheiten von oben nach unten angepasst (top-down).

Konsens

Beim Kaplan/Norton-Modell werden in der ersten Phase (Punkte 1 bis 4) die bereits existierende Unternehmensstrategie und -vision durch das speziell gebildete Führungsteam geklärt, um einen Konsens diesbezüglichen Konsens zu erlangen.[1]

Unternehmens-Scorecard

Daraufhin wird die Unternehmens-Scorecard entwickelt, die an das mittlere Management kommuniziert und diskutiert wird. Während sich die Führungskräfte der Geschäftseinheiten auf Grundlage dieser übergeordneten BSC ihre eigenen Scorecards, passend zur jeweiligen Strategie, erarbeiten, zeigen sich Programme oder Investitionen, die der Strategie nicht förderlich sind. Deshalb müssen abgeschafft werden und parallel dazu notwendige geschäftseinheitsübergreifende Programme gestartet werden, denn alles muss auf die Strategie ausgerichtet werden.[2]

---

1 Vgl. *Kaplan, R. S./Norton, D. P.*, Strategien, 1997, S. 268.

2 Vgl. ebd.

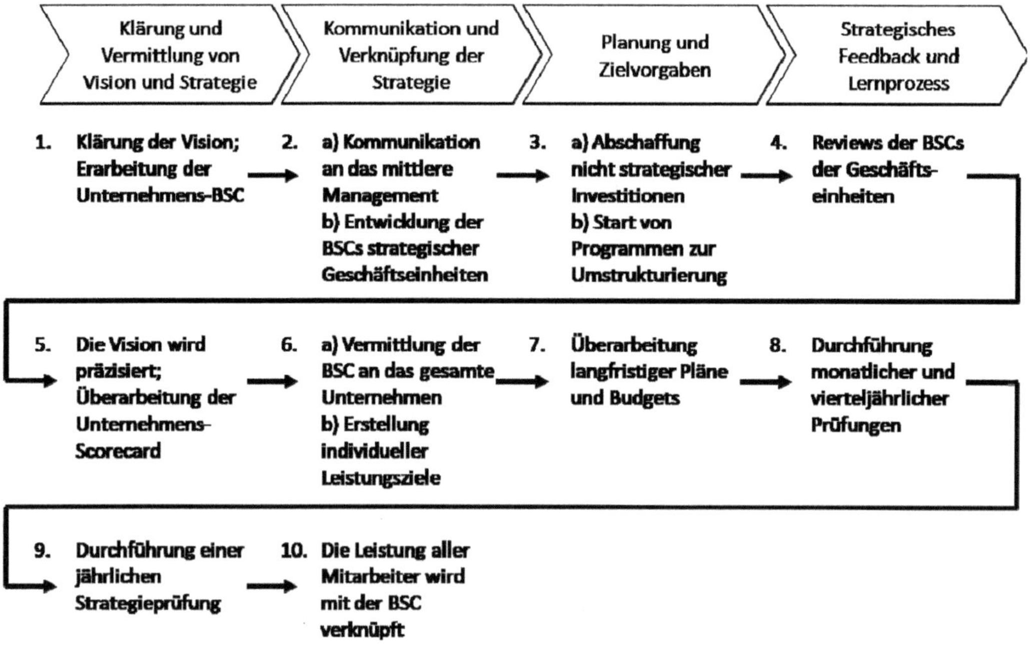

Abbildung 25: Schritte des Kaplan/Norton-Modells
Quelle: Friedag, H. R./Schmidt, W., Scorecard, 2000, S. 93

Das Führungsteam und die Geschäftsleitung überprüfen die entstandenen BSCs, einerseits zur Kontrolle, andererseits aber auch, um ihre eigenen Kenntnisse in die BSC-Entwicklung mit einzubringen.[3]

Langfristige Unternehmensentwicklung

Schon in der ersten Phase wird sehr deutlich, dass die Balanced Scorecard kein einfaches Kennzahlensystem zur Leistungsmessung ist, sondern ein Managementsystem, mit dessen Hilfe „die langfristige Entwicklung des Unternehmens geplant, gesteuert, kontrolliert, aber auch angepasst werden“[4] kann.

Double-Loop-Lernen

Die zweite Phase (Punkt 5 bis 8) des Modells dient der Präzision. Die BSC bietet dem Führungsteam die Möglichkeit des Double-Loop-Lernens. Dabei handelt es sich um eine Theorie von *Chris Argyris* aus den siebziger Jahren, die besagt, dass Manager ihre ursprünglichen Annahmen hinterfragen und gegebenenfalls ändern können, falls sie

---

3 Vgl. *Kaplan, R. S./Norton, D. P.,* Strategien, 1997, S. 268.

4 *Frantz, A./Frommen-Pleterski, K.,* Einsatz, 2005, www, Zugriff am 10.10.2005.

an neue Situationen im Unternehmen angepasst werden müssen.[5] Durch das Review der speziellen BSCs zeigen sich bereichsübergreifende Probleme, die in der Unternehmensstrategie noch keine Beachtung gefunden haben. Sobald Vision, Strategie und Unternehmensscorecard den neu gewonnenen Erkenntnissen angepasst sind, wird das gesamte Unternehmen integriert und die BSC verbreitet.[6]

Regelmäßige Wiederholung

Die folgenden Schritte werden sich regelmäßig wiederholen und in den Unternehmensalltag eingegliedert. Für jede Kennzahl werden Zielwerte erstellt und die Finanzierung der Zielerreichung geplant und sichergestellt. Regelmäßige Prüfungen gewährleisten die korrekte Durchführung der BSC. Nach etwa einem Jahr muss die Strategie untersucht und ggf. überarbeitet werden. Dazu ist es nötig, dass alle Geschäftseinheiten ihre Strategie überprüfen.[7]

Anreizvergütung

Da die BSC ein System ist, das das gesamte Unternehmen integriert, sollen als letzter Schritt die individuellen Zielsetzungen der Mitarbeiter und die Anreizvergütung der gesamten Organisation mit ihr verknüpft werden.[8]

Wie man leicht feststellen kann, ist die Einführung auf diese Weise sehr aufwendig und umfangreich. Da die BSC von *Kaplan* und *Norton* allerdings für Großunternehmen angedacht war, ist der Aufwand angemessen. Für ein Klein- oder Mittelstandsunternehmen sollte die Methode der Unternehmensgröße entsprechend angepasst werden.

Das Modell von *Kaplan* und *Norton* fokussiert die Implementierung der Balanced Scorecard in das Unternehmen, während sich das Horváth-Modell, das im Folgenden beschrieben wird, auch verstärkt der eigentlichen Erstellung der BSC und damit ihren Elementen widmet.

3.1.2 Das Horváth-Modell

Vorreiter in Deutschland

Als einer der Ersten in Deutschland hat sich Professor *Péter Horváth* mit der Balanced Scorecard auseinander gesetzt und durch jahrelange Erfahrung haben *Horváth & Partner* das folgende Modell zur Implementierung einer BSC entwickelt.

---

5 Vgl. *Kaplan, R. S./Norton, D. P.*, Strategien, 1997, S. 242 f.

6 Vgl. ebd., S. 268.

7 Vgl. ebd.

8 Vgl. *Kaplan, R. S./Norton, D. P.*, Strategien, 1997, S. 242 f.

instrument wird.[11] Um die bereits erstellte Balanced Scorecard auf die anderen Unternehmenseinheiten auszuweiten, werden die Ziele und Maßnahmen auf hierarchisch untergeordnete Unternehmenseinheiten heruntergebrochen (vertikale Zielintegration) bzw. zwischen auf gleicher Hierarchiestufe stehenden Einheiten abgestimmt (hierarchische Zielintegration). So wird sichergestellt, dass die strategischen Ziele des gesamten Unternehmens erreicht werden.[12]

Dauerhafte Verankerung

Die Balanced Scorecard soll in Phase 5 dauerhaft im Unternehmen verankert und nicht nur einmal während der Erstellung beachtet werden, d. h. sie muss in das Steuerungs- und Managementsystem eingebunden werden. Dazu ist ein Controlling notwendig, das die Umsetzung der Ziele und Maßnahmen beobachtet. Außerdem muss die BSC kontinuierlich an die neue Strategie angepasst und damit in die Jahresplanung und Budgetierung einbezogen werden. Um ein ständiges Beobachten der Zielerreichung zu gewährleisten und damit die Balanced Scorecard am Leben zu erhalten, ist es wichtig, sie in das Berichtswesen zu integrieren.[13]

Starres, aber vorteilhaftes Modell

Diese Vorgehensweise nach *Horváth & Partner* sieht sich durch unzählige Beispiele aus der Praxis bestätigt. Es handelt sich um ein relativ starres, jedoch logisch aufgebautes Modell, das die einzelnen Schritte genau vorgibt und wenig Freiraum lässt. Vorteilhaft daran ist jedoch, dass es die Einführung außerordentlich erleichtert, wenn man einem exakten Leitfaden folgen kann.

Die Modelle von *Kaplan* und *Norton* sowie von *Horváth & Partner* sind die bekanntesten allgemeinen Ansätze zur Einführung der BSC. Im Folgenden werden weitere interessante und häufig angewandte Ansätze beschrieben, bei denen es sich aber eher um spezifische Balanced Scorecard-Lösungen handelt, die die eben beschriebenen Modelle mit verschiedenen anderen Managementmodellen verbinden. Genau dies macht sie für die Praxis sehr relevant und begründet ihre häufige Realisierung.

3.1.3 Das TQM-Modell (Total Quality Management) nach Wolter

EFQM-Modell

Die EFQM (European Foundation for Quality Management) wurde 1988 von 14 europäischen Unternehmen wie Bosch, Fiat, Nestlé, Philips, Renault und Volkswagen, um nur einige zu nennen, gegründet

---

11 Vgl. *Horváth & Partner*, Scorecard, 2001, S. 238.

12 Vgl. ebd., S. 70.

13 Vgl. *Horváth & Partner*, Scorecard, 2001, S. 70 f.

und brachte das Model of Excellence (auch unter dem Namen EFQM-Modell bekannt) hervor.[14]

Das EFQM-Modell ist ein umfassendes Qualitätsmanagementsystem, das auf den drei Säulen Menschen, Prozesse und Ergebnisse beruht und damit der Balanced Scorecard in der Architektur sehr ähnlich ist. Fünf Kriterien (Befähiger) ermöglichen den langfristigen Unternehmenserfolg und vier weitere Kriterien stellen die Ergebnisse dar (vgl. Abbildung 28).

Befähiger

Die Befähiger sind maßgeblich für den dauerhaften Unternehmenserfolg verantwortlich, da sie alle unternehmerischen Tätigkeiten abdecken und durch konsequente Ausrichtung auf Qualität die Vorgaben des TQM erfüllen.

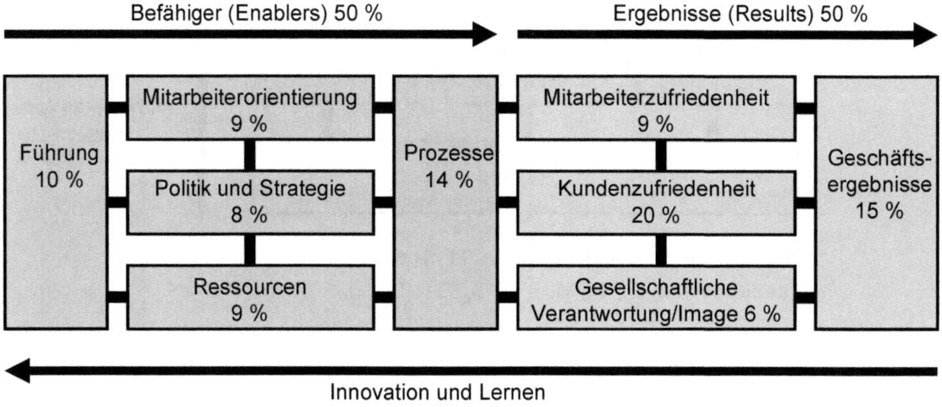

Abbildung 28: Kriterien des EFQM-Modells
Quelle: *Müller, A.*, Management, 2000, S. 31

Bewertungs-maßstäbe

Ziel des Modells ist die Unterstützung des Unternehmen, bei seinem Bestreben, hohe Qualität auf allen Ebenen zu erreichen, indem es Bewertungsmaßstäbe und Schwerpunkte liefert.

EQA

Durch den mit diesem Muster in Verbindung stehenden European Quality Award (EQA), der jährlich ausgelobt wird, hat das Unternehmen die Möglichkeit, Stärken und Schwächen gezielt zu erkennen und Verbesserungsmaßnahmen einzuführen.[15]

---

[14] Vgl. *Kämpf, R./Albrecht, F.*, EFQM-Modell, 2001, www, Zugriff am 28.09.2005.

[15] Vgl. *Müller, A.*, Management, 2000, S. 32.

TQM

Die Balanced Scorecard in einem TQM-geführten Unternehmen muss diese im EFQM-Modell aufgeführten Ergebniskriterien berücksichtigen.[16] Abbildung 29 zeigt die Architektur der TQM-Scorecard, die die BSC in das EFQM-Modell integriert darstellt.

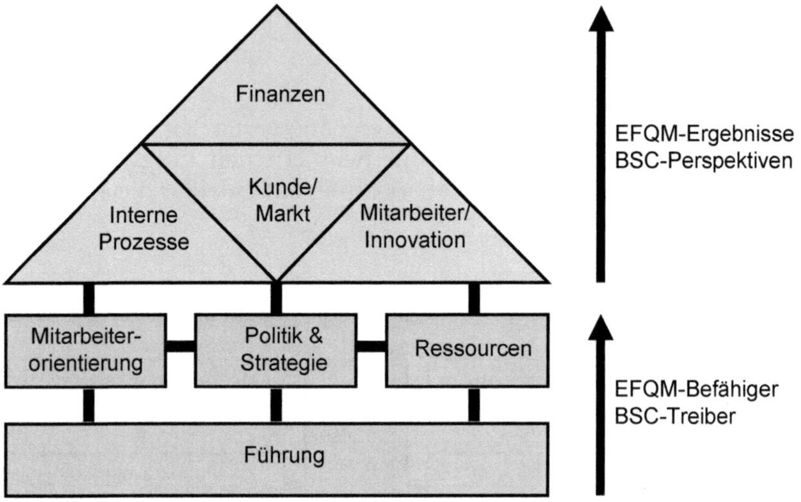

Abbildung 29: Architektur der TQM-Scorecard
Quelle: *Wolter, O.*, TQM, 2000, S. 33

Führungs-Scorecard

Die EFQM-Ergebnisfelder werden dabei auf die Perspektiven der Balanced Scorecard übertragen. Daraus entsteht die so genannte Führungs-Scorecard, die die Ziele der qualitätsorientierten Strategie enthält, die anhand der EFQM-Kriterien erstellt werden. Die EFQM-Befähiger bestehen aus sonstigen Zielen der Führungs-, Abteilungs- und Teilprozessebenen. Durch diese Systementfaltung ist es möglich, eine durchgehende Ursache-Wirkungs-Kette, die Bestandteil einer Balanced Scorecard ist, zu erhalten.[17] Sie soll das gesamte Unternehmen abdecken und letztendlich in Qualitätszielen gemäß den Vorgaben des TQM münden.

Um die TQM-Scorecard in das Unternehmen einzuführen, schlägt *Wolter* folgende Schritte vor, die in vier Phasen aufgeteilt sind (vgl. Abbildung 30).

[16] Vgl. *Wolter, O.*, TQM, 2000, S. 48.

[17] Vgl. *Krey, A.*, Branchen, 2003, S. 327.

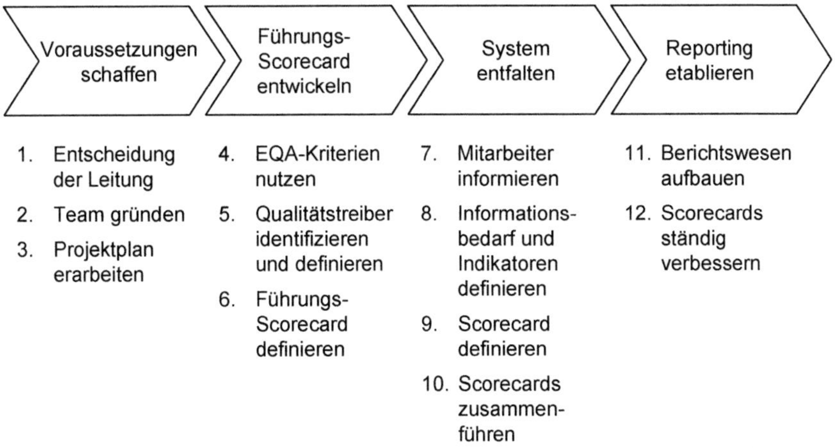

Abbildung 30: Schritte des TQM-Modells nach Wolter
Quelle: Wolter, Olaf, TQM, 2000, S. 48

Voraussetzungen schaffen

Während der ersten Phase werden die notwendigen Voraussetzungen geschaffen, wobei die Überzeugung der Unternehmensleitung für das Projekt einer der wichtigsten Schritte ist. Nur wenn die Führungskräfte überzeugt sind, können sie aufzeigen, was die Einführung der TQM-Scorecard und des damit verbundenen Qualitätsmanagements mit sich bringt: eine Veränderung der Unternehmenskultur. Diese äußert sich z. B. in der ständigen Verbesserung aller Prozesse sowie darin, dass Qualität im Mittelpunkt allen Handelns steht, wobei dieses Handeln stets transparent und nachvollziehbar sein muss.[18]

Führungs-Scorecard

Die darauf folgende Phase beinhaltet die Entwicklung der so genannten Führungs-Scorecard. Darunter ist eine Scorecard zu verstehen, die strategische qualitätsorientierte Ziele sowie Ergebnis- und Qualitätstreibergrößen beinhaltet, mit denen die gesamte Unternehmensleitung einverstanden ist.[19] Auch *Wolter* hält den Konsens in der Führungsetage genau wie *Kaplan* und *Norton* sowie *Horváth & Partner* für unabdingbar.

---

[18] Vgl. *Wolter, O.*, TQM, 2000, S. 50, 54 f.

[19] Vgl. ebd., S. 62.

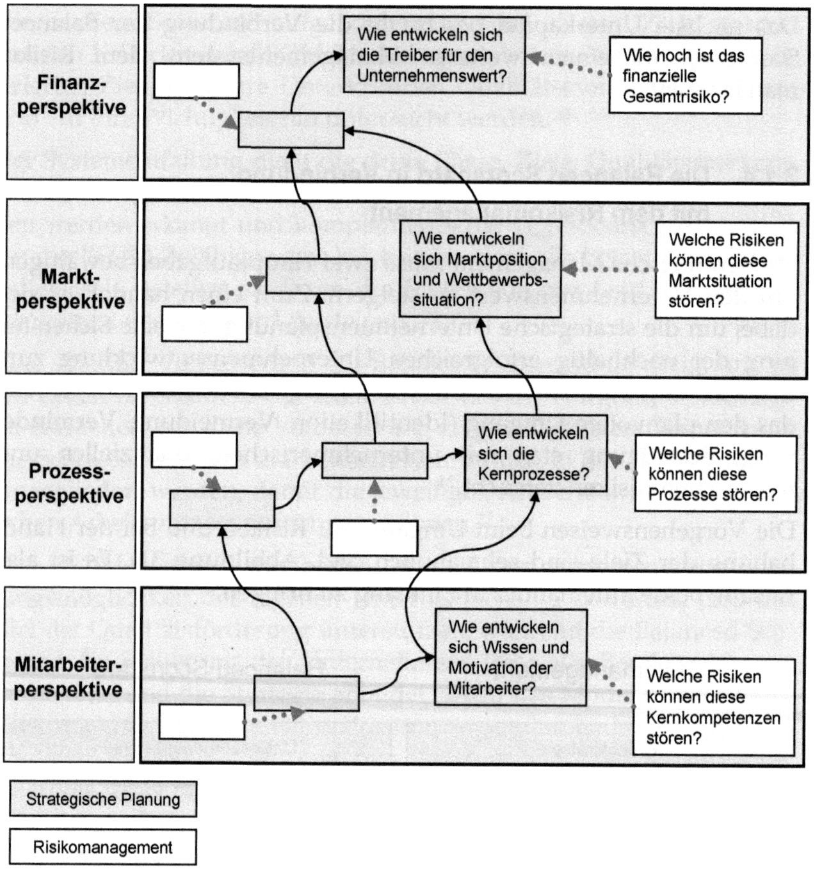

Abbildung 32: Ursache-Wirkungs-Modell: Verbindung der strategischen Unternehmensplanung mit dem Risikomanagement
Quelle: in Anlehnung an *Oepping, H./Siemes, A.*, Risikomanagement, 2003, S. 231; auch in Anlehnung an *Pedell, B./Schwihel, A.*, Risikomanagement, 2004, S. 154

Risikomanagement

Die Balanced Scorecard bietet mehrere Möglichkeiten, beide Aufgaben vereint zu erfüllen. In ihren Grundzügen wurde sie entwickelt, um die strategische Unternehmensplanung zu unterstützen. Dabei geht es darum, durch geeignete Erfolgsfaktoren die eigene Marktposition auszubauen, die Effektivität und Effizienz der Geschäftsprozesse zu steigern sowie die Mitarbeiter zu fördern und zu fordern. Die Maßnahmen dieser Erfolgsfaktoren sollen durch Kennzahlen messbar und kontrollierbar gemacht werden. Da das Risikomanagement die Bedrohungen der Erfolgsfaktoren durch Frühindikatoren zu erkennen versucht, bietet eine Umsetzungsmöglichkeit an, diese Bedrohungen (z. B. Risiken) mit in die Balanced Scorecard aufzunehmen und an die Ziele zu knüpfen. Dadurch ist ein Gesamtüberblick über die Ziele des Unternehmens in Verbindung mit den Risiken, die sie in Gefahr bringen könnten, möglich (vgl. Abbildung 32).[25]

Ermittlung der Risiken

Wie bei der Zielfindung im Unternehmen vorgegangen wird, wurde bereits in vorherigen Kapiteln beschrieben. Die maßgeblichen Risiken lassen sich auf zwei Arten ermitteln, die auch parallel durchgeführt werden können. Beim deduktiven Verfahren werden anhand der KEF die entsprechenden Risiken ermittelt. Daraus resultiert eine gewisse Abhängigkeit des Risikomanagements von der strategischen Unternehmensplanung, was zur Folge haben kann, dass eventuelle Risiken übersehen werden. Diesem Problem wird durch die induktive Vorgehensweise begegnet. Anhand eines Risikokataloges werden diejenigen herausgesucht, die auf das individuelle Unternehmen zutreffen.[26]

Auswahl der Chancen

Wie bereits in Kapitel 2.4.3 beschrieben, sollte man sich bei der Auswahl der kritischen Erfolgsfaktoren, d. h. Chancen, auf die wichtigsten beschränken, um die Balanced Scorecard wirtschaftlich einsetzen zu können. Dieser Grundsatz besteht ebenfalls auch beim Einsatz der BSC in Verbindung mit dem Risikomanagement. Deshalb sollte darauf geachtet werden, nur solche kritischen Erfolgsfaktoren aufzunehmen, die in Verbindung mit maßgeblichen Risiken stehen.[27] Dieser Schritt ist allerdings sehr heikel, da es passieren kann, dass Ziele gegebenenfalls unter den Tisch fallen, die für die Unternehmensplanung eigentlich von Bedeutung sind. Es sollte vorher auf jeden Fall geprüft werden, ob es eine Lücke im Risikomanagement gibt, die geschlossen werden muss. Umgekehrt kann es auch vorkommen, dass Risiken identifiziert wurden, die keinem Ziel zuzuordnen sind. In diesem Fall müssen die Ziele auf eine strategische Lücke hin untersucht werden. Besteht keine Lücke, lassen sich solche Risiken meist ohne Weiteres den Zielen der Finanzperspektive zuordnen, da sich alle Risiken letzten Endes über die Ursache-Wirkungs-Kette auf diese auswirken.[28]

---

25 Vgl. *Oepping, H./Siemes, A.*, Risikomanagement, 2003, S. 231.

26 Vgl. *Oehler, K.*, Management, 2002, www, Zugriff am 05.10.2005.

27 Vgl. *Oepping, H./Siemes, A.*, Risikomanagement, 2003, S. 232.

28 Vgl. *Pedell, B./Schwihel, A.*, Risikomanagement, 2004, S. 154.

Nachteile

Ein Nachteil bei dieser Form der Integration der Risiken in die Balanced Scorecard besteht darin, dass diese nicht immer strategischen Zielen zugeordnet und damit nicht zwangsläufig aufgenommen werden können. Außerdem kann die Vergabe der Verantwortlichkeit für ein Risiko problematisch sein, wenn es zu mehreren KEF gehört.[29]

Für diese Art der Balanced Scorecard-Anwendung spricht die Steigerung des Risikobewusstseins im Unternehmen, das durch die Zuordnung von Risiken zu KEF entstehen kann. Außerdem ist die Anwendung einfach und ohne großen Zusatzaufwand zu realisieren.

Risikoperspektive

Eine weitere und einfachere Möglichkeit, das Risikomanagement in die Balanced Scorecard zu integrieren, soll an dieser Stelle auch Erwähnung finden. Sie besteht darin, die Balanced Scorecard zusätzlich um eine Perspektive, die Risikoperspektive, zu erweitern. Das ermöglicht die Aufnahme aller bekannten Risiken unabhängig von den erfassten KEF und ist leicht zu realisieren, falls bereits eine Balanced Scorecard im Unternehmen existiert. Leider entsteht in diesem Fall keine Zuordnung zwischen den Zielen (Chancen) und Risiken und damit wird ein Abgleich und eine sinnvolle Vergabe der Verantwortlichkeiten erschwert.[30]

Unternehmenserfolg

Vor dem Hintergrund, dass ein „finanzieller Erfolg eines Unternehmens [...] immer dann gegeben [ist], wenn das Unternehmen eine den Risiken im Unternehmen angemessene Kapitalverzinsung erwirtschaftet, weil das Unternehmen nur in einer solchen Situation den Unternehmenswert steigert“[31], wird deutlich, wie wichtig es ist, weder das eine noch das andere Managementsystem gesondert zu betrachten (vgl. Abbildung 33).

Verbindung

Durch die Verbindung von Balanced Scorecard und Risikomanagement können die beiden Hauptaufgaben des strategischen Managements in Einklang gebracht und somit die Vorteile beider optimal genutzt werden. So wird die Aufgabe unterstützt, das Unternehmensrisiko zu minimieren, während die Erfolgspotenziale maximiert werden.

---

29 Vgl. ebd., S. 151.

30 Vgl. *Pedell, B./Schwihel, A.*, Risikomanagement, 2004, S. 151.

31 *Oepping, H./Siemes, A.*, Risikomanagement, 2003, S. 237.

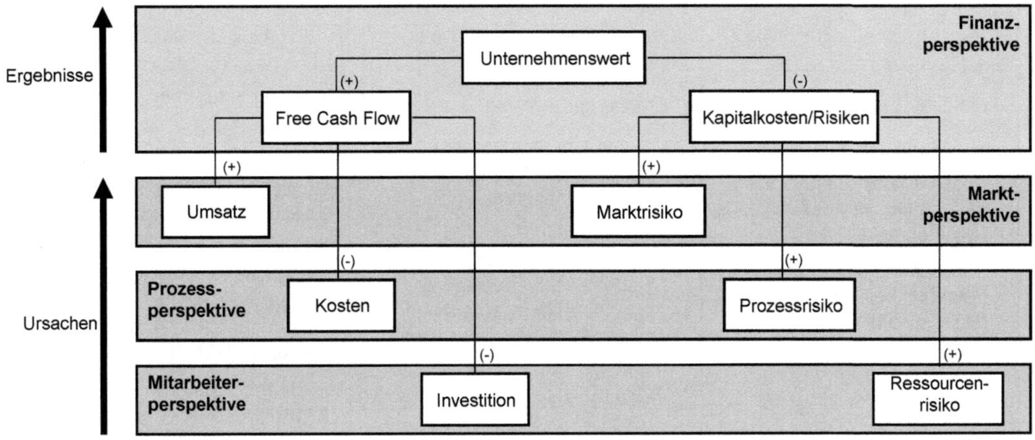

Abbildung 33: Grundstruktur der Balanced Scorecard für das strategische Risikomanagement
Quelle: in Anlehnung an *Oepping, H./Siemes, A.*, Risikomanagement, 2003, S. 237

3.1.5 Die Sustainability Balanced Scorecard (SBSC)

Nachhaltigkeit

Der Nachhaltigkeitsgedanke baut auf dem Dreiklang der Säulen Ökologie, Soziales und Ökonomie („Triple Bottom Line" oder 3-D-Ansatz) auf und fordert diese drei Säulen integriert zu managen (vgl. Abbildung 34). Meist werden Umwelt- und Sozialmanagementsysteme jedoch als „Satellitensysteme" eingesetzt, was bedeutet, dass sie nicht in ökonomische Managementsysteme integriert, sondern nebeneinander eingesetzt werden, was die drei Säulen auseinander dividiert.[32] Das ist fahrlässig, da sowohl Vorteile als auch Risiken, die aus Umwelt- und Sozialthemen einhergehen und den Unternehmenserfolg beeinflussen, zu spät erkannt werden und so nachträgliche Korrekturen erforderlich werden.[33]

Optimales Medium

Die Balanced Scorecard ist ein optimales Medium zur Integration des Nachhaltigkeitsmanagements. Sie ist zwar ein Managementsystem, das entwickelt wurde, um die ökonomische Säule zu realisieren, bietet aber auch die Möglichkeit, die soziale und ökologische Seite zu integrieren.

32 Vgl. *Schaltegger, S./Dyllick, T.*, Scorecard, 2002, S. 32.
33 Vgl. *Schaltegger, S.*, Sustainability, 2004, S. 512.

Ökonomische Nachhaltigkeit	Soziale Nachhaltigkeit	Ökologische Nachhaltigkeit
Erhaltung/Erhöhung ... • ... des physischen Kapitals • ... des Wissensbestands und der Lernfähigkeit des Unternehmens • ... des immateriellen Kapitals (Ansehen bei Kunden und der Gesellschaft)	Erhaltung/Erhöhung ... • ... des innerbetrieblichen Humankapitals (Know-how und Motivation der Mitarbeiter • ... des innerbetrieblichen Sozialkapitals (Beziehung zwischen Management und Mitarbeitern sowie zwischen Mitarbeitern • Beiträge zum gesellschaftlichen Sozialkapital (Schaffung von Lehrstellen, Behindertenarbeitsplätze, Frauenförderung, Spenden und soziales Engagement)	Erhaltung natürlicher Ressourcen durch ... • ... Minimierung der Umweltverbräuche (Rohstoffe, Energie, Entsorgung) • ... ganzheitliche Produktverantwortung (Produkte ökologisch gestalten, Produkte mit geringen Rücknahme- und Entsorgungskosten) • ... Beiträge zum Umwelterhaltung (Umstieg auf regenerierbare Rohstoffe und Energieträger) • ... Steigerung der Energie-, Rohstoff- und Flächenproduktivität

Abbildung 34: Die drei Säulen der Nachhaltigkeit
Quelle: in Anlehnung an *Arnold, W./Freimann, J./Kurz, R.*, SBS, 2003, S. 393

Soziale und ökologische Erfolge

Soziale und ökologische Erfolge lassen sich oft nicht in finanzieller Hinsicht messen und quantifizieren, haben jedoch einen großen Einfluss auf den langfristigen Unternehmenserfolg. Zu diesem Zweck bietet sich die Balanced Scorecard an, die sozialen und ökologischen Ziele durch die Integration in die Ursache-Wirkungs-Zusammenhänge mit einzubinden, um dieser Bedeutsamkeit gerecht zu werden.[34]

Umsetzung

Es gibt drei Möglichkeiten für die Umsetzung einer Sustainability Balanced Scorecard. Alle drei können sowohl als Kombination eingesetzt werden als auch jede für sich auf dem Modell der Balanced Scorecard aufbauen.

Integrativer Ansatz

Handelt es sich bei den Nachhaltigkeitsaspekten um solche, die einen auf den ersten Blick als wirtschaftlich erfolgsrelevant erkennbaren also einen direkt marktlichen Charakter haben, bietet sich der integrative Ansatz an.[35] Hierbei werden die Kennzahlen in die vier konventionellen Perspektiven mit aufgenommen. Die Identifikation dieser Nachhaltigkeitsaspekte ergibt sich aus der sequentiellen Analyse

---

34 Vgl. *Arnold, W./Freimann, J./Kurz, R.*, SBS, 2003, S. 394.

35 Vgl. *Schaltegger, S.*, Sustainability, 2004, S. 514.

der Balanced Scorecard-Kennzahlen, indem bei der Finanzperspektive begonnen wird und die abhängigen Umwelt- und Sozialaspekte gefunden werden, die für die Umsetzung der Unternehmensstrategie notwendig sind. Von Vorteil ist hierbei die direkte Eingliederung der Nachhaltigkeitskennzahlen in das Ursache-Wirkungs-Modell und damit die Integration in das strategische Management. Leider ist die Anzahl der Kennzahlen in einer Balanced Scorecard begrenzt. Daher kann es passieren, dass mehrere aggregiert oder ganz entfernt werden müssen.[36]

Additiver Ansatz

Eine weitere Möglichkeit, der additive Ansatz, ist die Erweiterung der Balanced Scorecard um die so genannte Nicht-Markt-Perspektive, die die nicht marktlichen Kennzahlen der Nachhaltigkeit aufnimmt. Das sind Kennzahlen, die noch nicht in das Marktsystem integriert sind. Zum Besipiel hat der Protest von Anwohnern gegen Anlieferungslärm keinen direkten Unternehmensbezug, kann sich aber trotzdem auf den Unternehmenserfolg auswirken. Diese Erweiterung ist ohne Weiteres möglich, da die Balanced Scorecard kein starres Modell mit vier Perspektiven ist, sondern individuell an jedes Unternehmen angepasst werden kann.

Bei dieser Möglichkeit muss allerdings darauf geachtet werden, dass nicht wahllos Kennzahlen aufgenommen werden, die sich auf die Nachhaltigkeit beziehen. Voraussetzung für die Aufnahme in die fünfte Perspektive muss sein, dass die Kennzahlen strategisch bedeutsam sind.[37] Die Nachhaltigkeit ist auf diese Weise zwar in die Ursache-Wirkungs-Zusammenhänge der Balanced Scorecard integriert, jedoch besteht die Gefahr, dass die strategische Bedeutung der Nachhaltigkeit für das Unternehmen dennoch nicht klar wird, weil sie leicht als Anhängsel gesehen werden kann, die nur scheinbar eingegliedert wurde.[38] Es eröffnet sich durch die Erweiterung um eine Perspektive jedoch die Möglichkeit, auch nicht-marktliche Nachhaltigkeitsaspekte aufzunehmen.

Umwelt-/ Sozial-Scorecard

Die dritte Variante ist die inhaltliche Ableitung einer Umwelt- und/oder Sozial-Scorecard von der Unternehmens-Balanced-Scorecard, die zentral gemanagt wird. Bei der Erzeugung einer eigenständigen Nachhaltigkeits-Scorecard ist es nötig, dass die Kennzahlen wirklich abgeleitet werden und damit von der allgemeinen Balanced

36 Vgl. *Schaltegger, S./Dyllick, T.*, Scorecard, 2002, S. 56 f.

37 Vgl. *Schaltegger, S.*, Sustainability, 2004, S. 514.

38 Vgl. *Arnold, W./Freimann, J./Kurz, R.*, SBS, 2003, S. 395.

Scorecard abhängig sind.[39] Der Inhalt der abgeleiteten Scorecard muss sich logisch aus den nachhaltigkeitsbezogenen Kennzahlen der Unternehmens-Balanced-Scorecard ergeben. Es dürfen also keine neuen und unabhängigen Inhalte eingefügt werden.[40] Dadurch läuft man leicht Gefahr, dass die abgeleitete Scorecard nicht integrativ berücksichtigt wird, sondern parallel läuft, was wieder ein „Satellitensystem" zur Folge hätte.[41] Aus diesem Grund kann diese Methode keine eigenständige Alternative sein, sondern nur in Verbindung mit den beiden oben genannten umgesetzt werden. Ein Vorteil ist jedoch, dass keine Kennzahlen eliminiert werden müssen und bestehende weiter ausdifferenziert werden können.[42]

Vorteil

Ein großer Vorteil bei der Entwicklung der SBSC ist, dass die eingangs erwähnten Satellitensysteme aufgehoben werden und die Nachhaltigkeit in das strategische Bewusstsein integriert sowie Nachhaltigkeitsaspekte mit dem Unternehmenserfolg in Verbindung gebracht werden, wobei kaum Zusatzkosten zur Erstellung der Balanced Scorecard entstehen. Allerdings ist die Einführung einer Sustainability Balanced Scorecard nur in solchen Unternehmen sinnvoll, für die die Nachhaltigkeit von strategischer Bedeutung ist.[43]

3.1.6 Das Eschenbach-Modell

Double-Loop-Lernen

Das *Eschenbach-Modell,* wie es in Abbildung 35 dargestellt wird, wurde von *Prof. Eschenbach,* Kollegen und Studenten der Wirtschaftsuniversität Wien verfasst.[44] Das schrittweise Vorgehen ist leicht umsetzbar und hat den Vorteil des integrierten Double-Loop-Lernens, das auch im Kaplan/Norton-Modell zur Anwendung kommt und bereits erklärt wurde.

Ziel-Maßgrößen-Katalog

Das *Eschenbach-Modell,* wurde speziell für den Handel entwickelt und bietet neben der Anleitung zur Einführung und Implementierung der Balanced Scorecard auch einen Ziel-Maßgrößen-Katalog. Dieser soll bei der Umsetzung der Balanced Scorecard im Handel als Leitfaden dienen, die Kommunikation und Zusammenarbeit im Unternehmen jedoch nicht ersetzen, wohl aber unterstützen.

---

39 Vgl. *Schaltegger, S.,* Sustainability, 2004, S. 514.

40 Vgl. *Schaltegger, S./Dyllick, T.,* Scorecard, 2002, S. 62.

41 Vgl. *Schaltegger, S.,* Sustainability, 2004, S. 514.

42 Vgl. *Schaltegger, S./Dyllick, T.,* Scorecard, 2002, S. 62.

43 Vgl. *Arnold, W./Freimann, J./Kurz, R.,* SBS, 2003, S. 400.

44 Vgl. *Friedag, H. R./Schmidt, W.,* Scorecard, 2000, S. 103.

Abbildung 35: Schritte des Eschenbach-Modells
Quelle: *Eschenbach, R./Haddad, T.*, Handel, 1999, S. 72

Integrierte Strategieentwicklung

Bei einem weiteren Vorgehen bringt die *BCP Business Consulting Partner AG*, Basel, die BSC-Entwicklung mit der Strategieentwicklung in Einklang (vgl. Abbildung 36). Während *Kaplan* und *Norton* in ihrem Modell von einer existierenden Strategie ausgehen, ist das „Kernstück [dieses Vorgehens] die Integration der Balanced Scorecard- und Strategieentwicklung".[45] Anhand existierender Strategiedokumente werden zu Beginn des Projektes die strategischen Ziele herausgearbeitet, zur Strategie ausformuliert und auf Vollständigkeit geprüft, bevor sie den Perspektiven zugeordnet und Ursache-Wirkungs-Zusammenhänge gebildet werden. Durch die sorgfältige Plausibilisierung dieser Kette aus Zielen mit der formulierten Strategie werden gegebenenfalls Widersprüche erkannt. Die Folge ist der Einbau einer Schleife, die eine erneute Überarbeitung der strategischen Dokumente ermöglicht und das vorstehend beschriebene Vorgehen von Neuem beginnen lässt.[46]

45 *Bachmann, M./Jeker, C.*, Mittelstand, 2001, S. 11.

46 Vgl. ebd.; vgl. *Bachmann, M./Jeker, C.*, Qualität, 2002, S. 34.

Ein besonderer Vorteil dieses Vorgehens ergibt sich für kleine und mittlere Unternehmen, die die Strategieumsetzung vernachlässigt haben.

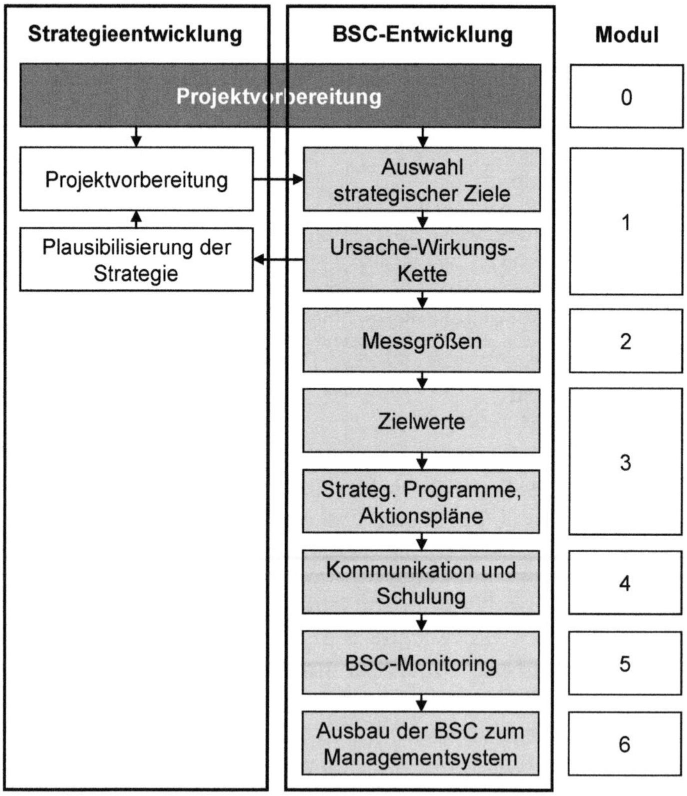

Abbildung 36: BSC-Implementierungspfad der BCP Business Consulting Partner AG, Basel
Quelle: *Bachmann, M./Jeker, C.*, Mittelstand, 2001, S. 9

Im Folgenden wird dargestellt, wie sich der Einsatz der Balanced Scorecard für unterschiedliche Unternehmenstypen in der Praxis darstellen kann.

3.2 Abhängigkeiten von Unternehmensgröße und -typ

Großunternehmen

Wie Tabelle 2 zeigt, sind es vor allem die Großunternehmen, die eine Balanced Scorecard einsetzen oder ihren Einsatz planen. Dass sie sich in kleinen und mittelständischen Unternehmen (KMU) noch nicht so stark durchgesetzt hat, liegt hauptsächlich daran, dass die Balanced Scorecard ursprünglich für Großunternehmen entwickelt wurde und ebenso kommuniziert wurde. Die Prozentsätze der folgenden Tabelle ergeben sich aus einer Studie, die 2003 an der Technischen Universität Karlsruhe mit 116 börsennotierten Unternehmen durchgeführt wurde.

Tabelle 2: Zusammenhang zwischen Unternehmensgröße und BSC-Einsatz

	Alle	Großunternehmen	KMU
BSC eingesetzt	19,2 %	23,4 %	3,8%
BSC geplant	23,2 %	25,5 %	15,4 %
Keine BSC	57,5 %	51,1 %	80,8 %

Quelle: *Henseler, J./Jonen, A./Lingnau, V.*, Controlling, 2004, S. 29

3.2.1 Großunternehmen / Konzernstrukturen

Vier Perspektiven

Über 80 % der DAX-100-Unternehmen haben sich bereits mit der Balanced Scorecard als Steuerungsinstrument beschäftigt.[47] Wie eine Studie an 59 Großunternehmen ergab, arbeitet die überwiegende Mehrheit (80 %) mit den vier Perspektiven, die von *Kaplan* und *Norton* angeboten werden (siehe auch Kapitel 2.4.2).[48]

Strategieumsetzung

In derselben Untersuchung von 2001 gaben 88 % an, die Balanced Scorecard zur Unterstützung der Strategieumsetzung einzusetzen, für die sie ursprünglich entwickelt wurde. 12 % (Mehrfachnennungen waren möglich) benutzten die Balanced Scorecard in Verbindung mit dem Risikomanagement.[49]

47 Vgl. *Oepping, H./Siemes, A.*, Risikomanagement, 2003, S. 229.

48 Vgl. *Ruhtz, V.*, Praxistest, 2001, www, Zugriff am 30.09.2005, S. 4.

49 Vgl. *Ruhtz, V.*, Praxistest, 2001, www, Zugriff am 30.09.2005, S. 9.

dafür deren Übersichtlichkeit.[58] Oft wird dieses Modell in KMU intuitiv umgesetzt.

Ressourcenaufwand

Ein anderer nicht zu unterschätzender Grund für die Skepsis bei KMU gegenüber einer BSC-Einführung ist der personelle und finanzielle Ressourcenaufwand, der sich in Großunternehmen leichter überwinden lässt. Jedoch haben Praxiserfahrungen gezeigt, dass es meist schon ausreicht, ein Team aus fünf bis acht Leuten zusammenzustellen, wobei es sich als sinnvoll erweist, die Projektleitung einem Mitglied der Geschäftsleitung zu übertragen.

Zusätzlicher Wartungsaufwand

Häufig zeigt sich in der Praxis, dass eine einzige Balanced Scorecard bei kleineren Unternehmen bereits ausreicht. Während bei Großunternehmen im Rahmen des Roll-Outs (Verbreitung der Balanced Scorecard im Unternehmen, siehe Kapitel 3.1.2) die Unternehmens-Scorecard oftmals auf andere Ebenen des Unternehmens heruntergebrochen wird, steht der zusätzliche Wartungsaufwand zum gewonnenen Nutzen bei KMU selten in Relation.[59]

Balanced Scorecard in Verbindung mit anderen Managementsystemen, wie dem Risiko- oder Qualitätsmanagement ist für KMU genauso anwendbar wie für Großunternehmen, insbesondere, weil die im vorherigen Kapitel erwähnten Vorschriften wie KonTraG und Basel II natürlich auch Auswirkungen auf verschiedene KMU haben können.

Frühwarnsystem

Eine im Jahr 2003 durchgeführte repräsentative Studie, an der 266 KMU teilnahmen, ergab, dass 66 % bereits ein Frühwarnsystem einsetzen, wobei der Anteil überproportional mit der Größe der Unternehmen ansteigt. Herausgefunden wurde auch, dass 13 % der Probanden eine BSC verwenden, wovon wiederum die Hälfte diese zum Zwecke des Risikomanagements nutzt.[60]

ISO 9001-2000

Auch im Bereich des Qualitätsmanagements existieren in der Literatur Erfahrungsberichte über erfolgreiche Einführungen in Verbindung mit der Balanced Scorecard. Es existieren sehr viele zertifizierte KMU (beispielsweise in der Automobilbranche), denen eine Systematik zur Strategieumsetzung vorgeschrieben wurde. Zum Beispiel sieht die ISO 9001-2000 eine solche Systematik ausdrücklich vor.[61]

---

58 Vgl. *Bachmann, M./Jeker, C.*, Mittelstand, 2001, S. 9.

59 Vgl. *Rossmanith, J./Kabela, A.*, Kleinunternehmen, 2004, S. 220.

60 Vgl. *Henschel, T.*, Risikomanagement, 2003, S. 333f.

61 Vgl. *Bachmann, M./Jeker, C.*, Qualität, 2002, S. 33.

Wie bereits erwähnt ist es durchaus sinnvoll, die verbundene Durchführung umzusetzen, statt beide getrennt voneinander zu behandeln.

So wie Balanced Scorecards den Bedürfnissen der KMU angepasst werden müssen, verhält es sich auch mit den öffentlichen Verwaltungen, was im nächsten Kapitel beschrieben wird.

3.2.3 Öffentliche Verwaltungen

New-Public-Management-Model

Die Verwaltung befindet sich im Wandel. Nach einer Umfrage waren im Jahre 2002 bereits 90 % der Städte in Deutschland auf dem Reformweg.[62] War vor Jahren das starre Bürokratiemodell durchaus realisierbar, können sich Verwaltungen dem der heutigen schnelllebigen Zeit angepassten New-Public-Management-Modell nicht mehr länger verschließen. Aus Organisationen, die geprägt waren von Arbeitsteilung und Hierarchien, genauen Stellenbeschreibungen und Zuständigkeiten müssen solche werden, deren Mitarbeiter Eigeninitiative und Motivation zeigen, die nur durch Teamwork, flache Hierarchien und Leistungslohn zu erreichen sind (vgl. Abbildung 37).[63]

Abbildung 37: Wandel der öffentlichen Verwaltung von der Bürokratie zum New Public Management
Quelle: in Anlehnung an *Scherer, A. G./Alt, J. M.*, Verwaltung, 2002, S. 6; auch in Anlehnung an *Ferrari, E./Tausch, C.*, Verwaltung, 2002, S. 246

62 Vgl. *Ferrari, E./Tausch, C.*, Verwaltung, 2002, S. 246.
63 Vgl. *Scherer, A. G./Alt, J. M.*, Verwaltung, 2002, S. 6.

Um diesen strukturellen Veränderungen zu entsprechen und mehr Wirtschaftlichkeit zu erreichen, tendiert der öffentliche Sektor immer mehr zu neuen Instrumenten wie der Kosten- und Leistungsrechnung, dem Controlling und der Balanced Scorecard.[64]

Wettbewerb

So wird die öffentliche Verwaltung immer mehr zu einem Teil des Marktes, der sich durch stärkere Leistungsorientiertheit und Wirtschaftlichkeit konkurrenzfähig zeigt. Zwar ist die Verwaltung nicht demselben Druck ausgesetzt, dem privatwirtschaftliche Unternehmen bezüglich Wettbewerb und Veränderungen gegenüberstehen, dennoch stehen Kommunen untereinander in Konkurrenz, beispielsweise hinsichtlich wirtschaftlicher Standortfaktoren, Lebensqualität oder Umweltstandards.[65]

Besonderheiten

Die Balanced Scorecard kann in der Form, wie sie bisher beschrieben wurde, nicht für öffentliche Verwaltungen eingesetzt werden, da für sie einige Besonderheiten im Vergleich zur Privatwirtschaft gelten. Um nur einige Beispiele zu nennen: Finanzziele stehen nicht an oberster Stelle, vielmehr dominieren die Gemeinwohlziele. Außerdem bestehen umfangreichere Bürger-Kunden-Beziehungen und überdies greifen die politischen Rahmenbedingungen und das Demokratie- und Öffentlichkeitsprinzip in öffentlichen Verwaltungen viel stärker.[66] Die Balanced Scorecard bedarf demzufolge einer Anpassung, wenn sie hier nutzbringend eingebunden werden soll.

Perspektiven-Anpassung

Die Perspektiven stellen die Handlungsfelder eines Unternehmens bzw. der öffentlichen Verwaltung dar und lassen sich individuell anpassen. Da sich die oben genannten Unterschiede zwischen Privatwirtschaft und Verwaltung vor allem auf diese Handlungsfelder beziehen, besteht die Anpassung der Balanced Scorecard vor allem in der Angleichung der Perspektiven.

Abbildung 38 zeigt eine Balanced Scorecard für den öffentlichen Bereich, wobei die Perspektivenwahl nur ein markantes Beispiel sein soll, denn auch im Bereich der öffentlichen Verwaltung lassen sich die Perspektiven individuell an die jeweilige Behörde anpassen.

Vorgabe- und Individualstrategie

Bei der Auswahl der strategischen Ziele ist die Privatwirtschaft unabhängiger als die Verwaltung, die sich an Vorgaben aus Politik und Gesetzgebung halten muss. *Horváth & Partner* schlagen deshalb eine

---

64 Vgl. *Bundesverwaltungsamt*, KLR, 2003, www, Zugriff am 05.10.2005.

65 Vgl. *Bundesverwaltungsamt*, Steuerung, 2002, S. 9; vgl. *Scherer, A. G./Alt, J. M.*, Verwaltung, 2002, S. 54.

66 Vgl. *Scherer, A. G./Alt, J. M.*, Verwaltung, 2002, S. 5.

Differenzierung zwischen Vorgabe- und Individualstrategie vor. Dies bedeutet für die Verwaltungen, dass sie sich zwar im Rahmen der oben genannten Vorgaben bewegen müssen (Vorgabestrategie), in diesem aber durchaus weiterdenken und durch eigene Ziele unterstützen, sich jedoch nicht untergraben lassen dürfen (Individualstrategie).[67]

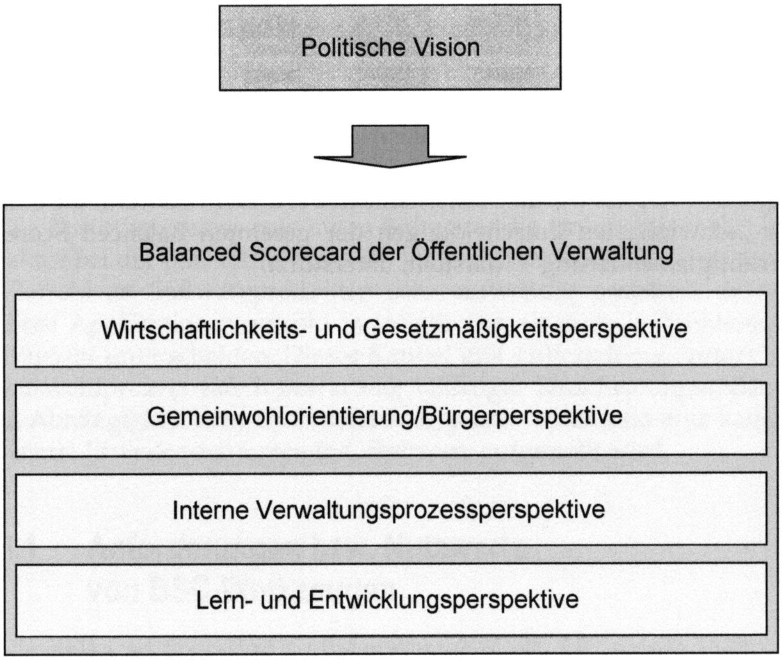

Abbildung 38: Beispiel einer Balanced Scorecard für den öffentlichen Sektor
Quelle: in Anlehnung an Scherer, A. G./Alt, J. M., Verwaltung, 2002, S. 19

Transformation

Erfahrungen aus der Praxis zeigen zwar, dass die Transformation der Balanced Scorecard aus der Privatwirtschaft in die öffentliche Verwaltung ohne Weiteres realisiert werden kann, jedoch ist „der Aufbau einer strategischen Steuerung in den öffentlichen Verwaltungen und das Führen über Zielvereinbarungen […] sowohl auf Seiten der Verwaltung als auch auf Seiten der Politik entwicklungsbedürftig".[68]

67 Vgl. *Horváth & Partner*, Scorecard, 2001, S. 38 f.
68 *Ferrari, E./Tausch, C.*, Verwaltung, 2002, S. 255.

Der Bereich Balanced Scorecard-Design beinhaltet die Sicherstellung der Möglichkeit, Perspektiven mit den zugehörigen Erfolgsfaktoren, Kennzahlen, Maßnahmen und ihren Ursachen-Wirkungs-Zusammenhänge abzubilden.[2]

Die Dokumentations- und Beschreibungsmöglichkeit für einzelne BSC-Elemente stellt der zweite Punkt sicher.[3]

Business Execution umfasst als dritter Aspekt die Notwendigkeit der Verbindung von Maßnahmen mit den zugehörigen Kennzahlen und Zielen. Dabei können Maßnahmen auch mehreren Zielen zugeordnet sein. Sie sind das Basiselement der Balanced Scorecard, die die Umsetzung der Ziele ermöglichen und die Strategie lebendig machen. Aus diesem Grund muss die Software in der Lage sein, diese Verlinkung sowie deren Darstellung zu gewährleisten.[4]

Der vierte Aspekt der Zertifizierung beinhaltet die Fähigkeit eines Tools, aktuelle Kennzahlenwerte darzustellen, um die korrekte Umsetzung der Maßnahmen kontrollieren und damit gewährleisten zu können. Die Darstellung soll sowohl grafisch (z. B. Ampelfarben) als auch berichtend (Reporting) möglich sein.[5]

Mindestanforderungen

Der durch BSCol vorgegebene Kriterienkatalog stellt nur eine Mindestanforderung an eine BSC-Software dar. Die aufgeführten Kriterien bilden ein Grundgerüst, „das sicherstellt, dass mit dem zertifizierten Werkzeug eine Balanced Scorecard gemäß der Sichtweise von *Kaplan* und *Norton* umgesetzt werden kann".[6]

BSCol-Zertifizierung

Wenn man als Unternehmen auf der Suche nach einer geeigneten Software zur Umsetzung der Balanced Scorecard ist, kann die Zertifizierung durch die BSCol nicht das einzige Kriterium sein. Vielmehr gibt es eine Vielzahl Eigenschaften, die berücksichtigt werden sollten.

Auswahlkriterien

Das Augenmerk sollte sich bei der Suche nach einer BSC-Software auf die zehn nachstehend beschriebenen Kriterienbereiche richten, die die eine Beurteilung von Balanced Scorecard-Tools möglich machen.

2 Vgl. *Balanced Scorecard Collaborative, Inc.*, Standards, 2000, www, Zugriff am 18.10.2005, S. 5 f.

3 Vgl. ebd., S. 6.

4 Vgl. ebd.

5 Vgl. ebd., S. 6 f.

6 *Oehler, K.*, Umsetzung, 2000, S. 80.

- **Firma/Produkt/Kosten:** Bei diesem Kriterium geht es um Grundsätzliches, den Softwareanbieter und das Produkt betreffend. Es beinhaltet Expertisen und die Erfahrung des Anbieters, die Kosten des Produkts und die Zukunftsaussichten in Bezug auf das Produkt. Die Kostenmodelle der Anbieter sind genau zu betrachten und zu vergleichen, da sie erheblich variieren können. Mit den Anschaffungskosten allein ist es meist nicht getan. Es können Kosten für Lizenzen, für den Support (Hotlines und Wartung) sowie für das Customising anfallen. Zu erwägen ist auch, ob es sich bei dem Produkt um einen Ableger handelt, das beim Anbieter keine hohe Priorität genießt, oder ob es speziell zum Zweck der Balanced Scorecard entwickelt wurde und in Zukunft Releases erwartet werden können.[7]
- **Service:** Der Service umfasst die Betreuung der Anwender und wird von den Anbietern unterschiedlich gestaltet. Er kann Schulungen, eine Hotline und Vor-Ort-Service umfassen. Der Anbieter kann sich allerdings auch auf die Entwicklung und Bereitstellung der Software beschränken und die Unterstützung Unternehmensberatungen oder einer Dokumentation überlassen. Für Unternehmen, die keine eigene IT-Abteilung mit Spezialisten haben, ist dieser Punkt nicht zu unterschätzen.
- **Verbindung zu anderen Managementsystemen:** Wie in Kapitel 3 beschrieben, lässt sich die Balanced Scorecard mit Managementsystemen wie dem Risikomanagement oder dem Qualitätsmanagement, lohnend verbinden. Ein Unternehmen sollte sich bei der Softwareauswahl überlegen, ob die Software dazu in der Lage sein soll. Auch wenn es zum gegebenen Zeitpunkt noch nicht nötig ist, sollte analysiert werden, ob es für die Zukunft eine Option darstellt.
- **Darstellung:** Die Anwender müssen mit dem Produkt zurechtkommen und sich schnell einarbeiten können. Wichtig dafür sind eine benutzerfreundliche Anwendung und eine Navigation, die dem Look-and-Feel der sonst im Unternehmen genutzten Software entspricht. Intuitives Arbeiten sollte durch wiederkehrende Elemente und Informationen, die stets an denselben Stellen stehen, gewährleistet sein.
- **BSC-Funktionalität:** Da die Software zur Umsetzung der Balanced Scorecard eingesetzt werden soll, ist dieses Kriterium von es-

[7] *Marr, B./Neely, A.*, Softwareanwendung, 2003, S. 238.

sentieller Wichtigkeit. So muss jedes Unternehmen für sich entscheiden, inwieweit es wichtig ist, neben den vier von *Kaplan* und *Norton* vorgeschlagenen Perspektiven weitere definieren zu können. In diesen Kriterienbereich fällt auch die Form der Darstellbarkeit und Kommentierbarkeit der Balanced Scorecard-Elemente. Für Unternehmen, die nicht nur eine einzelne Balanced Scorecard anstreben, sondern diese auf verschiedene Bereiche herunterbrechen möchten, ist es wichtig, dass die Software in der Lage ist, diese Kaskadierung zu unterstützen. Eine Trennung von Kennzahlen und Messwerten ist unter anderem von Vorteil, wenn das Unternehmen den Aufbau eines Data Warehouse anstrebt. Der Unterschied zwischen den beiden Größen besteht darin, dass Messwerte Beträge sind, die sich gesondert erfassen lassen (z. B. Anzahl Stunden oder Umsatz), wobei Kennzahlen auch aus der Differenz zweier zu messender Größen (sprich: Messwerte) bestehen können (z. B. Umsatz pro Stunde). Wenn Kennzahlenwerte automatisiert an übergeordnete Hierarchien, z. B. durch eine Ampelweiterleitung, weitergegeben werden sollen, können durch die Trennung exakte Werte verwendet werden. Existiert keine Differenzierung, kann nur mit Mittelwerten gearbeitet werden, was Ungenauigkeiten nach sich zieht.

– **Analyse-Funktionalität:** Die in diesem Bereich zusammengefassten Kriterien unterstützen eine schnelle und zielgerichtete Analyse der vorhandenen Daten. Die Ampel macht auf einen Blick die aktuelle Lage deutlich. Für manche Unternehmen ist es ausreichend, wenn durch die Farben Rot, Gelb und Grün angezeigt wird, wie das Verhältnis zwischen Soll- und Istwert aussieht. Dagegen ist es für andere wichtig, dass diese Ampelwerte durch das System auf die übergeordneten Ebenen transferiert werden (Ampelweiterleitung). Ein weiteres Kriterium ist die Darstellung der Zielerreichung, die angibt, wie sich der Wert im Verhältnis zur letzten Messung verhält. Auch wenn die Ampelfarbe dieselbe geblieben ist, lässt sich so direkt erkennen, ob der Wert gefallen, gestiegen oder gleich geblieben ist. Bietet die Balanced Scorecard-Anwendung die Möglichkeit, Optimalitätskriterien für die Ampelfarben zu verwalten, kann der Anwender sehr detaillierte Wertebereiche für das Auftreten der Ampelfarben vorgeben. Drill-Down-Funktionen erlauben das Durchdringen von groben Darstellungen zu detaillierten Informationen. Die Trendanalyse lässt Aussagen über zukünftige Entwicklungen zu, indem sie es erlaubt, mögliche Daten der Zukunft zu analysieren.

- **Workflow:** Automatisiert ablaufende Aktivitäten (Workflow) sind Funktionen, die nicht extra angestoßen werden müssen. Darunter fallen beispielsweise Warnmechanismen, die auftreten, wenn der definierte Zeitpunkt einer Maßnahme überschritten wurde oder Daten eingegeben werden müssen. Wechselt die Verantwortlichkeit für eine Maßnahme in den Zuständigkeitsbereich einer anderen Person, nachdem ein Ereignis ausgelöst wird, kann diese automatisch davon benachrichtigt werden. Das gilt auch, wenn Personen ausfallen und die definierte Vertretung einspringen soll. Solche Arbeitsschritte sollten automatisiert sein, um einen unnötiger Organisationsaufwand zu vermeiden und damit durch das Versäumnis keine Schäden entstehen können.
- **Technische Funktionalität:** Die technischen Funktionalitäten beinhalten die Einbettung der Software in gegebene Systemlandschaften und die Kommunikationsmöglichkeiten zwischen den Anwendern via E-Mail oder Internet. Ein wichtiger Aspekt, der beachtet werden sollte, ist auch die Skalierbarkeit der Software, denn sie beinhaltet beispielsweise die Anpassbarkeit der Anwendung auf unterschiedliche Anwenderzahlen. Weiter ist zu überlegen, ob die Software die Möglichkeit der Mehrsprachigkeit und Darstellbarkeit verschiedener Währungen bieten sollte.
- **Reporting:** Unternehmen sollten entscheiden, in welcher Form sie Berichte darstellen möchten. Berichtsinhalt kann die Balanced Scorecard mit ihren Zielen, Kennzahlen und Maßnahmen, aber auch als Vergleiche von Werten verschiedener Organisationseinheiten oder Zeiträume sein. Nötig kann auch die Erstellung eines freien Berichts werden, der nur Angaben enthält, die der Anwender für notwendig hält und definiert.
- **Sicherheit:** Da die Balanced Scorecard-Software oft nicht nur von einer Person bedient wird und vielleicht auch mit dem Internet verbunden ist, muss sich das Unternehmen mit der Frage der Sicherheit beschäftigen. Sie bezieht die Möglichkeit der Zugriffkontrolle und die Zuweisung von Berechtigungen sowie die Protokollierung von Anwendertätigkeiten ein.

Im folgenden Kapitel werden die eben aufgeführten Merkmalsbereiche in handhabbare Kriterien aufgesplittert, die in Abhängigkeit vom Unternehmenstyp bewertet werden. Das Ergebnis ist eine Checkliste, die den Unternehmen bei der Definition der eigenen Anforderungen an eine Software behilflich ist.

Kriterien	Gewichtung (KMU)		Gewichtung (GU)		Gewichtung (ÖV)	
	Gew. Bereich	Gew. Kriterien	Gew. Bereich	Gew. Kriterien	Gew. Bereich	Gew. Kriterien
Darstellung	**13 %**		**9 %**		**8 %**	
Benutzerfreundlichkeit		25 %		34 %		40 %
Anpassbarkeit des Designs …						
… an Corporate Design		25 %		21 %		20 %
… an individuelles Benutzer-design		25 %		11 %		0
Benutzen gängiger Menü-leisten und Punkte		25 %		34 %		40 %
		100 %		100 %		100 %
BSC-Funktionalität	**11 %**		**11 %**		**11 %**	
Definition zusätzlicher Perspektiven		6 %		8 %		14 %
Definition von KEF und Zu-weisung zu Perspektiven		9 %		8 %		14 %
Abbildung sowohl quantitati-ver als auch qualitativer KEF		9 %		8 %		14 %
Zuweisung beliebig vieler Kennzahlen je KEF		9 %		8 %		14 %
Zuweisung beliebig vieler Maßnahmen je KEF		9 %		8 %		14 %
Kommentierbarkeit aller BSC-Komponenten		6 %		0		0
Maßnahmen darstellbar mit Start-, Endzeitpunkt und Budget		9 %		7 %		4 %
Status- und Verantwortlich-keitsverwaltung von BSC-Maßnahmen		6 %		7 %		10 %

Kriterien	Gewichtung (KMU)		Gewichtung (ÖV)		Gewichtung (KMU)	
	Gew. Bereich	Gew. Kriterien	Gew. Bereich	Gew. Kriterien	Gew. Bereich	Gew. Kriterien
Trennung von Messgrößen und Kennzahlen		9 %		8 %		3 %
Darstellung von Strategy Maps		2 %		8 %		0
Kaskadierung der BSC (Erstellung mehrerer BSC)		9 %		8 %		3 %
Darstellung von Hierarchien der BSCs		9 %		8 %		10 %
SWOT-Analyse (Dokumentation)		2 %		6 %		0
Cockpit		6 %		8 %		0
		100 %		100 %		100 %
Analyse-Funktionalität	**11 %**		**10 %**		**12 %**	
Ampelfunktion		15 %		12 %		15 %
Ampelweiterleitung		15 %		12 %		15 %
Formelgenerator für Ampelwerte		15 %		12 %		15 %
Formelgenerator für Ampelwerte getrennt nach Ist- und Sollwerten		15 %		12 %		10 %
Optimalitätskriterien		8 %		12 %		15 %
Drill-Down-Funktion		8 %		12 %		10 %
Darstellung der Zielerreichung		8 %		12 %		6 %
Forecast/Trendberechnung		8 %		0		0
Simulation		0		6 %		6 %
Historisierung		8 %		10 %		8 %
		100 %		100 %		100 %

Kriterien	Gewichtung (KMU)		Gewichtung (ÖV)		Gewichtung (KMU)	
	Gew. Bereich	Gew. Kriterien	Gew. Bereich	Gew. Kriterien	Gew. Bereich	Gew. Kriterien
Workflow	7 %		8 %		6 %	
Warnmechanismen		60 %		32 %		35 %
Vertretungsregelung		20 %		16 %		35 %
Weiterleitung an Folgeverantwortliche		20 %		52 %		30 %
		100 %		100 %		100 %
Technische Funktionalität	11 %		12 %		13 %	
E-Mail		10 %		6 %		7 %
Internetfähigkeit		4 %		9 %		7 %
Datenbank- und Systemintegration		4 %		8 %		12 %
Online-Hilfe		10 %		8 %		12 %
Import-/Export-Schnittstellen						
… zu ERP-Systemen		7 %		4 %		12 %
… für CSV-, TXT-Dateien		10 %		8 %		12 %
… zu Excel		7 %		8 %		12 %
Darstellung in verschiedenen Währungen		7 %		8 %		4 %
Mehrsprachigkeit		7 %		8 %		0
Einfache Umsetzung von Änderungen (Stammdaten)		10 %		9 %		7 %
Skalierbarkeit der Software		7 %		8 %		4 %
Mehrbenutzerfähigkeit		7 %		8 %		4 %
Drucken		10 %		8 %		7 %
		100 %		100 %		100 %

Kriterien	Gewichtung (KMU)		Gewichtung (ÖV)		Gewichtung (KMU)	
	Gew. Bereich	Gew. Kriterien	Gew. Bereich	Gew. Kriterien	Gew. Bereich	Gew. Kriterien
Reporting	**12 %**		**13 %**		**12 %**	
BSC-Bericht		28 %		25 %		37 %
Vergleichsbericht von Organisationseinheiten		28 %		25 %		25 %
Vergleichsbericht von Perioden		28 %		25 %		25 %
Freies Tool zur Erstellung eigener Berichte		16 %		25 %		13 %
		100 %		100 %		100 %
Sicherheit	**7 %**		**12 %**		**17 %**	
Zugriffskontrolle		40 %		32 %		32 %
Protokollierung		40 %		34 %		34 %
Zuweisung von Berechtigungen		20 %		34 %		34 %
		100 %		100 %		100 %
$\sum =$	100 %		100 %		100 %	

Quelle: Eigene Darstellung

4.3 Überblick und Kategorisierung von BSC-Werkzeugen

Die meisten Tools lassen sich nicht klar voneinander abgrenzen. So werden sie einer Kategorie wie beispielsweise OLAP (Online Analytical Processing), ERP-Systeme (Enterprise Resource Planning-Systeme) oder dem Data Warehouse zugeordnet, obwohl sie genauso zu einer anderen passen können. Das liegt daran, dass diese Systeme nicht überschneidungsfrei sind und meist miteinander in Verbindung stehen. Ein Data Warehouse-System bedient sich nicht selten den

Vorteil

Vorteilhaft ist, dass keine zusätzlichen Investitionen getätigt werden müssen und die Mitarbeiter bereits mit der Software vertraut sind. Jedoch kann eine Individualentwicklung auf Dauer üblicherweise nicht als sinnvoll bezeichnet werden. Da an eine BSC-Lösung hohe Anforderungen gestellt werden in Bezug auf Datenbeschaffung und Datenhaltung, Bedienbarkeit, Analyse-Funktionalitäten, grafische Darstellung sowie sonstige Funktionen, die eine solche Umsetzung gegebenenfalls nicht mitbringt, ist der Programmier- und Wartungsaufwand einer individuellen Lösung nicht zu unterschätzen.[16]

Horváth-Studie

Die von *Horváth & Partner* durchgeführte „Balanced Scorecard-Studie 2005" ergab, dass von 120 befragten Unternehmen unterschiedlicher Größe und Branche zwar 74 % mit Excel- oder Access-Lösungen arbeiten, jedoch nur 11 % damit wirklich sehr zufrieden sind.[17]

Den gerade beschriebenen Kriterien werden im nächsten Kapitel die existierenden Softwareanwendungen zugeordnet, um den Markt zu sortieren.

4.3.4 Kategorisierung von BSC-Software

Softwareprodukte

Die folgende Tabelle 4 zeigt eine Auswahl der sich am Markt befindlichen Softwareprodukte zur Umsetzung der Balanced Scorecard, wobei jedes Tool gemäß seiner vorwiegenden Eignung den Unternehmenstypen KMU, Großunternehmen sowie öffentliche Verwaltung zugeordnet werden. Es wird eine Zuweisung gemäß den oben genannten Kategorien vorgenommen, wobei die Anwendungen alphabetisch und nicht wertend geordnet sind. Dazu werden die jeweiligen Internetadressen angegeben, um die Möglichkeit zu geben, weitere Informationen zu schaffen.

Die Zuordnungen entstammen der Einschätzung der Autoren und kommen daher einer Vorauswahl gleich, die angepasst werden kann.

---

16 Vgl. *Bauer, T.*, Kategorien, 2000, S. 37 f.

17 Vgl. *Horváth & Partner*, Studie, 2005, www, Zugriff am 17.11.2005.

Tabelle 4: Kategorisierter Überblick über einige der sich am Markt befindlichen BSC-Tools mit unternehmenstypenabhängigen Eignungshinweisen

Kategorie	Anbieter	Produkt	BSCol-zertifiziert Ja/Nein	Internetadresse	Eignung		
					KMU	GU	ÖV
CPM	BITAM	BITAM Strategy	J	www.extensity.com		x	x
	Business Objects SA	Performance Manager	J	www.business objects.com		x	x
	BWG kaufmännische IT – Lösungen AG	HaPec	N	www.kit.ag	x		
	CODA Ltd.	CODA-Planning	N	www.coda.com	x	x	x
	Cognos, Inc.	Cognos Scorecarding	J	www.cognos.com		x	x
	CorVu Corp.	CorVu 5	J	www.corvu.com		x	x
	C.O.S. Enterprise Managements Solutions AG	Target Management Cockpit	N	www.cos.de	x	x	
	CP Corporate Planning AG	CP-MIS/BSC	N	www.corporate-planning.com	x	x	
	Cubus AG	ABC, SPPM, BSC	N	www.cubus.eu	x	x	
	Ecomplan GmbH	Unternehmens-controller Pro		www.ecomplan.de	x		
	Executive Strategy Manager	Executive Strategy Manager	J	www.executive strategymanager. com	x	x	
	Host Analytics, Inc.	Host Scorecard	N	www.hostanalytics. com		x	
	INFOR Extensity	Strategy Management	J	www.extensity.com		x	x
	Infor Global solutions Darmstadt GmbH	Infor PM 10	N	www.infor.de	x	x	

Kate-gorie	Anbieter	Produkt	BSCol-zertifiziert Ja/Nein	Internetadresse	Eignung		
					KMU	GU	ÖV
CPM	Information Builders	WebFOCUS	J	www.information builders.com		x	x
	INPHASE Software	Performance Plus	J	www.inphase.com		x	x
	Intalev	Intalev Navigator	J	www.intalev navigator.com	x	x	
	Metris GmbH	MPSS – Metaplanungs- und Simulationssystem	N	www.metris.de	x	x	x
	Microsoft Corp.	Microsoft Office Business Scorecard Manager	J	office.microsoft.com	x	x	
	MicroStrategy, Inc.	Micro Strategy9	N	www.microstrategy.com	x	x	
	MIK-GmbH	MIK – BIS	N	www.mik.info	x	x	x
	Ocean Software Pty, Ltd.	SMART4PM	N	www.ocean.com.au	x	x	x
	Oracle	Oracle BSC	J	www.oracle.com		x	x
	Oracle Hyperion Solutions Corp.	Oracle Hyperion Performance ScoreCard	J	www.hyperion.com		x	x
	Palladium Group Inc.	Executive Strategy Manager	N	www.executive strategymanager.com	x	x	x
	Peoplesoft	Peoplesoft Enterprise Performance Management	J	www.peoplesoft.com (Weiterleitung zu www.oracle.com)		x	x
	performancesoft Inc.	Actuate Performancesoft	J	www.performance soft.com		x	x
	Pilot Software	PilotWorks	J	www.pilotsoftware.com (Weiterleitung zu www.sap.com)		x	x

Kategorie	Anbieter	Produkt	BSCol-zertifiziert Ja/Nein	Internetadresse	Eignung		
					KMU	GU	ÖV
CPM	Qlik Tech Deutschland GmbH	Qlik views	N	www.qlikview.com	x	x	
	QPR Software PLC	QPR Scorecard	J	www.qpr.com	x	x	
	PROCOS Professional Controlling Systems AG	STRAT&GO Balanced Scorecard	J	www.procos.com		x	x
	Rocket Software, Inc. (inkl. ehemals Gentia und OpenRatings)	Genia BSC	J	www.rocketsoftware.com		x	
	SAP	SAP SEM	J	www.sap.com		x	x
	SAS Institute	SAS Strategic Performance	J	www.sas.com		x	x
	Simpel Systems bv	Simpel Scorecard	N	www.simpel.com	x		
	SWOT Controlling GmbH	SWOT Controlling (CO)	N	www.swot.de	x	x	x
	Stratsys AB	Stratsys Run YourCompany	N	www.runyourcompany.com	x	x	x
	Winterheller Software	Winterheller CPM Solutions	N	http://www.winterheller.com	x	x	x
Spez. Software	4GHI Solutions AB	Cockpit Communicator	N	www.4ghi.com	x	x	
	ActiveStrategy, Inc.	Balanced Scorecard Dashboard Edition	J	www.activestrategy.com		x	
	ANTARES Informations-Systeme GmbH	CIM-BSC	N	www.antares-is.de	x	x	
	Axsellit	Dialog Strategy BSC	N	www.axsellit.com	x	x	

4.4 Kurzvorstellung und Zielsetzungen ausgewählter BSC-Werkzeuge je Kategorie

4.4.1 Microsoft Excel

Heraus-forderungen

Die Balanced Scorecard ist die umfang- und facettenreiche Ausprägung eines werteorientierten Führungssystems. Viele Aspekte sind nicht nur quantitativ sondern auch qualitativ zu erheben und zu bewerten. Das ist eine Herausforderung für die meisten handelsüblichen Performance-Measurement-Systeme, da diese in der Regel auf die Auswertung quantitativer Größen ausgelegt sind. Nach der Entwicklung des Balanced Scorecard-Ansatzes durch *David P. Norton* und *Robert S. Kaplan* Anfang der 90er Jahre befassen sich jedoch immer mehr Unternehmen mit dieser Art Führungssysteme und versuchen sie für ihr eigenes Unternehmen anzuwenden.

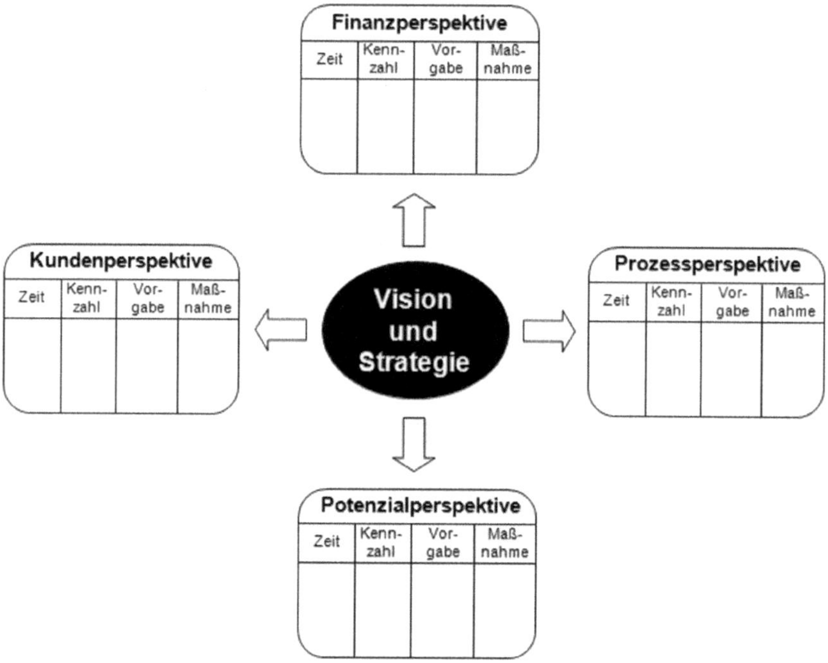

Abbildung 39: Grundmodell der Balanced Scorecard
Quelle: Robert S. Kaplan und David P. Norton: The Balanced Scorecard – Measures that Drive Performance. In: Harvard Business Review. 1992, January-February S. 72

Zur Entwicklung eines ersten IT-gestützten Ansatzes verwenden viele Unternehmen im ersten Schritt Microsoft Excel, um die Balanced Scorecard umzusetzen. Im Folgenden werden die Möglichkeiten, Vorteile, aber auch die Grenzen einer Abbildung in MS Excel beschrieben.

MS Excel – Tool des Controlling

MS Excel ist wohl eines der meistgenutzten Applikation im Controlling von Unternehmen, und zwar nicht zuletzt deswegen, weil sich mit dieser Tabellenkalkulation Berichte mit Grafiken, Ampelfunktionen und vielen weiteren Funktionen relativ schnell und meist unkompliziert realisieren und auch anpassen lassen. MS Excel wird in den meisten Unternehmen bevorzugt verwendet, weil es Bestandteil des Microsoft Office-Pakets ist, das laut einer neusten Umfrage in Deutschland von 93 % aller befragten Unternehmen eingesetzt wird[18].

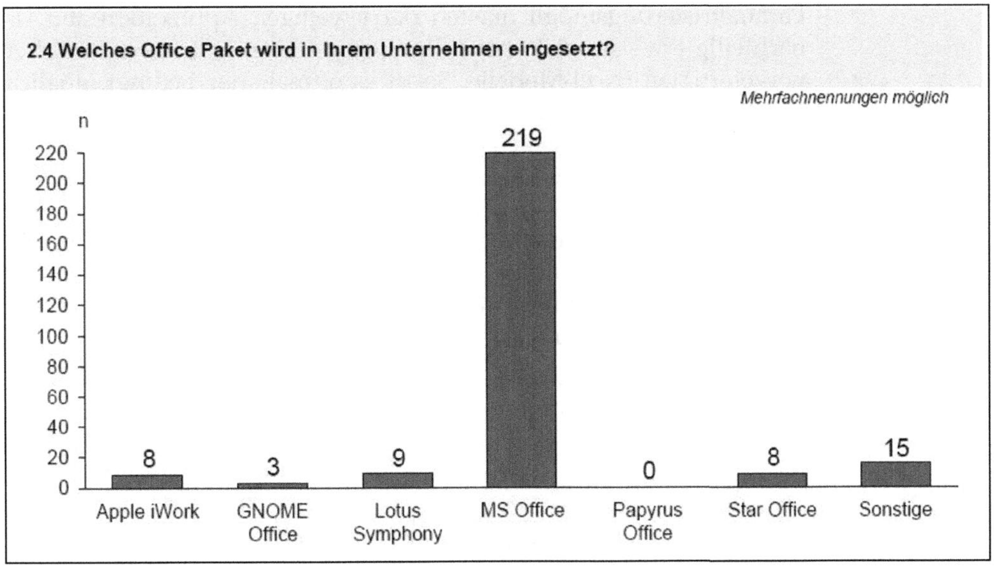

Abbildung 40: Verwendung von MS Office in deutschen Unternehmen
Quelle: Empirische Studie zu den IT-Strukturen deutscher Unternehmen der IBM Deutschland GmbH aus dem Jahre 2008

18 Vgl. hierzu empirische Studie zu den IT-Strukturen deutscher Unternehmen der IBM Deutschland GmbH aus dem Jahr 2008.

Grundsätzlich existieren für Unternehmen, die sich entschlossen haben, eine Balanced Scorecard (BSC) in MS Excel umzusetzen zwei Möglichkeiten:

1. Entwicklung eines eigenen Excel-Models oder
2. Verwendung eines vorkonfigurierten BSC-Modells aus dem Internet bzw. aus eines von diversen Buchveröffentlichungen mit entsprechenden Beispielanwendungen.

Das Besondere der Variante 1 ist, dass es die Möglichkeit bietet, das BSC-Modell genau an die Erfordernisse des eigenen Unternehmens auszurichten. Nachteilig an einem solchen Ansatz ist, dass die Entwicklung dieses Modells, je nach Umsetzungsanspruch, sehr zeitaufwendig sein kann und zum Teil Programmierungskenntnisse erfordert, die ggf. zusätzlich eingekauft werden müssen.

Variante 2 hingegen erlaubt i. d. R. einen relativ schnellen Aufbau einer eigenen BSC, wie schnell das durchführbar ist, hängt von den Parametrisierungsmöglichkeiten der jeweiligen Applikation ab. Als nachteilig erweisen sich meist die Customizingmöglichkeiten solcher vorgefertigten Excel-Modelle. So ist es oftmals nur bedingt möglich die Anzahl der zu betrachtenden Organisationseinheiten (z. B. Abteilungen) nach den eigenen Erfordernissen im Unternehmen auszuprägen, und zwar teilweise, weil manche Modelle nur von einem Unternehmensansatz ausgehen und tiefer gelegene Organisationseinheiten gar nicht mehr betrachten oder weil das entsprechende Modell nur eine bestimmte Anzahl an Organisationseinheiten zulässt und eine Anpassung mit entsprechenden Programmierungskenntnissen realisiert werden müsste.

Aufzeigen von Grenzen

Im Folgenden sollen zwei excelbasierte BSC-Modelle untersucht werden, deren Ausgestaltungsgrad unterschiedlich ist. Anhand dieser Modelle sollen stellvertretend die grundsätzlichen Vorteile, Nachteile und Grenzen einer excelbasierten BSC-Lösung aufgezeigt werden. Natürlich decken die betrachteten zwei Modelle nicht alle die am Markt befindlichen excelbasierten BSC-Modelle ab, aber es kann grundsätzlich veranschaulicht werden, welche Möglichkeiten bestehen und wo natürliche Grenzen vorhanden sind.

Modell 1 – Das Excel-Spinnendiagramm

Bei der im nachfolgend vorgestellten Lösung handelt es sich um die einfachste Form eines möglichen BSC-Modells unter MS-Excel. Diese Lösung betrachtet die Balanced Scorecard ausschließlich auf einer Organisationsebene, entweder auf Unternehmens- oder Abteilungsebene eine weitere Unterteilung in zusätzliche Organisationsbereiche ist nicht vorgesehen.

In den folgenden vier Arbeitsblättern werden die tabellarisch erfassten kritischen Erfolgsfaktoren je Perspektive gezeigt. Am Ende werden die Ergebnisse in einem Spinnendiagramm zusammengefasst dargestellt.

Im ersten Arbeitsblatt werden die Unternehmensdaten eingetragen.

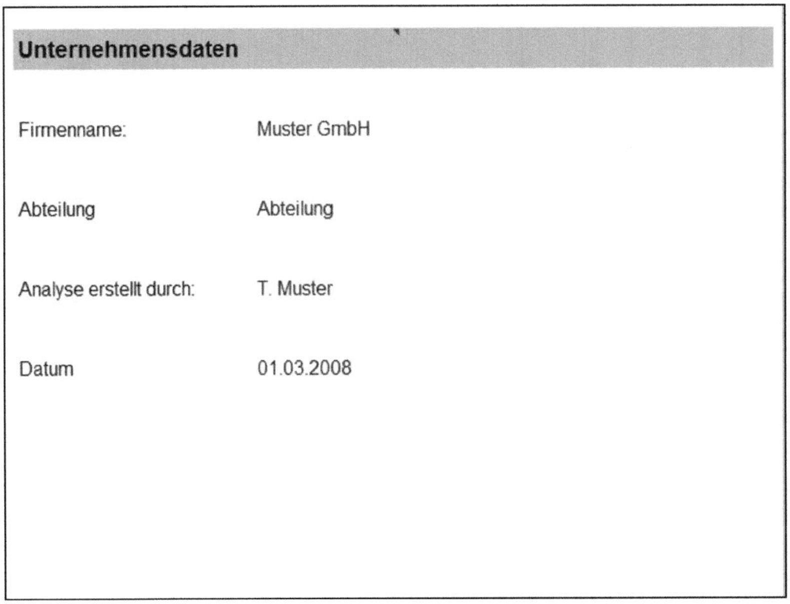

Abbildung 41: Hinterlegung der Organisationsdaten
Quelle: Eigene Anwendung

Im Deckblatt der Anwendung besteht die Möglichkeit, die Vision, Mission, die Strategien sowie die Perspektiven der BSC zu hinterlegen.

Abbildung 44: BSC-Spinnendiagramm
Quelle: Eigene Anwendung

Modell 1: Vor- und Nachteile

Die Vorteile eines solchen Modells liegen auf der Hand:

1. Einfaches, leicht verständliches Modell
2. Einfache Erfassung der kritischen Erfolgsfaktoren
3. Flexible Ausgestaltung der zu betrachtenden Perspektiven
4. Einfache Art zu Hinterlegung der Maßnahmen

Jedoch weist ein solches Modell auch eine Reihe von Nachteilen auf, die ihre Einsatzfähigkeit in Frage stellen:

1. Betrachtung nur einer Organisationseinheit
2. Rudimentäre Erfassungsoptionen für die Grundparameter der BSC: Vision, Mission und Strategie
3. Keine Möglichkeiten zur Hinterlegung von Verantwortlichkeiten und Terminen für Maßnahmen
4. Keine Definition von Zeiträumen für die Gültigkeit von Plan- und Ist-Zahlen
5. Keine Definition von Ursache-Wirkungs-Zusammenhängen

6. Keine Abbildung einer Strategiekarte mit der Abbildung der Zielerreichungen
7. Im Spinnendiagramm geht der Perspektivenbezug verloren.

Modell 2 – Das T.O.P.-Card-Modell

Das T.O.P.-Card-Modell wurde von einer Unternehmensberatung entwickelt und dient zur Unterstützung des Aufbaus von Balanced Scorecard-Modellen im Textil-Einzel- und Großhandel. Im Gegensatz zum ersten Modell wurde hier bereits Programmierung zur Unterstützung einiger Funktionen angewendet, die im Folgenden beschrieben werden sollen.

Unterschiede zum ersten Modell

Im Gegensatz zum ersten Modell wird auf eine Hinterlegung von Vision, Mission und Strategie verzichtet. Das Modell unterstellt, dass diese Informationen an einer anderen Stelle definiert und abgelegt werden. Dafür werden die operativen Elemente einer BSC deutlich differenzierter und anwenderfreundlicher hinterlegt.

So startet dieses Modell zum Beispiel mit einem Einstiegsmenü in dem die grundsätzlichen Bereiche der Balanced Scorecard aufgezeigt werden, darin betrachtet werden.

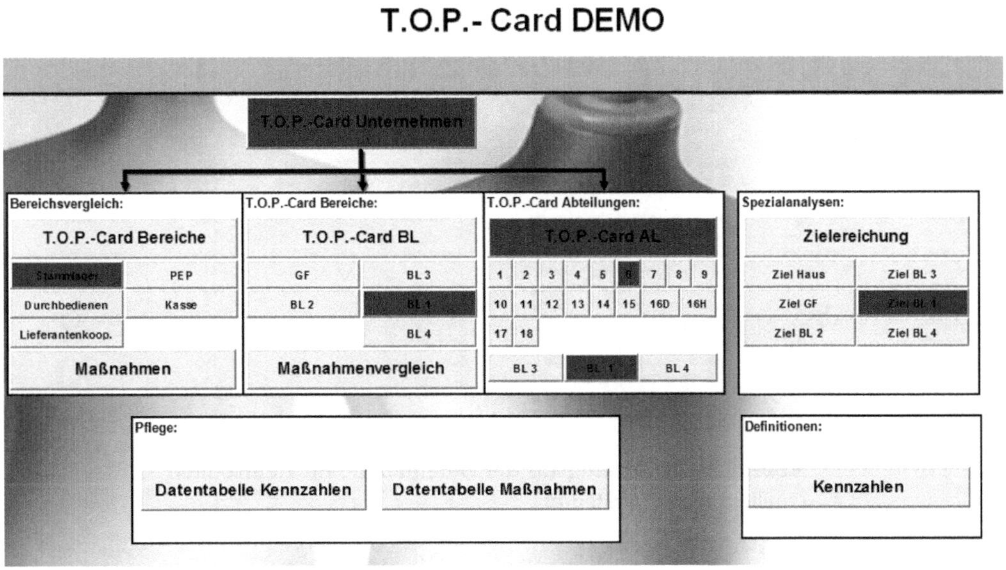

Abbildung 45: Einstiegsmenü zum T.O.P.-Card-Modell
Quelle: Eigene Darstellung

Integration unterschiedlicher Organisationsbereiche

Dieses Modell ermöglicht die Abbildung der BSC auf der Ebene unterschiedlicher Organisationsbereiche im Unternehmen. In diesem Beispiel wird das Gesamtunternehmen mit fünf Verantwortungsbereichen im Sinne von Bereichsleitungen und insgesamt 19 Abteilungsbereichen abgebildet. Alle diese Unternehmens- bzw. Abteilungsbereiche könnten angepasst werden, was allerdings gleichzeitig das mit einem Anpassen der vorhandenen Programmierung verbunden wäre.

Diesem Modell liegt eine umfangreiche Pivottabelle zugrunde in der die Daten der BSC abgelegt werden. Pivottabellen ermöglichen eine mehrdimensionale Abbildung von Zusammenhängen und eignen sich daher für die Grundlage einer Balanced Scorecard.

Dimension	Strat. Z	KZ	KZ-Bez.	AGR	Verantw	Vertar	Monat	Jahr	Wert
Kunde/Markt	Stammlager	1	Anteil SL-Umsatz am Gesamtumsatz	Sum. Haus	GF	Soll	Jan	2000	
Kunde/Markt	Stammlager	1	Anteil SL-Umsatz am Gesamtumsatz	Sum. Haus	GF	Soll	Feb	2000	
Kunde/Markt	Stammlager	1	Anteil SL-Umsatz am Gesamtumsatz	Sum. Haus	GF	Soll	Mrz	2000	
Kunde/Markt	Stammlager	1	Anteil SL-Umsatz am Gesamtumsatz	Sum. Haus	GF	Soll	Apr	2000	
Kunde/Markt	Stammlager	1	Anteil SL-Umsatz am Gesamtumsatz	Sum. Haus	GF	Soll	Mai	2000	14,71
Kunde/Markt	Stammlager	1	Anteil SL-Umsatz am Gesamtumsatz	Sum. Haus	GF	Soll	Jun	2000	15,25
Kunde/Markt	Stammlager	1	Anteil SL-Umsatz am Gesamtumsatz	Sum. Haus	GF	Soll	Jul	2000	14,98
Kunde/Markt	Stammlager	1	Anteil SL-Umsatz am Gesamtumsatz	Sum. Haus	GF	Soll	Aug	2000	16,81
Kunde/Markt	Stammlager	1	Anteil SL-Umsatz am Gesamtumsatz	Sum. Haus	GF	Soll	Sep	2000	18,14
Kunde/Markt	Stammlager	1	Anteil SL-Umsatz am Gesamtumsatz	Sum. Haus	GF	Soll	Okt	2000	17,28
Kunde/Markt	Stammlager	1	Anteil SL-Umsatz am Gesamtumsatz	Sum. Haus	GF	Soll	Nov	2000	15,87
Kunde/Markt	Stammlager	1	Anteil SL-Umsatz am Gesamtumsatz	Sum. Haus	GF	Soll	Dez	2000	15,55
Kunde/Markt	Stammlager	2	Durchlaufzeit SL`s vom Ausdruck bis Ausle	Sum. Haus	GF	Soll	Jan	2000	
Kunde/Markt	Stammlager	2	Durchlaufzeit SL`s vom Ausdruck bis Ausle	Sum. Haus	GF	Soll	Feb	2000	
Kunde/Markt	Stammlager	2	Durchlaufzeit SL`s vom Ausdruck bis Ausle	Sum. Haus	GF	Soll	Mrz	2000	
Kunde/Markt	Stammlager	2	Durchlaufzeit SL`s vom Ausdruck bis Ausle	Sum. Haus	GF	Soll	Apr	2000	
Kunde/Markt	Stammlager	2	Durchlaufzeit SL`s vom Ausdruck bis Ausle	Sum. Haus	GF	Soll	Mai	2000	10,17
Kunde/Markt	Stammlager	2	Durchlaufzeit SL`s vom Ausdruck bis Ausle	Sum. Haus	GF	Soll	Jun	2000	10,45
Kunde/Markt	Stammlager	2	Durchlaufzeit SL`s vom Ausdruck bis Ausle	Sum. Haus	GF	Soll	Jul	2000	9,67
Kunde/Markt	Stammlager	2	Durchlaufzeit SL`s vom Ausdruck bis Ausle	Sum. Haus	GF	Soll	Aug	2000	10,27
Kunde/Markt	Stammlager	2	Durchlaufzeit SL`s vom Ausdruck bis Ausle	Sum. Haus	GF	Soll	Sep	2000	8,69
Kunde/Markt	Stammlager	2	Durchlaufzeit SL`s vom Ausdruck bis Ausle	Sum. Haus	GF	Soll	Okt	2000	10,60
Kunde/Markt	Stammlager	2	Durchlaufzeit SL`s vom Ausdruck bis Ausle	Sum. Haus	GF	Soll	Nov	2000	10,64
Kunde/Markt	Stammlager	2	Durchlaufzeit SL`s vom Ausdruck bis Ausle	Sum. Haus	GF	Soll	Dez	2000	9,37
Kunde/Markt	Stammlager	3	Warenverfügbarkeit und Präsentation	Sum. Haus	GF	Soll	Jan	2000	
Kunde/Markt	Stammlager	3	Warenverfügbarkeit und Präsentation	Sum. Haus	GF	Soll	Feb	2000	
Kunde/Markt	Stammlager	3	Warenverfügbarkeit und Präsentation	Sum. Haus	GF	Soll	Mrz	2000	
Kunde/Markt	Stammlager	3	Warenverfügbarkeit und Präsentation	Sum. Haus	GF	Soll	Apr	2000	
Kunde/Markt	Stammlager	3	Warenverfügbarkeit und Präsentation	Sum. Haus	GF	Soll	Mai	2000	11,38
Kunde/Markt	Stammlager	3	Warenverfügbarkeit und Präsentation	Sum. Haus	GF	Soll	Jun	2000	10,68
Kunde/Markt	Stammlager	3	Warenverfügbarkeit und Präsentation	Sum. Haus	GF	Soll	Jul	2000	11,08
Kunde/Markt	Stammlager	3	Warenverfügbarkeit und Präsentation	Sum. Haus	GF	Soll	Aug	2000	10,11
Kunde/Markt	Stammlager	3	Warenverfügbarkeit und Präsentation	Sum. Haus	GF	Soll	Sep	2000	10,94
Kunde/Markt	Stammlager	3	Warenverfügbarkeit und Präsentation	Sum. Haus	GF	Soll	Okt	2000	9,42
Kunde/Markt	Stammlager	3	Warenverfügbarkeit und Präsentation	Sum. Haus	GF	Soll	Nov	2000	9,76
Kunde/Markt	Stammlager	3	Warenverfügbarkeit und Präsentation	Sum. Haus	GF	Soll	Dez	2000	9,98

Abbildung 46: Auszug aus der Datentabelle für Kennzahlen
Quelle: Eigene Darstellung

Ohne auf die Entwicklungsdetails dieses Modells näher eingehen zu wollen, da es sich hier nur um das Beispiel einer Umsetzungsmöglichkeit einer BSC handeln soll, wird im Folgenden die Logik dieses Modell beschrieben, um den Komplexitätsgrad darzustellen, den ein BSC-Modell in der Praxis haben kann.

Die Pflege dieses Modells basiert auf zwei Tabellen, eine Datentabelle (Abbildung 46) für Kennzahlen und eine für Maßnahmen (Abbildung 47).

Kennzahlenbezüge

Zu jeder Kennzahl ist der entsprechende Bezug angegeben: Perspektive (hier Dimension genannt), der zugehörige kritische Erfolgsfaktor (hier Strat. Ziel genannt), die Verantwortung, die Wertart (Plan, Ist) und der Zeitbezug für die Gültigkeit.

Ähnlich ist die Datentabelle für die Maßnahmen aufgebaut.

Maßnahmenbezüge

Auch hier ist jede Maßnahme einer Perspektive und dem entsprechenden kritischen Erfolgsfaktor zugeordnet. Die Maßnahmen haben einen Zeitbezug, in dem sie gelten, und sind einer Verantwortung zugeordnet. Da es sich in diesem Modell um eine BSC für den textilen Einzel- bzw. Großhandel handelt, wird jede Maßnahme zusätzlich einer Artikelgruppe zugeordnet.

Dieser systematische Aufbau von Kennzahlen und Maßnahmen lässt eine differenzierte Analyse im Sinne der Balanced Scorecard zu, wie das folgende Analysebeispiel veranschaulichen soll.

Auf Unternehmensebene kann eine Analyse zu einer ausgewählten Periode und über alle Artikelgruppen erstellt werden. So wird ersichtlich, welche kritischen Erfolgsfaktoren mit den entsprechenden Kennzahlen ihre Ziele erreicht haben und welche nicht (vgl. Abbildung 48).

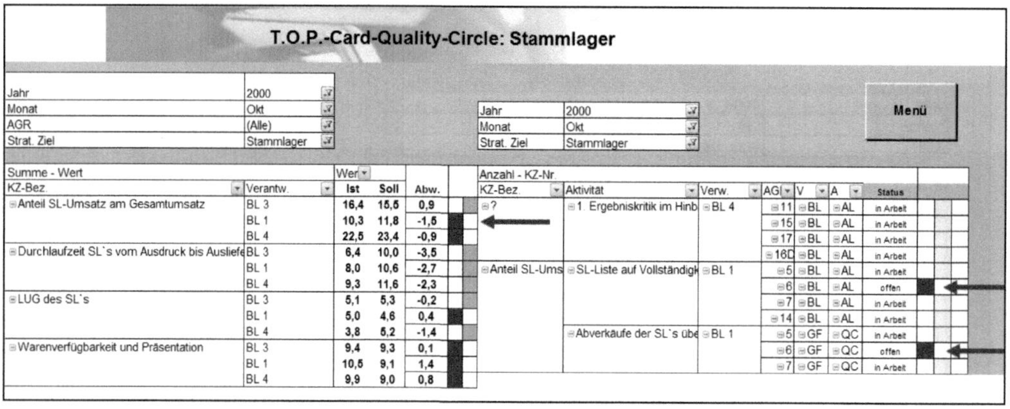

Abbildung 49: Analyse eines kritischen Erfolgsfaktors
Quelle: Eigene Darstellung

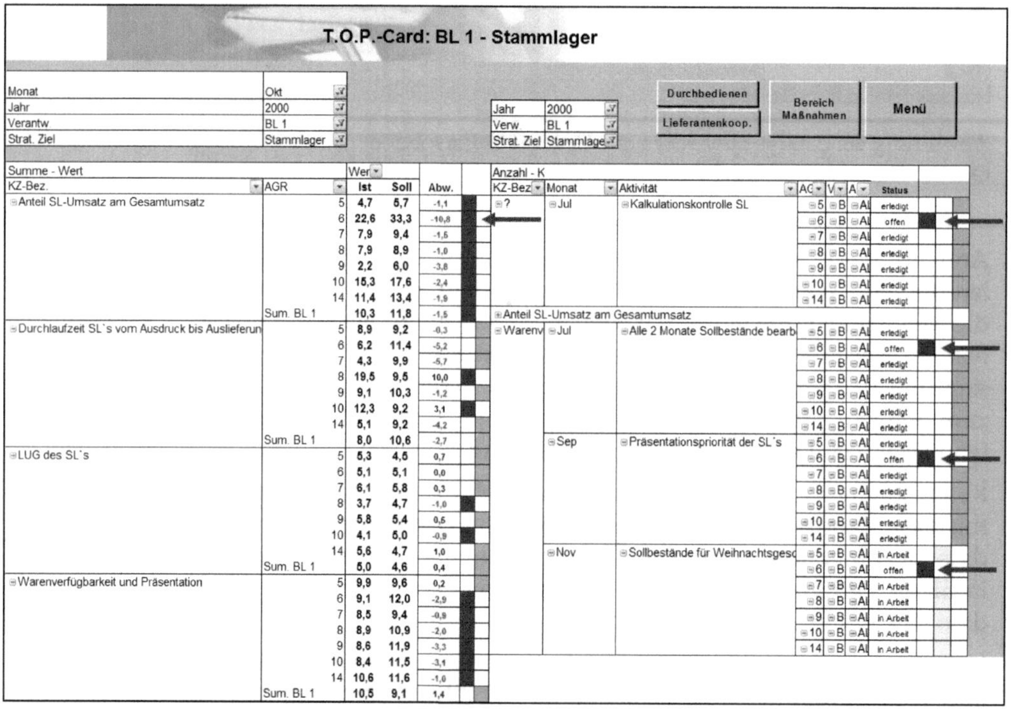

Abbildung 50: Analyse des Bereichs Bereichsleitung 1
Quelle: Eigene Darstellung

Hier wird deutlich, dass die Kennzahl „Anteil SL-Umsatz am Gesamtumsatz" über alle Artikelgruppen den Soll-Wert verfehlen und zudem drei Maßnahmen zu dieser Kennzahl noch offen sind, die zu diesem Zeitpunkt bereits erledigt sein sollten. Diese Gegenüberstellung bietet die Möglichkeiten, Ursache-Wirkungs-Zusammenhänge zu ermitteln und zu beobachten.

Modell 2: Vor- und Nachteile

Im Folgenden sollen die Vor- und Nachteile des zweiten Modells gegenübergestellt werden:

Vorteile:

1. Betrachtung mehrerer Organisationseinheiten
2. Berücksichtigung eines Zeitbezugs bei den Kennzahlen und für die Maßnahmen
3. Einbeziehung von Verantwortungen und Verantwortungsbereichen
4. Ansprechende, leicht verständliche Bedienungsoberfläche
5. Mehrdimensionale Auswertungsmöglichkeiten durch die Verwendung von Pivottabellen
6. Visualisierung von Abweichungen durch Ampelfunktionen
7. Einbeziehung von Bereichsvergleichen

Nachteile:

1. Keine Berücksichtigung der Vision, Mission und Strategie
2. Umfangreiche Änderungen in der Programmierung bei Anpassungen an den Organisationsstrukturen
3. Anpassungen in den Berichten sind umfangreich.
4. Keine Definition von Ursache-Wirkungs-Zusammenhängen
5. Keine Abbildung einer Strategiekarte mit der Abbildung der Zielerreichungen

Allgemeine Bewertung von Excelmodellen zur Abbildung von Balanced Scorecard-Modellen.

Zusammenfassend lässt sich sagen, dass ein erster Ansatz von BSC-Modellen relativ schnell umgesetzt ist. In der Praxis ergeben sich in der Bearbeitung, Pflege und Weiterentwicklung jedoch eine Reihe von Problemstellungen, so dass die MS Excel eher als ein ungeeignetes System zur Abbildung einer BSC eingestuft werden muss.

Praxisaspekte

Bearbeitung in der Praxis:

1. BSC-Modelle werden in der Regel von unterschiedlichen Personen im Unternehmen gepflegt, wofür ein gleichzeitiger Zugriff erforderlich ist. Unter MS Excel ist eine zeitgleiche Bearbeitung nur möglich, wenn Funktion „Arbeitsmappe freigeben" aktiviert wird. Das hat allerdings zur Folge, dass eine Reihe von Funktionen, z. B. das Setzen oder Ausführen von Filtern nicht mehr möglich ist.
2. Wie im zweiten Modell T.O.P. Card gezeigt, können die Modelle in der Praxis, soweit sie mehr als einen Unternehmensbereich beinhalten, sehr umfangreich werden. Aus diesem Grund sind Excel-Modelle in zweierlei Hinsicht für die Praxis ungeeignet. Sie können sehr schnell eine Dateigröße erreichen, die sehr anfällig wird. Ebenso kann die zunehmende Komplexität des Modells zu fehlerhaften Zusammenhängen führen.
3. In manchen Unternehmen müssten Teile der BSC extern oder in verschiedenen Niederlassungen erfasst oder bearbeitet werden. Das setzt eine Möglichkeit zur Auslagerungen bestimmter BSC-Inhalte voraus oder eine Netzwerkfähigkeit, die mit Excel nur bedingt zu leisten ist.
4. Die Berechnung von Kennzahlen und Ampelwerten ist in Excel bei steigendem Datenumfang nur sehr begrenzt möglich. Ein solcher Datenumfang wird i. d. R. stark unterschätzt. Beispielweise benötigt ein Unternehmen, das 25 Verantwortungsbereiche, 20 Kennzahlen, Ist- und Sollwerte über 24 Monate in ihrer BSC abbildet, insgesamt 24.000 Datensätze. Zwar kann MS Excel diese Datensätze in einem Arbeitsblatt hinterlegen, der Zugriff über mehrere Pivottabellen für die Generierung der Berichte ist jedoch sehr umständlich und fehleranfällig.
5. Die Berichte sind in Excel ohne große Programmierung nur begrenzt dynamisch, so dass z. B. Strukturänderungen z. B. durch eine neue Kennzahl immer auch die Berichte korrigiert werden müssen. Ebenso ist die Ampelberechnung nicht trivial in der Form, dass sie von der Kennzahl abhängig ist. So gibt es Negativ-Größen wie z. B. Personalkosten, Positiv-Größen wie z. B. Umsatz oder auch Optimums-Größen wie z. B. Lagerbestand, bei denen eine Ist-Abweichung vom Soll unterschiedlich bewertet werden muss.
6. Eine Ampelweiterleitung auf strategische Ziele, Perspektiven und letztendlich auf Verantwortungsbereiche ist nur durch eine umfangreiche Programmierung möglich.
7. Eine automatisierte monatliche Berichtserstellung ist ebenfalls nur durch Programmierung möglich.

Pflegeaspekte

Pflege in der Praxis

1. Systeme, die im Unternehmen von wichtiger Bedeutung sind, sollten gut dokumentiert und von mehr als einer Person im Unternehmen gepflegt werden können. Anwendungen unter MS Excel mit einer hohen Komplexität stehen diesem Anspruch meist entgegen, da sie individuell, oft mit hohem Spezialwissen einzelner Personen entwickelt oder weiterentwickelt wurden und die Dokumentation in der Praxis deshalb zu wünschen übrig lässt.
2. Ein weiterer wichtiger Punkt zur Sicherstellung eines reibungslosen Betriebs von Anwendungen ist die Releasefähigkeit von Anwendungen. Microsoft überarbeitet seine Anwendung regelmäßig in einem Rhythmus von fünf Jahren, d. h. mit jeder neuen Excel-Version muss die die Releasefähigkeit dieser Version geprüft und ggf. entsprechend angepasst werden. Zudem nimmt die Funktionsvielfalt mit jedem Release zu und zum Teil besteht der Wunsch, diese neuen Excel-Funktionalitäten in die bestehende BSC-Anwendung zu übernehmen, was in Teilen ein sehr umfassendes Vorhaben sein kann.

Weiterentwicklung

Weiterentwicklung in der Praxis

1. Unternehmen entwickeln sich den Markterfordernissen entsprechend, eine Anwendung für eine werteorientierte Unternehmensführung, wie die Balanced Scorecard muss diesen Entwicklungen folgen. Ist jedoch in der Anwendung nicht vorgesehenen, z. B. neue Unternehmensbereiche aufzunehmen oder ggf. Unternehmensbereiche wieder zusammenzuführen, wird der entstehende Anpassungsaufwand sehr hoch und kann die Datenintegrität ggf. gefährden.
2. In jedem Fall muss bei der Entwicklung einer eigenen BSC unter MS Excel eine umfangreiche Dokumentation erstellt werden, die es ermöglicht, einen Dritten mit der Weiterentwicklung der bestehenden BSC zu beauftragen.

Aus den genannten Anforderungen wird ersichtlich, wie umfangreich die Entwicklung einer eigenen BSC unter Excel werden kann. Sie ist mit der Entwicklung einer eigenen Software zu vergleichen, was i. d. R. nicht der Kernschwerpunkt der Unternehmen ist, die eine BSC einführen wollen. Daher kann eine ernsthafte Einführung einer BSC mittels Excel nicht unterstützt und dieser Ansatz nicht bewertet werden.

Um genaue Werte statt Durchschnittswerte für die Berechnung in jeder Hierarchieebene zu gewährleisten, unterscheidet ScorePrise zwischen Kennzahlen und Messgrößen.

Messgrößen

Die Trennung zwischen Messgrößen und Kennzahlen hat auch den Vorteil, dass mit Hilfe des Messgrößen-Monitors alle importierten Werte überprüft werden können (vgl. Abbildung 52).

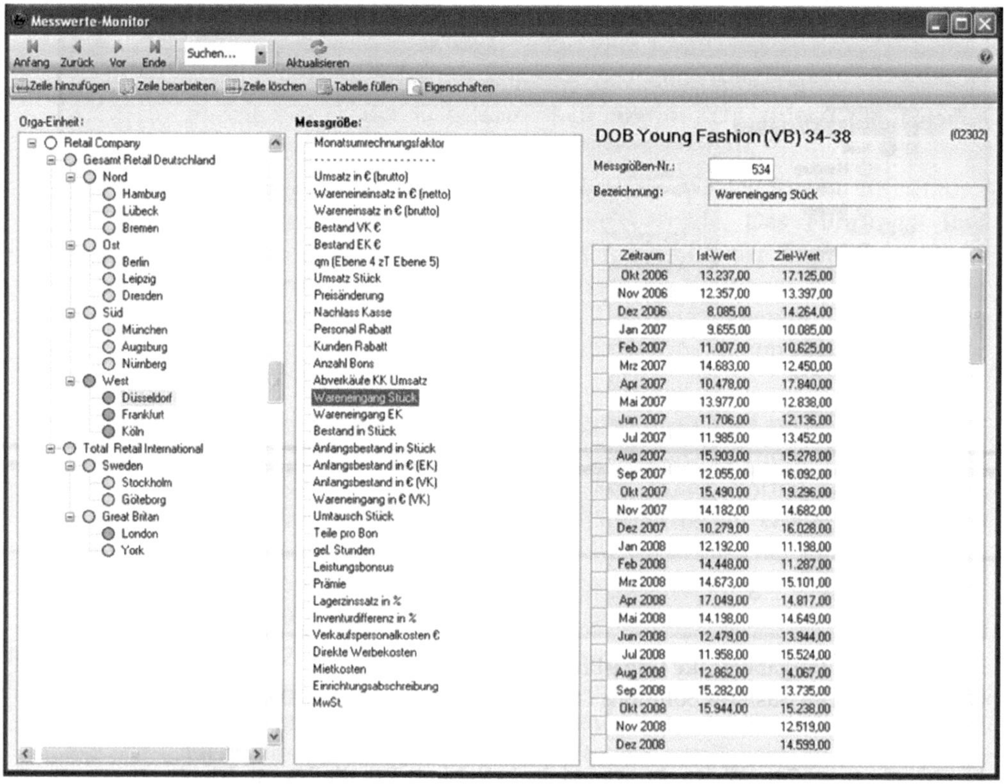

Abbildung 52: Darstellung des Messgrößen-Monitors

Quelle: *ScorePrise Business Solutions GmbH,* Broschüre, 2007, www, Zugriff am 02.12.2007, S. 4

Wie in einem Data Warehouse sind im Messgrößen-Monitor alle importierten Werte für jede Orga-Einheit sichtbar und, wenn nötig, auch korrigierbar.

Eine nicht zu unterschätzende Herausforderung ist die dezentrale Erfassung und Pflege der Messwerte und Maßnahmen. Hierfür stellt ScorePrise ein Messwerte- und Maßnahmenerfassungstool zur Verfügung, das in der Lage ist, eine benutzergruppenspezifische, dezentrale Erfassung und Pflege zu ermöglichen.

Gültigkeitsbereiche

Mit Hilfe von Gültigkeitsbereichen je Messgröße und Kennzahl kann jede Organisationseinheit bzw. -gruppe beliebig differenzierten Berechnungen zugeordnet werden.

Im Gültigkeitsbereich je Messgröße wird für einzelne Orga-Einheiten oder -Gruppen festgelegt, ob diese importiert oder aufsummiert werden sollen. Hierdurch ist es möglich, dass jede Hierarchiestufe separat importierte Werte enthält. Dies ist z. B. notwendig, wenn auf der untersten Hierarchiestufe eine Summe der Werte unvollständig wäre.

Im Gültigkeitsbereich je Kennzahl könnte z. B. ein Deckungsbeitrag, je nachdem, welche Orga-Einheit zugrunde liegt, im Sinne der Kostenzurechenbarkeit bzw. der Kostenverteilung unterschiedlich ermittelt werden. Es sind dadurch auch komplexe Sollwerteberechnungen auf unterschiedlichen Hierarchieebenen möglich.

Kennzahlen

Für jede einzelne Kennzahl können Formeln für den Ist-Wert sowie für den Soll-Wert hinterlegt werden. Diese Formeln basieren auf Messgrößen, Kennzahlen oder auch Konstanten. Es sind sehr komplexe Kennzahlenberechnungen abbildbar. Für bestimmte Berechnungen, wie z. B. Forecasts oder rollierende Kennzahlen bis hin zu Provisionsberechnungen im Sinne von Wann-Dann-Verknüpfungen, sind spezielle Funktionen innerhalb des Formelgernerators hinterlegbar.[21]

Für den Fall, dass mehrere Balanced Scorecards in einem Unternehmen existieren, bietet ScorePrise die Möglichkeit, diese durch die Definition von Abhängigkeiten mit Hilfe eines leistungsstarken Kennzahlengenerators miteinander zu verknüpfen. Damit ist die Konsistenz über verschiedene Organisationseinheiten hinweg sichergestellt.

Ampelwerte

Neben Formeln können für jede Kennzahl Eckdaten speziell für die Ampelwerte festgelegt werden. Hierbei sind auch Optimalitätskriterien möglich. Dies bedeutet, dass für eine Ampelfarbe mehrere Wertebereiche bestimmt werden können. In der Regel ist der Bestand eine Optimumsgröße, da sowohl zu viel als auch zu wenig Bestand negative Auswirkungen auf den Unternehmenserfolg hat.

---

21 ScorePrise Business Solutions GmbH, Benutzerhandbuch, S. 75 ff.

Die Ampelweiterleitung ermöglicht die automatische Berechnung der Ampelfarben für die jeweiligen strategischen Ziele, die jeweilige Perspektive und die jeweilige Organisationseinheit. Des Weiteren kann die Ampelweiterleitung auch in der Organisationshierarchie berücksichtigt werden, um ein übergreifendes Ursache-Wirkungs-Modell von der untersten bis zur obersten Organisationseinheit zu ermöglichen. Damit ist es beispielsweise möglich, ein Frühwarnsystem abzubilden, in dem genau vorbestimmt wird, mit welchem Gewicht die jeweilige Kennzahl berücksichtigt wird, um so auf der Ebene der einzelnen Organisationseinheiten die Interpretierbarkeit der Ampeln zu erhöhen.

Synchronisation

Durch Synchronisation auf Basis der beschriebenen Gültigkeitsbereiche ist ScorePrise in der Lage, sowohl eine Messgrößen-Scorecard (siehe Messgrößen-Monitor) als auch eine Kennzahlen-Scorecard (siehe Erfolgs-Monitor) zu erzeugen. Diese können die Orga-Einheiten und deren Strukturen, die jeweiligen Messgrößen, inklusive möglicher Berechnung, die jeweiligen Kennzahlen, inklusive Formeln für Ist-Werte, Soll-Werte und Ampeln, sowie die Zuordnungen der Messgrößen, der Kennzahlen und der Maßnahmen zu strategischen Zielen und Perspektiven abbilden.

Mit Hilfe dieser Synchronisation und der beschriebenen Orga-, Messgrößen- und Kennzahlengruppen ist es möglich, selbst größere Veränderungen leicht und schnell vorzunehmen sowie letztendlich eine effiziente Pflege der BSC-Anwendung zu ermöglichen.

Erfolgsmonitor

Der Erfolgs-Monitor bietet als Ad-hoc-Analyse einen ständigen Überblick über alle Elemente der Balanced Scorecard. Auf der linken Seite des Fensters hat man stets die Organisationseinheiten mit der zugehörigen BSC bzw. die Kennzahlen, die sich bis auf die Ebene der Maßnahmen herunterbrechen lassen, im Blick. Die Zielerreichung von Kennzahlen wird dabei grafisch durch Ampelfarben dargestellt. Ferner wird durch den Trendpfeil angezeigt, ob sich die Zielerreichung gegenüber der Vorperiode entweder positiv, neutral oder negativ entwickelt hat. Die rechte Seite zeigt den links angezeigten Elementen entsprechend nähere Informationen an (vgl. Abbildung 53).

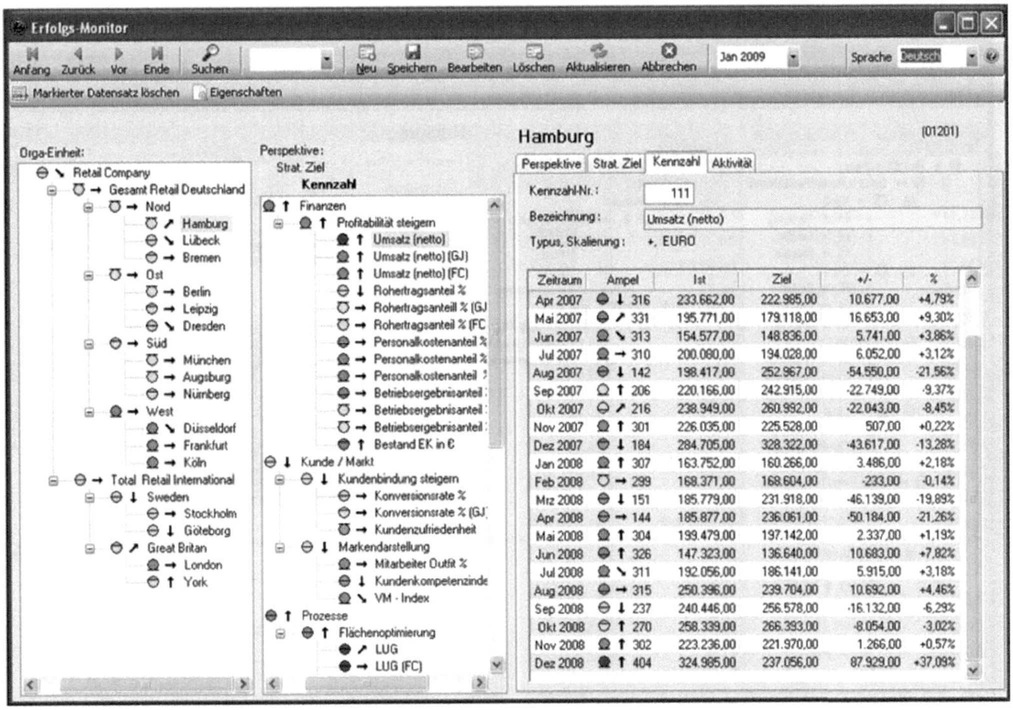

Abbildung 53: Darstellung der Erfolgs-Monitor-Kennzahlen
Quelle: *ScorePrise Business Solutions GmbH,* Broschüre, 2007, www, Zugriff am 02.12.2007, S. 8

Neben der Kontrolle der Zielerreichung ist die Kontrolle der Maßnahmendurchführung wesentlicher Bestandteil der Balanced Scorecard. Diese Kontrolle ist ebenfalls im Sinne einer Ad-hoc-Analyse direkt im Erfolgs-Monitor möglich (vgl. Abbildung 54).

Hierbei wird nicht nur durch eine Ampel der Durchführungsstatus dargestellt, sondern es wird auch die Historie der Maßnahme ersichtlich.

Schwerpunkt einer Balanced Scorecard ist nicht die Ad-hoc-Analyse, sondern das in der Regel monatliche Standard-Reporting. Hierfür bietet ScorePrise vier Grundberichte.

Dezember 2008

RETAIL COMPANY

Hamburg

Aktivitäten

↑ Profitabilität steigern			
✓ Umsatz	Mrz 08	Erledigt	Refiller an Samstagen / leere Regale sofort auffüllen / an Personaleinsatzplan halten
✓ Rohertrag	Nov 08	In Arbeit	Konsequente Sicherung der Ware vornehmen, um Diebstahlquote zu senken.
✓ Personalkosten	Dez 08	Erledigt	Senkung des Personalkostenanteils durch Austausch Vollzeit- in Teilzeitkraft
✓ Bestand	Mai 08	In Arbeit	Schneller Nachkauf von Bestsellern und schnelle Abgabe von Pennern - frühzeitige Kommunikation mit Einkaufsteam
↓ Kundenbindung steigern			
✓ Konversionsrate	Dez 08	In Arbeit	Verkaufsgespräche optimieren, Nebentätigkeiten zurücksetzen.
✓ Kundenzufriedenheit	Jul 08	In Arbeit	Direkte Kundenansprache.
↑ Flächenoptimierung			
✓ LUG	Dez 08	Offen	Warenmanagement optimieren, Schnelles Reagieren auf Sortimentslücken
✓ NOS Anteil	Mai 08	In Arbeit	NOS immer sofort nachsortieren. Keine Grössenlücken entstehen lassen. Sofort Reorder am Lager
↓ Mitarbeiterleistung steigern			
✓ Mitarbeiterstundenumsatz	Dez 08	In Arbeit	Intensive Personaleinsatzplanung betreiben.

Abbildung 55: Organisationseinheiten-Bericht
Quelle: *ScorePrise Business Solutions GmbH,* Broschüre, 2007, www, Zugriff am 02.12.2007, S. 6

Dieser Orga-Bericht ermöglicht in komprimierter Weise eine monatliche Kontrolle der Zielerreichung und der Maßnahmendurchführung für die jeweiligen Verantwortungsbereiche des Unternehmens.

Performanceliste

Der **Bericht der Zielabweichung** ermöglicht den Vergleich unterschiedlicher Organisationseinheiten. Es lassen sich Soll-, Ist- und Vorjahres-Werte bestimmter Kennzahlen verschiedener Organisationseinheiten oder auch die Entwicklung einer Kennzahl für ein definiertes Zeitintervall vergleichend darstellen. Durch diese Berichtsform kann die Zielerreichung für mehrere Einheiten auf einen Blick überwacht werden (vgl. Abbildung 56).

Retail Company Umsatz

RETAIL COMPANY

08.02.2009

Zeitraum	Orga-Bezeichnung	Kennzahl	Ist-Vorjahr	Ist	VJ-Ist/Ist	Ziel	Abw.	0 100 200 300 400 500
Dez 2008	Gesamt Retail Deutschland	Umsatz (netto)	2.780.290,00	2.773.053,00	-0,26%	2.380.430,00	+16,49%	
Dez 2008	Nord	Umsatz (netto)	596.747,00	654.111,00	+9,61%	533.425,00	+22,62%	
Dez 2008	Hamburg	Umsatz (netto)	284.705,00	324.985,00	+14,15%	237.056,00	+37,09%	
Dez 2008	Lübeck	Umsatz (netto)	67.107,00	65.554,00	-2,31%	68.742,00	-4,64%	
Dez 2008	Bremen	Umsatz (netto)	244.935,00	263.572,00	+7,61%	227.627,00	+15,79%	
Dez 2008	Ost	Umsatz (netto)	515.825,00	494.946,00	-4,05%	494.384,00	+0,11%	
Dez 2008	Berlin	Umsatz (netto)	241.864,00	245.163,00	+1,36%	252.350,00	-2,85%	
Dez 2008	Leipzig	Umsatz (netto)	200.523,00	182.840,00	-8,82%	186.414,00	-1,92%	
Dez 2008	Dresden	Umsatz (netto)	73.438,00	66.943,00	-8,84%	55.620,00	+20,36%	
Dez 2008	Süd	Umsatz (netto)	1.023.391,00	995.816,00	-2,69%	845.161,00	+17,83%	
Dez 2008	München	Umsatz (netto)	571.037,00	553.722,00	-3,03%	462.176,00	+19,81%	
Dez 2008	Augsburg	Umsatz (netto)	167.705,00	161.190,00	-3,88%	124.886,00	+29,07%	
Dez 2008	Nürnberg	Umsatz (netto)	284.649,00	280.904,00	-1,32%	258.099,00	+8,84%	
Dez 2008	West	Umsatz (netto)	644.327,00	628.180,00	-2,51%	507.460,00	+23,79%	
Dez 2008	Düsseldorf	Umsatz (netto)	81.917,00	83.018,00	+1,34%	78.763,00	+5,40%	
Dez 2008	Frankfurt	Umsatz (netto)	322.005,00	298.174,00	-7,40%	227.514,00	+31,06%	
Dez 2008	Köln	Umsatz (netto)	240.405,00	246.988,00	+2,74%	201.183,00	+22,77%	

Abbildung 56: Bericht der Zielabweichung

Quelle: *ScorePrise Business Solutions GmbH*, Broschüre, 2007, www, Zugriff am 02.12.2007, S. 6

Im Sinne des Performance-Vergleichs bzw. des Zeitvergleichs ist ScorePrise in der Lage, mit Hilfe der so genannten „Performance-Liste" die Zielerreichung beliebiger Organisationseinheiten bzw. Zeiträume gegenüberzustellen, um so die Grundlage für eine Diskussion über Unterschiede in der Zielerreichung zu bieten.

Kennzahlenmatrix

Bei der **Kennzahlenmatrix** handelt es sich um eine mehrdimensionale Matrix, die beliebige Kennzahlen und Messgrößen verschiedener Organisationseinheiten darstellt und damit vergleichbar macht. Durch diese Matrix besteht die Möglichkeit, die Zielerreichung mehrerer Kennzahlen verschiedener Einheiten zu beobachten.

Retail Company Finanzmatrix **Dezember 2008**

RETAIL COMPANY

24.04.2009

Orga	Umsatz netto IST (GJ)	Rohertrag IST (GJ)	Personalkosten IST (GJ)	Umsatz netto IST	Rohertrag IST	Personalkosten IST
Hamburg	2.540.039,00	47,26	12,06	324.985,00	41,57	9,01
Lübeck	640.384,00	46,62	22,11	65.554,00	47,46	17,60
Bremen	2.245.642,00	46,95	15,27	263.572,00	49,19	9,51
Berlin	2.569.906,00	48,52	21,82	245.163,00	48,07	16,07
Leipzig	1.869.646,00	48,66	15,01	182.840,00	51,60	8,50
Dresden	586.612,00	46,98	22,16	66.943,00	50,41	13,42
München	5.466.675,00	46,51	17,84	553.722,00	48,37	14,70
Augsburg	1.437.514,00	48,15	13,81	161.190,00	50,81	9,64
Nürnberg	2.353.847,00	47,01	15,31	280.904,00	50,34	8,24
Düsseldorf	984.813,00	51,21	14,97	83.018,00	52,55	14,46
Frankfurt	2.990.506,00	49,12	13,35	298.174,00	50,41	10,42
Köln	2.090.890,00	25,95	16,22	246.988,00	-130,92	11,43
Stockholm	1.310.428,46	48,04	23,19	77.331,43	43,36	22,06
Göteborg	1.324.505,60	50,81	12,29	100.326,27	49,57	27,66
London	1.669.414,32	53,70	12,65	108.120,60	45,97	15,01
York	883.958,04	49,37	23,65	91.711,62	48,85	17,53

Abbildung 57: Bericht Kennzahlenmatrix
Quelle: *ScorePrise Business Solutions GmbH*, Broschüre, 2007, www, Zugriff am 02.12.2007, S. 9

Die Kennzahlenmatrix ermöglicht den Zugriff auf alle Messgrößen und Kennzahlen, die innerhalb von ScorePrise gespeichert wurden. Durch den Export in eine Tabellenkalkulation können diese Werte weiter aufbereitet werden.

Aktivitäten-Protokoll

Das **Aktivitäten-Protokoll** ist in der Lage, für bestimmte Orga-Einheiten und Aktivitätengruppen für einen Berichtsmonat den jeweiligen Status der einzelnen Aktivitäten aufzulisten, um so einen Überblick über alle Aktivitäten und deren Durchführungsstatus zu bekommen.

RC Aktivitätenreport international

Retail Company

Zeitraum	Orga-Bezeichnung	Strat. Ziel	Aktivität	Info	Start	Ende-Datum	Status
Dez 2008	Hamburg	Profitabilität steigern	Umsatz	Refiller an Samstagen / leere Regale sofort auffüllen / an Personaleinsatzplan halten	Dez 2007	Mrz 2008	Erledigt
Dez 2008	Lübeck	Profitabilität steigern	Bestand	Schneller Nachkauf von Bestsellern und schnelle Abgabe von Pennern - frühzeitige Kommunikation mit Einkaufsteam	Feb 2007	Mai 2008	In Arbeit
Dez 2008	Bremen	Profitabilität steigern	Rohertrag	Konsequente Sicherung der Ware vornehmen, um Diebstahlquote zu senken	Feb 2008	Nov 2008	In Arbeit
Dez 2008	Berlin	Profitabilität steigern	Personalkosten	Senkung des Personalkostenanteils durch Austausch Vollzeit- in Teilzeitkraft	Mai 2008	Dez 2008	In Arbeit
Dez 2008	Leipzig	Kundenbindung steigern	Konversionsrate	Verkaufsgespräche optimieren, Nebentätigkeiten zurücksetzen	Aug 2008	Dez 2008	In Arbeit
Dez 2008	Dresden	Flächenoptimierung	LUG	Warenmangement intensivieren. Schnelles Reagieren auf Sortimentslücken. Penner abgeben.	Jan 2008	Dez 2008	In Arbeit
Dez 2008	München	Flächenoptimierung	NOS Anteil	NOS immer sofort nachsortieren. Keine Grössenlücken entstehen lassen. Sofort Reorder am Lager.	Nov 2007	Mai 2008	In Arbeit
Dez 2008	Augsburg	Profitabilität steigern	Umsatz	Verstärkte Kundenansprache. Jeden Morgen Teambesprechung. In Stosszeiten keine Nebentätigkeiten	Aug 2007	Mai 2008	In Arbeit
Dez 2008	Nürnberg	Profitabilität steigern	Personalkosten	Senkung der Personalkosten durch Austausch von 2 VK Kräften	Mai 2008	Dez 2008	In Arbeit
Dez 2008	Düsseldorf	Mitarbeiterleistung steigern	Mitarbeiterstundenumstz	Intensive Personaleinsatzplanung betreiben. An frequenzstarken Tagen andere Einteilung vornehmen als an schwachen Tagen	Mai 2008	Dez 2008	In Arbeit
Dez 2008	Frankfurt	Kundenbindung steigern	Kundenzufriedenheit	Direkte Kundenansprche. Stammkunden binden. Getränke anbieten	Dez 2007	Dez 2008	In Arbeit
Dez 2008	Köln	Mitarbeiterleistung steigern	Teile / Bon	Outfitvorschläge beim Morgenmeeting präsentieren. Mehr Zusatzverkäufe anbieten	Dez 2007	Jul 2008	In Arbeit

Abbildung 58: Aktivitäten-Protokoll

Quelle: *ScorePrise Business Solutions GmbH*, Broschüre, 2007, www, Zugriff am 02.12.2007, S. 10

SAP SEM ist unabhängig von SAP R/3 einsetzbar und deshalb nicht diesem ERP-System zugehörig. Es besteht aus den fünf Komponenten Business Planning and Simulation® (SEM-BPS®), Corporate Performance Monitor (SEM-CPM®), Stakeholder Relationship Management (SEM-SRM®), Business Consolidation (SEM-BCS®) sowie Business Information Collection (SEM-BIC®). Damit deckt SEM die Prozesse der Unternehmenssteuerung wie Konsolidierung, Finanzplanung oder Reporting sowie die Umsetzung und Entwicklung der Unternehmensstrategie ab.[24]

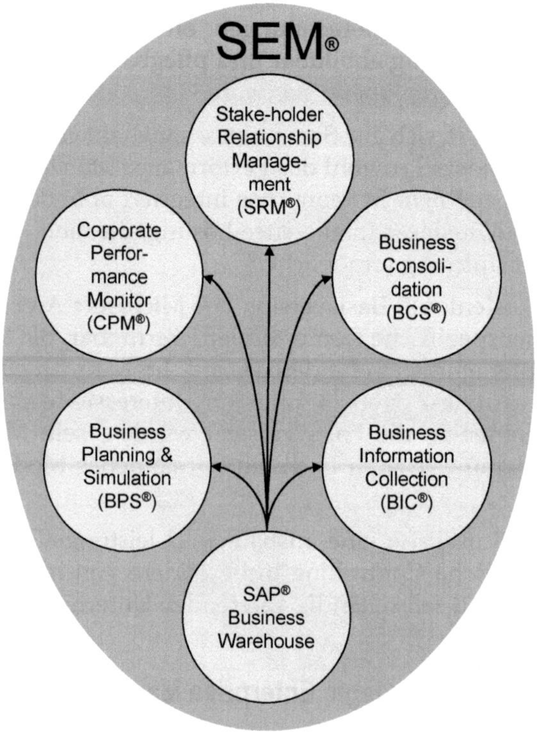

Abbildung 60: Komponenten von SAP SEM
Quelle: *SAP AG*, Help-Portal, 2005, www, Zugriff am 23.11.2005

24 *SAP AG*, Help-Portal, 2005, www, Zugriff am 23.11.2005.

SAP BW®

Die technische Grundlage der SEM-Komponenten bietet das Business Information Warehouse (SAP BW®). Es stellt die Data Warehouse-Funktionalität sowie flexible Reporting- und Analysewerkzeuge für Datenauswertungen und Verteilung der Informationen zur Verfügung. Ziel ist es, die Unternehmen bei Entscheidungen zu unterstützen und zu ermöglichen, zielgerichtete Aktionen abzuleiten. Die Realisierung erfolgt über einen OLAP-Prozessor.[25] Durch das SAP BW greifen alle Komponenten auf dieselben Daten zu. Diese „[...] Integration der Meta- und Anwendungsdaten aller SAP SEM-Komponenten in einer einheitlichen Datenbasis“[26] ist das wesentliche Merkmal von SAP SEM.

Der Vollständigkeit halber soll erwähnt werden, dass SAP BW dem R/3-System nützen kann, jedoch ebenfalls dem ERP-System nicht angehört. Vielmehr wird es SAP NetWeaver® zugerechnet, einer serviceorientierten Anwendungs- und Integrationsplattform, durch die Personen, Informationen und Prozesse integriert werden sollen. In der Praxis wird NetWeaver unter anderem dafür genutzt, eine zentrale und konsistente Datenbasis aller im Unternehmen anfallenden Daten zu schaffen.[27]

Die folgende Abbildung 61 zeigt eine Übersicht über SAP SEM mit allen verbundenen Komponenten.

Management Cockpit®

In ihrer Gesamtheit bietet SAP SEM Werkzeuge und Prozesse, die bei der Einführung und Umsetzung der Unternehmensstrategie unterstützen. Ein fortwährender Echtzeit-Überblick über die wesentlichen Leistungsindikatoren hilft den Wert des Unternehmens ständig beurteilen und steigern zu können.[28] Zu diesem Zweck liefert das Management Cockpit eine leistungsstarke Plattform, das dem User die Möglichkeit gibt, sich ohne großen Einarbeitungsaufwand Informationen in grafischer, verbaler und nummerischer Form anzeigen zu lassen und an weitere Personen übermitteln zu können. Vordefinierte, aber trotzdem anpassungsfähige Strukturen unterstützen dabei (vgl. Abbildung 62).

---

25 Vgl. *SAP AG*, Help-Portal, 2005, www, Zugriff am 23.11.2005.

26 Vgl. ebd.

27 Vgl. *SAP AG*, Help-Portal, 2005, www, Zugriff am 23.11.2005.

28 Vgl. *SAP AG*, SAP, 2004, www, Zugriff am 23.11.2005, S. 5.

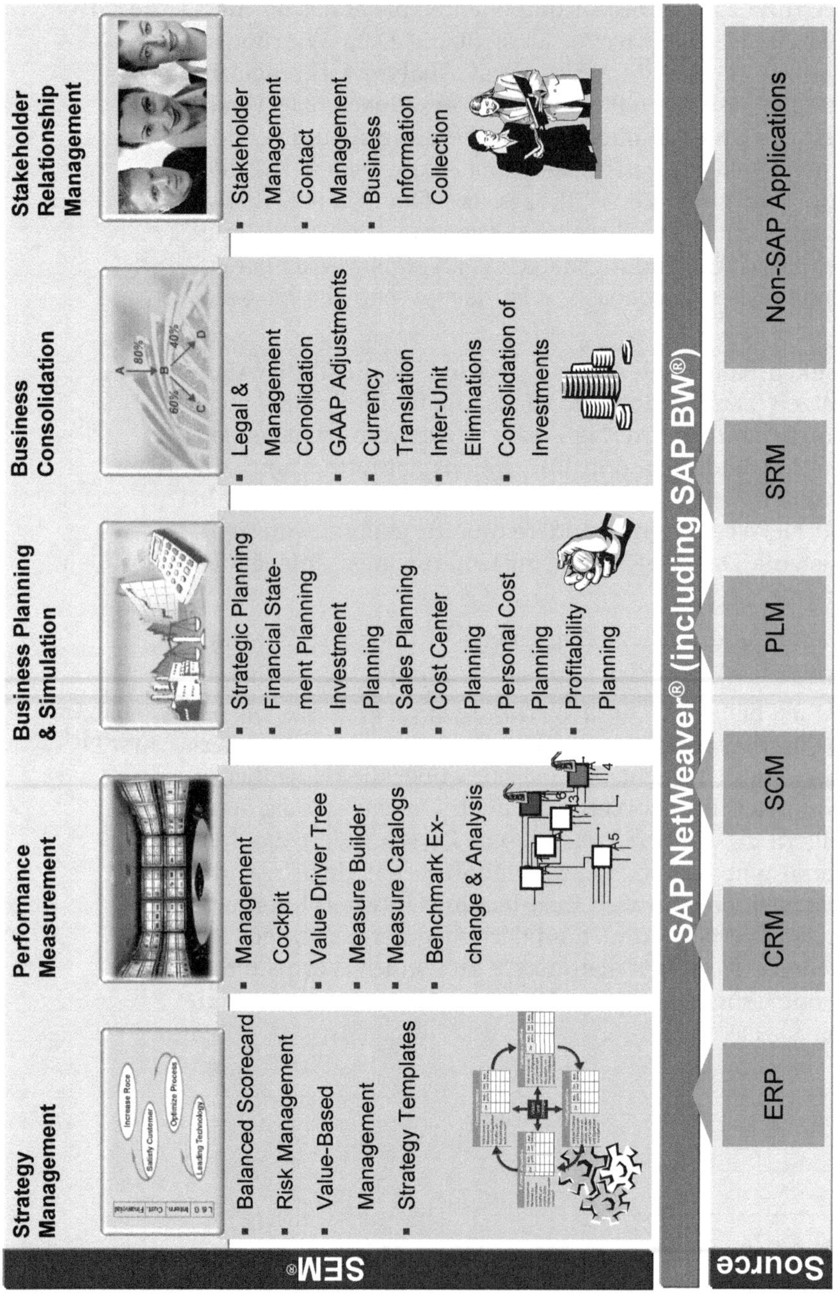

Abbildung 61: Überblick über SAP SEM
Quelle: *Fleckenstein, T.*, SEM, 2004, www, Zugriff am 21.11.2005, S. 4

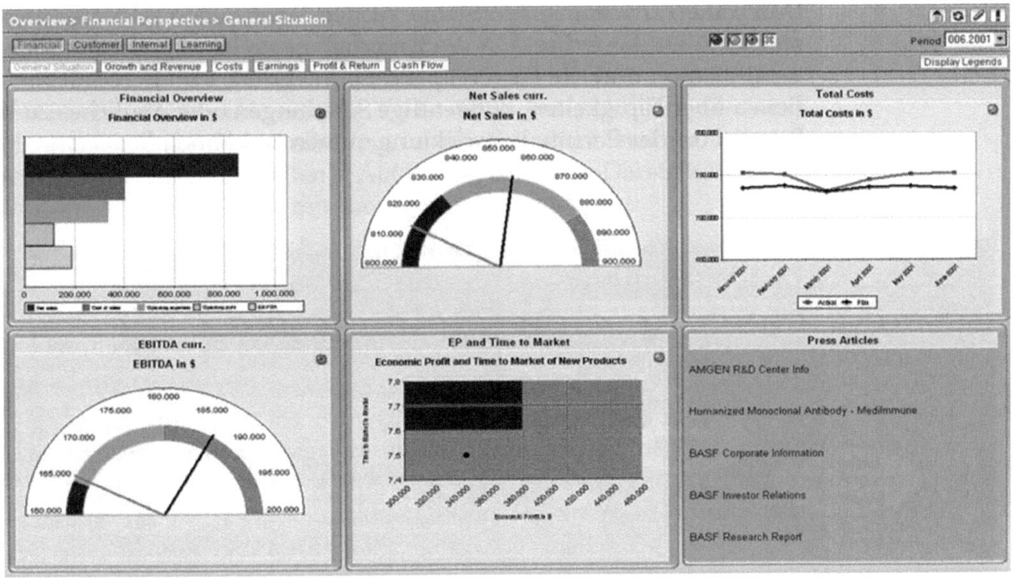

Abbildung 62: Möglichkeit einer Darstellung von Kennzahlen durch das Management Cockpit
Quelle: *Fleckenstein, T.*, SEM, 2004, www, Zugriff am 21.11.2005, S. 11

SEM CPM

Zur Umsetzung der Balanced Scorecard dient das Modul SEM CPM. Da es sich bei SAP SEM um eine durch die BSCol zertifizierte Software handelt, muss nicht näher beschrieben werden, dass die Möglichkeit der Strukturierung der Strategie durch Perspektiven gegeben und die Zuweisung von Zielen, Kennzahlen und Maßnahmen möglich ist.

Bei ihrer Zuweisung werden den Elementen Zeitintervalle und verantwortliche Personen, die Modifizierungen vornehmen dürfen, zugeordnet.[29]

Kennzahlen und Messgrößen können mit Hilfe branchenspezifischer Key Performance Indicators (KPI)-Kataloge ausgewählt und automatisch durch entsprechende Daten aus externen Quellen oder dem ERP-System gefüllt werden. Mit dem KPI-Builder kann der Katalog individuell durch weitere Kennzahlen erweitert werden.[30]

---

29 Vgl. *Preuss, Peter,* Scorecard-Systeme, 2003, S. 156.

30 Vgl. *SAP AG,* Strategien, 1999, S. 15.

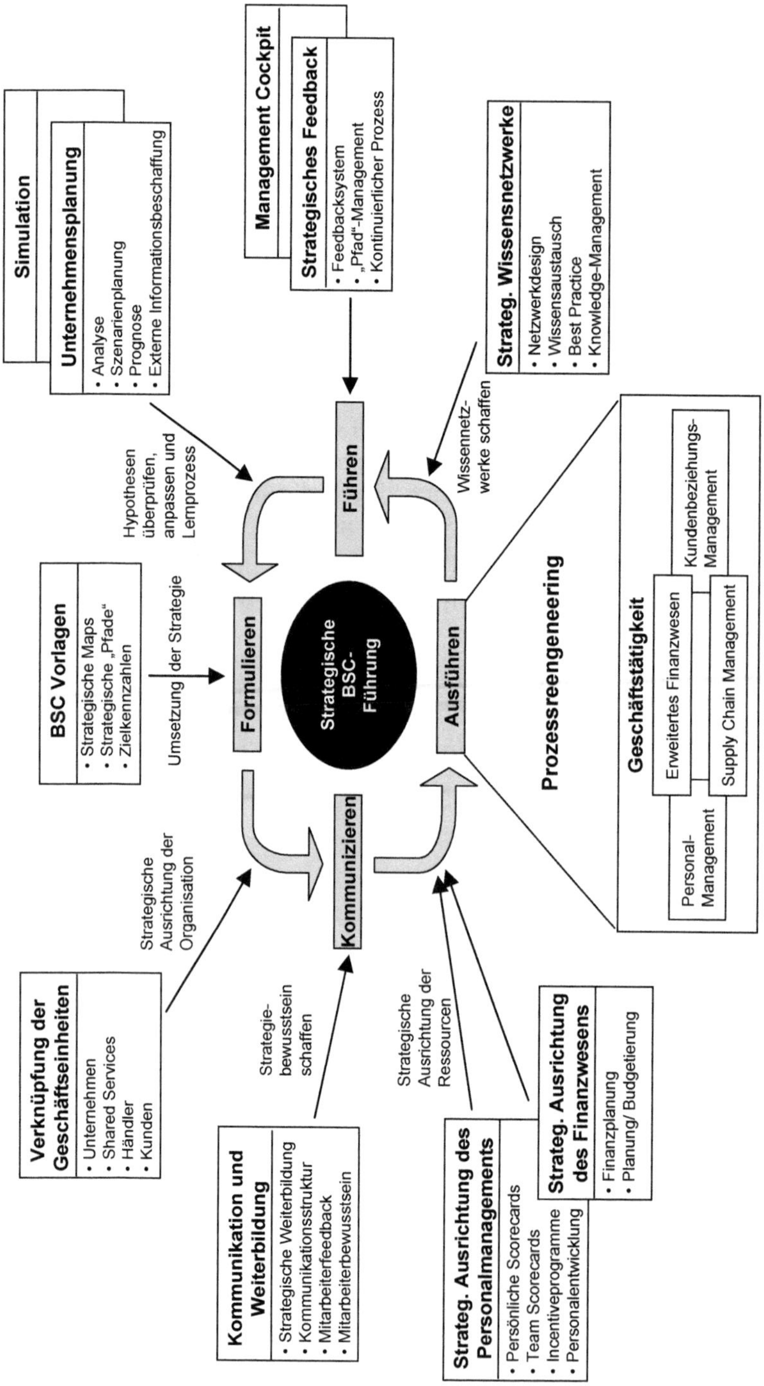

Abbildung 64: Der SAP-Ansatz zur Balanced Scorecard in der strategischen Unternehmensführung
Quelle: SAP AG, Strategien, 1999, S. 36

4.4.4 Das SAP Strategy Management®: Die Umsetzung im Gesamtunternehmen

Ziele, Maßnahmen und Meßgrößen

Das SAP Strategy Management integriert alle drei Säulen des Strategie-Managements: Ziele, Maßnahmen, Messgrößen. Nur wenn diese Elemente aufeinander abgestimmt sind, kann das Unternehmen die Entscheidungsfindung verfeinern und seine Ziele erreichen, und zwar die kurz- und die langfristigen. Hier die Begründung:

- **Ziele:** Während die meisten Unternehmen Ziele und Vorgaben entwickelt und einige sie in einen strategischen Plan gefasst haben, verstehen zu oft nur wenige Auserwählte genau, was die Ziele bedeuten und wie sie davon betroffen sind. Um die Performance zu verbessern, müssen mehr Akteure in die Ziel-setzung einbezogen werden, die auf mehr Dialog basieren, häufiger angepasst werden und ausdrücklich an unternehmerische Maßnahmen und Initiativen gebunden sein.
- **Maßnahmen:** Allzu oft sind Manager und Mitarbeiter mit einem Projekt betraut, ohne wirklich von dessen Bedeutung in größerem Rahmen zu kennen. Folglich neigen sie dazu, Projekte mit der größten politischen Bedeutung oder jene, die den größten Rückstand aufweisen, zu bevorzugen. Projektteilnehmer brauchen einen besseren Einblick in die strategische Bedeutung von Projekten, so dass sie eine fundierte Wahl treffen können, welches Projekt anderen vorzuziehen ist.
- **Messgrößen:** Mit der jüngsten Ausuferung von Dashboards and Scorecards sind die Unternehmen vom Ertrinken in Daten zum Ertrinken in Messgrößen gelangt. Die meisten enden bei hunderten oder tausenden statischen Größen, die monatlich, wöchentlich oder gar täglich angepasst werden. Neben der Belegung von Betriebsmitteln werden die Messgrößen oft als nicht verlässlich angesehen und weithin als bedeutungslos, weil nur Experten verstehen, was sie aussagen und wie sie zu nutzen sind. Unternehmen brauchen Messgrößen, denen jeder vertraut, vervollständigt mit Aufschlüsselungsfunktionen (Drill-Down) und mit der Fähigkeit, personalisierte, wiederherstellbare Abfragen zu erstellen, die für jeden einzelnen Nutzer relevant sind.

Das SAP Strategy Management ist eine ganzheitliche Lösung, das dem Unternehmen erlaubt, die strategische Planung mit Aufgaben, Budgets, Maßnahmen, Geschäftsziele und Personal zu verbinden. Es ist die einzige betriebliche Performance-Management-Lösung, die sowohl Belange des Unternehmens als auch einzelner Nutzer berücksichtigt. Sie verschafft den Führungskräften die Mittel, Ziele, Maßnahmen und Messgrößen zu kommunizieren und zu managen, d. h. von der anfänglichen Definition bis zur vollständigen Umsetzung. Weil es die Software dem Management erlaubt, die Strategie bis hin zu Initiativen und Aufgaben zu verfeinern, versorgt sie alle Mitarbeiter mit umsetzbaren Plänen, die sie nachvollziehen können. Sie sind in der Lage, ihr gemeinsames Knowhow vorteilhaft einzusetzen, fundierte kurzfristige Entscheidungen zu treffen, die der Strategie dienen, zielgerichtet zusammenzuarbeiten und genau zu verstehen, wie sie dem Geschäft Nutzen bringen können. Die Unternehmensführung kann darauf vertrauen, dass die im SAP Strategy Management definierten Strategien von den Führungskräften und den Informationsträgern umgesetzt werden

4.4.4.1 Lösung der Herausforderungen des Strategiemanagements und deren Umsetzung

SAP Strategy Management hilft bei der Lösung der zugrunde liegenden Herausforderungen des Strategiemanagements und dessen Umsetzung, indem es wie folgt die Brücke zwischen operativer Anpassung und unternehmerischer Flexibilität baut:

Genaue Dashboards, Scorecards und Berichte für die betrieblichen Nutzer

SAP NetWeaver Platform

Durch den wirksamen Einsatz der SAP NetWeaver Platform stellt das SAP Strategy Management Daten aus SAP- und Nicht-SAP-Systemen zusammen. So kann man sich innerhalb geschäftsrelevanter Informationen bewegen ohne Rücksicht auf deren Herkunft. Damit erhalten betriebliche Nutzer Zugang zu den benötigten Daten, den Situationen angepasst und personenbezogen ohne Einbeziehung der IT. Da die Software Transparenz über alle geschäftsrelevanten Daten des Gesamtunternehmens verschafft, können die Akteure den Daten hinter dem Berichtsinstrumentarium trauen und sie auch auf beliebige Detailstufen aufschlüsseln.

Verknüpfung von Strategien, Zielen, Maßnahmen, Messgrößen und Aufgaben zur Durchführung auf allen Ebenen

Strategieverbindung

Das SAP Strategy Management unterstützt hergebrachte BI Berichtsfunktionen, indem es sie mit gezielter Mitwirkung umgibt; mit Strategie-, Maßnahmen- und Ressourcenplanung; mit Verknüpfung zu Budgetierung und Entwicklungsfortschritt und anderes mehr.

Diese zusätzlichen Funktionen verbinden Strategien mit spezifischen Zielen und Maßnahmen und verschaffen dringend benötigte Strukturen sowie die Übersicht bei der Durchführung. Damit sind im SAP Strategy Management bei gegebener Maßnahme alle Rollen, grundlegenden Messgrößen und Faktoren, die in die Ziele und Schritte für eine Initiative einfließen, enthalten. Das erlaubt dem Management, aktuell Fortschritt und Hindernisse zu erkennen, und anderen Abteilungen über laufende Initiativen durch das gesamte Unternehmen auf dem Laufenden zu bleiben.

Flexibilität und Selbstbedienung für betriebliche Nutzer

Das SAP Strategy Management ist ein offenes System. Die IT stellt nur den direkten Zugang zu den strukturierten Daten mittels einmaliger Verbindung zu Kernbereichen des betrieblichen Systems her. Nutzer aktivieren dann Selbstbedienungsfunktionen, um unstrukturierte Daten manuell je nach Bedarf zu importieren oder anzureichern.

Vermeidung von Arbeit – und Ungereimtheiten – bei der Vorbereitung betrieblicher Überprüfungen

Strukturiertes Berichtswesen

Mit SAP Strategy Management ist alles Erforderliche zur Erstellung jeglicher Art von geschäftlichen Berichten zentralisiert, als richtig gekennzeichnet und zur Veröffentlichung sofort verfügbar. Dies spart nicht nur wertvolle und kostenintensive Vorbereitungen von Zuarbeitern im Gesamtunternehmen, sondern erlaubt dem Management auch die Definition eines strukturierteren, stetigen Prozesses der Berichtsbereitung.

Förderung größerer Zusammenarbeit und Teamwork

Unternehmenstransparenz

Das SAP Strategy Management hilft beim Bau einer aktiven Gemeinschaft von Performance-Management-Nutzern, indem es nicht nur einseitige Kommunikation fördert sondern auch die Zusammenarbeit. So kann z. B. der Verkaufsdirektor dem Marketingdirektor direkten Zugang zu laufenden Daten gewähren, um mit ihm zusammen an Maßnahmen zur Erreichung von Umsatzzielen zu arbeiten. Gleichzeitig erhöht die Software die Transparenz des Gesamtunternehmens, was z. B. den Verkauf davor bewahrt, in Unkenntnis über laufende Marketingmaßnahmen zu sein. Nutzer können sich beliebig und regelmäßig über Maßnahmen in anderen Abteilungen informieren lassen, um ihnen zu helfen, effektiver zusammenarbeiten.

Home: Informationen dem Mitarbeiter direkt zur Verfügung stellen

Personalisierter Zugang

Die Anwendung des SAP Strategy Managements bietet eine vertraute, benutzerfreundliche Oberfläche. Sie fördert die Akzeptanz und minimiert Anlaufzeiten. Die Home-Oberfläche ermöglicht den Mitarbeitern einen personalisierten Zugang eigenem Einstieg in das SAP Strategy Management. Von der Home-Seite aus erreichen die Nutzer eigene Kästchen (die automatisch erscheinen, wenn vorgegebene Schwellenwerte erreicht werden) und sehen gleichzeitig, welche Geschäftsinformation sich gerade geändert hat. Alles, was sie für die Fertigung von betrieblicher Analysen benötigen, ist schnell abrufbar.

Die folgenden Schlüsselmerkmale ermöglichen diese Funktionsweise:

- **Personbezogene Zusammenfassung der Geschäftsentwicklung:** Das SAP Strategy Management ermöglicht den Mitarbeitern, die für sie wichtigen Vorgaben, Maßnahmen und KPI zu verfolgen.
- **Personenbezogene Lesezeichen:** Die Software ermöglicht jedem Mitarbeiter, im Antrag jede Seite für einen schnellen Zugang zur Home-Seite zu markieren.
- **Regelmäßiger Bezug von Hinweisen:** Mitarbeiter können Benachrichtigungen „abonnieren", um sofortige Hinweise zu relevanten Zielen, Maßnahmen und Größen zu erhalten. Ein Call Center-Manager kann z. B. Hinweise zu allen neuen Marketing-Maßnahmen abonnieren, die eine Steigerung der Anrufe bewirken werden, eine Information, die der Manager braucht, um das Personal aufzustocken. Die Software archiviert diese Hinweise in einer umfangreichen Ablage, was Bedenken zu verlorenen oder falsch abgelegten E-Mails ausschließt.
- **Integrierte geschäftliche Analysen:** Das SAP Strategy Management bietet auf Knopfdruck Zugang zu veröffentlichten geschäftlichen Berichten, einmalig oder auf Dauer.

Formalisierte Berichte

Geschäftliche Berichte sind ein wesentlicher Teil des Performance Managements. Normalerweise wünscht die Unternehmensführung die Berichte wöchentlich, monatlich und vierteljährlich. Die Realität zeigt jedoch, dass die Mitarbeiter oft Monate brauchen, um die Daten zu besorgen. Dadurch wird die Häufigkeit gewöhnlich von den Möglichkeiten statt von den Geschäftserfordernissen bestimmt.

Ohne die richtigen Tools verlassen sich die Mitarbeiter erfahrungsgemäß auf die Excel-Tabellen von Microsoft, Microsoft Access-Dateien und andere drittseitige Nachforschungen, um Daten von ganz verschiedenen Systemen zu sammeln und sie dann für die Berichterstattung zu bearbeiten. Verkomplizierend ist weiterhin, dass Analysten oftmals nach Gutdünken entscheiden, welche Daten sie berücksichtigen, was zu konfliktbeladenen Berichten führt. Monatliche Berichte können einige Wochen der Bereitung in Anspruch nehmen und Dutzende Mitarbeiter verschiedener Bereiche binden, und am Ende kommt keine einzige Version unternehmerischer Wahrheit dabei heraus.

Informationsverteilung

Das SAP Strategy Management vereinfacht und formalisiert den Prozess der Bearbeitung, Sammlung und Verteilung von Informationen für unternehmerische Zwecke. Da Nutzer Strategien mit bestimmten Zielen und Maßnahmen verknüpfen können, um diese dann mit allen Messgrößen, Aktivitäten, dem Personal, Budget und anderen maßnahmenrelevanten Daten in Beziehung zu setzen, können alle Daten zu hochgradigen Berichten mit den Möglichkeiten von Abstrahierungen zusammengestellt werden. Alles ist in einem einzigen System von Aufzeichnungen festgehalten, so dass die Bereitung von Berichten aus dem Unternehmen allein eine Sache der Schaffung von Adobe PDFs relevanter Oberflächen im Rahmen des SAP Strategy Managements ist. Die IT-Abteilung braucht nicht mit Berichtswünschen behelligt zu werden.

Datengenauigkeit

Durch die Vereinfachung und Standardisierung der Bereitung von Berichten und Analysen kann das SAP Strategy Management dem Unternehmen jedes Jahr tausende von Arbeitsstunden für die Sammlung von Daten und das Reporting ersparen. Auch können die Entscheidungsträger klare Anforderungen an das Reporting während einer Berichtserstellung formulieren. Weil das gesamte unternehmerische Reporting aus derselben vertrauenswürdigen Quelle gespeist wird, nämlich dem SAP Strategy Management und nicht irgendeiner Zahlenzusammenstellung, sind Bedenken über Datengenauigkeit und deren Gültigkeit verschwindend gering. Schlüsselmerkmale, die diese Funktion ermöglichen, sind folgende:

- **Benutzergesteuerte Berichtserstellung:** Im Rahmen des SAP Strategy Managements können alle Mitarbeiter auf jeder Stufe spezifische Informationen abrufen und umgehend für unterschiedliche Empfänger maßgeschneiderte „briefing books" abgeben. Während z. B. Führungskräfte allein an den Seiten über Maßnahmen, Ziele, Ressourcen und Teamerfolg interessiert sein könnten, benötigen Projektmanager Seiten, die zusätzliche Detailebenen bieten, damit die Mitglieder eines Teams Eventualitäten, Abhängigkeiten und anderes diskutieren können.
- **Sofortiger Zugriff zur Unterstützung betrieblicher Berichte:** Während der Berichtsphase können Mitarbeiter über die Daten im „Briefing Book" durch sofortigen Zugriff auf die jüngsten Entwicklungszahlen hinausgehen.

- **Anmerkungen:** Die Mitarbeiter können während der Berichtserstellung Anmerkungen machen, um Schlüsselpunkte herauszufiltern und sicherzustellen, dass jene, die mit den Ergebnissen weniger vertraut sind, den Gehalt der Performance Daten begreifen.
- **Übertragung ins Adobe PDF-Format:** Die Software ermöglicht den Mitarbeitern, das Berichtsmaterial als Adobe PDF zu speichern. Damit erhalten sie die Flexibilität zur Weitergabe an andere Schlüsselfiguren im Unternehmen zusätzlich zu den SAP Strategy Management-Nutzern. Betriebliche Übersichten können leicht gedruckt, per E-Mail verschickt, als Slide Show auf dem Bildschirm betrachtet oder auf einer Web-Seite veröffentlicht werden.

Strategie: Ihre Verdeutlichung bei den Mitarbeitern auf allen Ebenen

Mitarbeitersteuerung

Das Management von Zielen erfordert mehr als die einfache Offenlegung von laufenden Vorgaben; damit verbunden ist die Motivierung der Mitarbeiter zur Ausführung. Wird es versäumt, dabei die Akteure an ihrer Rolle zu interessieren und ihnen die Bedeutung ihres Beitrages bewusst zu machen, wird eine Armee von Mitarbeitern mit ganz verschiedenen Vorstellungen arbeiten und wenig zu den betrieblichen Vorgaben beitragen.

Strategiepuzzle

Die großrahmige Darstellung der wesentlichen kurz- und langfristigen Ziele des Unternehmens erweisen sich als wichtiger Motivationsaspekt. So kann z. B. die Vorgehensweise und der Strategieplan den Akteuren erheblich dabei helfen, das gesamte Puzzle, wie sich das Unternehmen die Verwirklichung seiner Visionen denkt, zusammenzusetzen. Entwicklungsschritte bieten dabei einen ausgezeichneten Fahrplan für das Management, einen systematischen Weg zu deren Erreichung zu beschreiben. Strategiepläne zeigen die Beziehung auf zwischen diversen strategischen Vorgaben und wie sie das Unternehmen in die Lage versetzen, seine Gesamtaufgabe zu erfüllen – ein Schritt auf dem Wege zur Vision des Unternehmens.

Strategieumsetzung

Das SAP Strategy Management unterstützt den Prozess der Strategieentwicklung, indem es schriftliche, typischerweise statische und unzugängliche Pläne des Managements in lebendige Strategiedokumente umsetzt, brauchbar für Diskussionen in der Belegschaft, deren Anteilnahme und deren Anpassung ihrer Ziele. Diese Dokumente können auch reichhaltige, textabhängige Schaubilder enthalten, die zum größeren Verständnis strategischer Vorgaben im Gesamtunternehmen führen.

Die folgenden Ausstattungsmerkmale machen diese Funktionsweise möglich:

- **Entwicklungsschritte:** Das Merkmal der Entwicklungsschritte, das erste seiner Art in der Softwareindustrie, stellt anschaulich die fortschreitenden Stadien bei der Verwirklichung der langfristigen Unternehmensvision dar und trägt zu jedermanns Verständnis der Phasen bei, in denen bestimmte Vorgaben eine vorrangige Rolle spielen.
- **Interaktive Zieldiagramme mit optionalem Scoring:** Statt sich auf statische Diagramme verlassen zu müssen, erlaubt das SAP Strategy Management den Nutzern, interaktive Zieldiagramme zu entwickeln, die sofortigen Zugang zu umfassenderen Informationen bieten, wie detaillierte Beschreibungen und unterstützende Maßnahmen. So erhalten für die Mitarbeiter ein größeres Verständnis für die Unternehmensziele. Die Software erlaubt den Nutzern auch, einzelnen Elementen des Zieldiagramms Wertungen zu verleihen, so dass sie in eine hergebrachte Performance Scorecard übertragen werden können.
- **Zieldiagramme, die von der Software entwickelt und vom Nutzer geschaffen werden:** Das SAP Strategy Management bietet unzählige Möglichkeiten, operative Daten zu visualisieren, d. h. von Strategiekarten und Verlaufsdiagrammen bis hin zu Zielzusammenfassungen. Diese Flexibilität erlaubt den Nutzern, verschiedene Ansätze auszuprobieren und dann jenes Format zu wählen, das ihnen am besten liegt und am anschaulichsten ist. Während sie von einem Format zum anderen schalten, verlieren diese Diagramme nicht ihre Interaktivität (z. B. die Drill-Down-Funktion) oder unterstützende Dokumentierung (wie zugehörige Unterlagen). Nutzer können auch bestehende Grafiken importieren und einen Diagramm-Manager benutzen, um auf leichte Art neue Visualisierungen auf einer Seite zu schaffen.
- **Ursache und Wirkung:** Mit dem SAP Strategy Management erhalten die Nutzer ein besseres Verständnis dafür, welche Vorgaben bei der Erfüllung anderer Vorgaben erstrangige, zweitrangige oder drittrangige Bedeutung haben.

Maßnahmen: Die Verbindung von Maßnahmen mit dem Tagesgeschäft

Strategische Ziele und Betriebsprozesse

Normalerweise werden die großrahmigen strategischen Ziele von der Unternehmensleitung definiert, z. B. Umsatzausweitung in Südamerika. Dabei kann die Unternehmensleitung bestimmte Benchmarks zur Messung des Geschäfts bei bestehenden Vorgaben definieren,

zu Betriebsdaten benötigt und wie sie verwendet werden. Folglich erhalten die Abteilungen unangemessene Detailgrade und mangelhafte Verwendungsmöglichkeiten. Zum Schluss ist die IT frustriert und überbeansprucht durch weitere Informationswünsche. Weil Berichte der Abteilungen tendenziell aus verschiedenen Quellen und Blickwinkeln stammen, kreieren sie widersprüchliche Zahlen, was eine wirkliche Frustration für die Entscheidungsträger bedeutet. Während die IT-Abteilung einige dieser Fälle bearbeiten kann, indem sie eine Standardisierung bei einem Teil der Scorecards, Dashboards und Berichte durchsetzt, heißt das aber auch, dass die IT kaum wahrgenommen wird, weil die Abteilungen ihre Aspekte nicht personalisieren können.

„Enge"-Scorecards

Gleichzeitig kann diese Art von traditionellem, „engem" Scorecard-Ansatz eine einmalige Antwort für die Lösung eines größeren Problems bei der Entscheidungsfindung oder der Ausrichtung von strategischen Zielen sein. Scorecards können Spannungen im Unternehmen verursachen, indem Probleme hervorgehoben werden, die eine Gruppe verneint, weil ihr das Verständnis für die Datenquelle fehlt, wie sie bewertet wird, usw., oder weil die Scorecard nur einen Geschäftsaspekt berücksichtigt. Auch sind die Scorecards gewöhnlich nicht mit Zielvereinbarungen, dem Planungsprozess und der Mittelplanung verknüpft. Folglich genießen sie kaum Vertrauen außer bei denen, die sie zusammenstellten.

KPI-Scoring

Beim Einsatz des SAP Strategy Managements werden die Scorecards als eine von verschiedenen Optionen zur Aufzeichnung und Verfolgung der Fortentwicklung angesehen. Die Optionen bieten dem Nutzer einen personalisierten Blick auf spezifische Ergebnisse der Entwicklung und zudem die Drill-Down-Funktion (Aufschlüsselung). Da alle zugrunde liegenden Daten direkt aus dem betrieblichen System entnommen, vom SAP Strategy Management zur Bestückung von KPIs verwendet werden und die Planung und andere Aktivitäten ermöglichen, wissen die Akteure, woher die Scorecard-Ergebnisse kommen und wie ihre Ergebnisse entstanden sind. Sie können die Zahlen auch aufschlüsseln, um Zugang zu den einfließenden Daten zu erhalten. Die folgenden Merkmale machen diese Funktionsweise möglich:

- **Die Reife-Scorecard:** Die Software bietet fast unbegrenzte Betrachtungsweisen der Geschäftsentwicklung einschließlich einer Readiness Scorecard, die bei der Entscheidung über die nächste Phase der Umsetzung des Performance Managements hilft, eine Performance Scorecard zur Verfolgung der Entwicklung in Richtung Ziele sowie einer KPI Scorecard für die Zusammenführung von Finanz- und operativen Schlüsselindikatoren. Um ihre Beteiligung zu sichern, sind Hauptakteure formal an ihrer Festlegung beteiligt.

- **Flexibilität bei der Kombination und Gewichtung von KPI-Typen (Key Performance Indicator):** Dashboards im Rahmen des SAP Strategy Managements verschaffen den Nutzern die Flexibität, verschiedene Maßnahmenarten nachzuverfolgen einschließlich der qualitativen und quantitativen, führenden und hemmenden, finanziellen und operative Maßnahmen. Die Software erlaubt ihnen auch die Überwachung immaterieller Vorgaben, wie Berichte von Analysten, Kundenneigungen, Markenerfolge, Kundenzufriedenheit und Außendienst-Feedback. Nutzer können KPIs nach ihrer relativen Bedeutung gewichten und verleihen ihnen dabei mehr Aussagekraft über den Leistungsstand.
- **Unterstützung von Vielfach-Zielen:** Die Software unterstützt Vielfach-Ziele, einschließlich Budgetierung, Vorausschau und Eckwerten, und erlaubt den Nutzern, die aktuelle Leistung verschiedenen internen und externen Erwartungsparametern gegenüberzustellen.
- **Flexibles Scoring:** Der Nutzer kann die Leistung bewerten, indem er Mehrfach-Benotungssysteme anwendet, wie z. B. Verkehrslicht (rot, grün, gelb), Schulgrade (A, B, C) oder den Gladiator-Ansatz (Daumen oben, Daumen unten). Durch Verwendung des geeignetsten Systems für betriebliche und kommunikative Vorgaben wird das Verständnis der Mitarbeiter für die Ergebnisse und die Akzeptanz der Software verbessert.

Dashboards: Verschaffung von Flexibilität und Schnellzugriff auf unterstützende Betriebsdaten

Dashboarding

Den meisten Unternehmen fehlt der notwendige Mechanismus, den Fortgang des Umsetzungsprozesses systematisch aufzuzeichnen und die Beteiligten nicht nur über Vorkommnisse, Probleme und Versagen auf dem Laufenden zu halten sondern auch über Erfolge. Das SAP Strategy Management ermöglicht den Abteilungen, Dashboards zusammenzustellen, die ihren besonderen Bedürfnissen entsprechen. Zudem sind alle Daten zentralisiert, genau und Echt-Zeit-Betriebsdaten. Das ist eine Ausformung unternehmerischer Wahrheit, der alle Akteure zustimmen können. Diese direkten, zweckangepassten Übersichten erlauben den Nutzern, entscheidende Input- und Output-Größen eines gegebenen Ablaufs, Aufbaus oder eine Rolle zu verfolgen. So mag die Übersicht eines Marketingdirektors die zusammenfassende Information über Werbungskosten pro Kundenkontakt enthalten, wohingegen die des Verkaufsleiters möglicherweise neu geschaffene Umsatzmöglichkeiten, festgefahrene Geschäfte und Umsätze pro Region enthält.

Abweichend von den statischen Übersichten, die nur zusammenfassende Information bieten, kann das SAP Stategy Management mit der zugrunde liegenden Analyse verknüpft werden, was bei tiefergehenden Nachforschungen das Erkennen und Verstehen der Leistungstreiber ermöglicht.

Dashboards können auch über Funktionsgruppen hinaus öffentlich für jedermanns Einsicht gemacht oder zurückgehalten werden, einsehbar nur für denjenigen, der es schuf.

Die folgenden Merkmale ermöglichen diese Funktionsweise:

- **Laufende Dashboards mit Drill-Down-Funktion:** Dashboards werden automatisch aktualisiert, um sicherzustellen, dass der neueste Leistungsstand jederzeit verfügbar ist. Integrierte Aufschlüsselungsfunktionen ermöglichen gemäß Interessenlage eine tiefergehende Prüfung. Man kann z. B. direkt vom Dashboard in verbundene Berichte einsteigen, um Leistungsträger und Hindernisse bei der Entwicklung zu isolieren und zu verstehen.
- **Funktionsangepasste Dashboards:** Die Software unterstützt die Schaffung einer unbegrenzten Anzahl von Dashboards durch verschiedene Abteilungen oder Betriebseinheiten. Folglich können Dashboards für spezielle Nutzer, Vorgaben oder Gruppen maßgeschneidert und entweder von allen Nutzern verwendet, auf eine Gruppe begrenzt oder privat geführt werden.
- **Standardisierte Dashboard-Vorlagen:** Das SAP Strategy Management vereinfacht die Anfertigung eines Dashboards, weil es eine Vielfalt von Dashboards wie z. B. Benchmarking, Tendenzen, Rangfolgen, Beiträge enthält. Nutzer können ein Dashboard zusammenstellen, indem sie bei null anfangen können, aber auch ein bestehendes personalisieren, um ihrer Bedarfslage besser zu entsprechen.
- **Dashboard mehrfach modelliert:** Dashboards enthalten bis zu vier verschiedene Eingabefelder. Jedes Feld kann Daten aus mehreren Quellen beziehen. Folglich erhält man einen breiteren Leistungsüberblick.
- **Das Filtern von Scorecards:** Nutzer können die Anzeige auf Scorecards mittels bestimmter Kriterien wie Organisation, Region,

Zeitabschnitt beschränken oder die Aufmerksamkeit auf Vorgänge richten, die sofortige Beachtung erfordern.

- **Automatische Benachrichtigung:** Das SAP Strategy Management erzeugt automatisch Benachrichtigungen in Form von Anmerkungen, wenn Vorgaben an der Oberfläche noch gut aussehen, in Wirklichkeit aber in Gefahr sind oder scheitern könnten.
- **KPI kurz gefasst:** Die Software erleichtert die Beurteilung des Gesundheitszustandes der KPI, indem sie unterstützende Einzelheiten wie die Beschreibung der KPI, Lücken zwischen aktuellen und Zielgrößen, Tendenzen und Kommentare liefert. Diese Kurzkommentare zeigen das Umfeld der KPI auf, so dass jeder verstehen kann, wie sich veränderte Zahlen auf die Performance wirklich auswirken. Auch die Tendenz der KPI im Zeitablauf hilft den Mitarbeitern auf allen Ebenen zu erkennen, wie sie nicht nur in der letzten Woche, im Monat oder im Quartal lagen, sondern auch über einen längeren Zeitraum.

Berichte: Betrieblichen Nutzern wird die Selbstbedienung ermöglicht

Flexibles Berichtswesen

Das SAP Strategy Management holt die IT aus der Berichtserstellung heraus und versetzt Entscheidungsträger, Bereichsmanager, Analysten und Informationsbeschaffer in die Lage, standardisierte Berichte unter Verwendung der aktuellsten Unternehmensdaten selbst zu bearbeiten. Die Software enthält leicht handhabbare Schnittstellen, die betrieblichen Nutzern aus verschiedenen Funktionsbereichen ermöglichen, den anhaltenden Fortschritt schnell an den Vorgaben zu messen. Einzigartige Eigenschaften wie die Funktion „time intelligence" erleichtern die Manipulation von Eigenschaften und schaffen nutzerdefinierte Hierarchien für maßgeschneiderte Analysen ohne weitere Anforderungen an die IT.

Performanceanalyse

Kurzfristige Analysefunktionen bieten Analysten, die zur Entscheidungsfindung mehr in die Tiefe gehende Analysen suchen, wirklich unbegrenzte Möglichkeiten, die Wurzeln von Leistungsaspekten abzuwägen und aufzudecken. Integrierte Vorschaufunktionen helfen ihnen dabei, die zukünftige Performance zu projektieren und basierend auf laufenden Daten im Voraus zu planen.

Die folgenden Merkmale ermöglichen diese Funktionsweise:

- **Dynamische Berichte mit sofortiger Analyse:** Das SAP Strategy Management erlaubt die Schaffung von dynamischen Berichten anstelle von traditionellen statischen Reports. Integrierte BI ermöglicht, tiefer in Interessensgebiete vorzudringen und die Berichte als Lesezeichen zur späteren Durchsicht abzulegen.

- **Standardisierte Analyse-Vorlagen:** Die Software bietet viele verschiedene Analyse-Vorlagen, aus denen der Nutzer zur Informationsanalyse wählen kann, einschließlich Vorlagen für Rangfolge, Tendenzen und Vorausschau.
- **Flexible grafische Darstellung:** Das SAP Strategy Management zeigt den Nutzern viele Wege, ihre Daten grafisch darzustellen. Sie können die Option zur Visualisierung und die geeignetesten Farben zur Darstellung der Daten in Berichten auswählen und diese Zahlen für zukünftigen Gebrauch speichern.
- **Performance-Vergleich mit vorherigen Perioden:** Die Software macht es den Nutzern leicht, den Fortschritt gegenüber vergangenen Perioden zu überprüfen. Sie können die Performance betrachten, indem sie vergleichen:
  a. spezielle Daten (wie vom Nutzer definiert)
  b. relative Daten (z. B. vom letzten Tag, den letzten sieben Tagen, dem vorherigen Monat)
  c. das letzte Datum mit gleichem in der Vergangenheit (z. B. den laufenden Monat mit dem gleichen Monat im Vorjahr).
- **Erläuterungen zum Bericht:** Fachexperten können die Berichte erläutern, um den Zusammenhang für andere Leser zu verdeutlichen. So könnten sie eine Bemerkung zum Berichtsinhalt und seiner Quelle einfügen.

Automatisierte Administrativfunktionen

Das SAP Strategy Management erleichtert den Informationsbeschaffern und der IT die Belastung, indem es allgemeine Fähigkeiten bietet, die die Eingabe von Daten und Genehmigungsprozesse straffen und Selbstbedienungsfunktionen und die Konfiguration sowie Modellierung unterstützen.

Arbeitsablaufsystem

Das SAP Strategy Management enthält eine Komponente für dezentralisierte und delegierte Eingabe, Genehmigung und Ausgabe, die den Prozess der Bestückung des Performance-Management-Systems mit Maßgaben strafft. Ein leicht zu verstehendes Arbeitsablaufsystem strukturiert um den traditionell arbeitsintensiven Prozess herum, mildert die Auswirkungen teurer Irrtümer und reduziert die Zeit beträchtlich, die die Sammlung von Maßgaben und Genehmigungen verbraucht. Zudem erlaubt dieser Ansatz dem Unternehmen, die Messgrößen schnell einzuholen ohne die Notwendigkeit, transaktionsbezogene Systeme mit einzubeziehen oder ein Data Warehouse für lediglich ein oder zwei Messgrößen einzurichten.

Die folgenden Merkmale ermöglichen die Funktion:

- **Dezentralisierte Eingabe und Genehmigung:** Die Software weist die Mitarbeiter auf ihrem „Home Portal" automatisch darauf hin, wenn sie Maßgaben eingeben, genehmigen oder offen legen müssen. So gibt es weniger Engpässe im Performance-Management-Prozess.
- **Web-Formate oder Microsoft Excel Vorlagen:** Mitarbeiter können Messgrößen eingeben, indem sie Formate benutzen, die in der Software enthalten sind, oder mittels Microsoft Excel. Daten können aus Microsoft Excel Tabellen oder durch eine Microsoft Excel Vorlage eingegeben werden. Daten können auch manuell unter Verwendung der in der Software selbst enthaltenen Web-basierenden Eingabe- und Genehmigungsmethode für die Eingabe von Daten eingegeben werden.
- **Flexible Sammel-Methoden:** Man kann die Eingabe mancher Werte automatisieren, z. B. IST-Zahlen aus einem System wie der SAP ERP®-Anwendung, dabei aber den Mitarbeitern erlauben, manuell andere Werte einzugeben wie Ziele, Vorausschau, Erfassungsdaten. Diese Flexibilität fördert häufigere und genauere Verbesserungen der Performance-Information.
- **Ablaufprotokoll:** Die Software erzeugt automatisch ein Ablaufprotokoll, das Nutzeraktionen festhält, einschließlich zu genehmigenden Zeitgutschriften, Ablehnungen, Vorlagen, Nachrichten oder andere verwandte Informationen. Diese Ablaufprotokolle erhöhen die Einhaltung und schaffen Verständnis, weshalb Maßnahmen ergriffen wurden.
- **Anmerkungen:** Die Mitarbeiter können Anmerkungen für den Zugriff auf Informationen direkt in die Software zwecks zukünftigen Abrufs einfügen oder um die besten Verfahrensweisen zu kommunizieren – anstelle von Anrufen oder E-Mails.
- **Überwachung der Fortentwicklung:** Das SAP Strategy Management überwacht den Dateneingabe-Genehmigungs- und Veröffentlichungsprozess zur Wahrnehmung von Engpässen. Es bietet auch einen strukturierten Arbeitsablauf für Eingabe, Benachrichtigungen und Genehmigungen, um so Lücken, Risiken und die Zeit für das KPI-Management einzuschränken.

Konfigurations- und Modellierungsfunktionen

Nutzerpartizipation

Das SAP Strategy Management lindert die Belastung der bereits überlasteten IT-Belegschaft, indem es die Verteilung administrativer Aufgaben an eine Vielzahl von Leuten im Gesamtunternehmen unterstützt. Im Gegensatz zur Software, die Administratoren vom Fach benötigt, fördert das SAP Strategy Management die Selbstbedienung, die jedem Nutzer erlaubt, die Anwendung selbst zu konfigurieren. Gleichermaßen und im Gegensatz zu den meisten BI-Tools ermöglicht das SAP Strategy Management den betrieblichen Nutzern, Performance-Prozesse, Modelle und Methoden der bildlichen Darstellung ihren Anforderungen gemäß zu gestalten und ihrer Bedarfslage individuell anzupassen. Weil es auf offenen Standards, wie Java2-Platform oder Enterprise Edition, aufgebaut ist, fügt sich das SAP Strategy Management leicht in die bestehende IT-Umgebung ein und vervollständigt das gegenwärtige System des Unternehmens.

Die folgenden Merkmale ermöglichen diese Funktionsweise:

- **Dezentrale Verwaltung:** Bestimmte Vollmachten und Aufgaben wie die Aufstellung der Nutzer, Anpassung und Entwicklung der Maßnahmen, können auf geeignete Mitarbeiter in anderen Abteilungen übertragen werden.
- **Terminierung:** Eingebaute Terminierung ermöglicht die Automatisierung bestimmter manueller Aufgaben wie die Veranstaltung von geschäftlichen Vorträgen, Einholung des Feedbacks von Beteiligten, Versand von Berichten, Sicherstellung von Stetigkeit und Wiederholbarkeit.
- **Funktionsangepasste Sicherheit:** Die Software unterstützt die funktionsgerechte Sicherheit, indem Nutzer ihrer Aufgabe angemessen Zugang zu Performance-Informationen erhalten.
- **Modellierung:** Sie erlaubt die Schaffung einer standardisierten Performance-Management-Datenablage. Unter Verwendung der Modellierungsfunktion der Software gleicht ein beständiger Satz von Messgrößen die operative Ausführung mit der Strategie ab.
- **Aktiver Wegweiser/ Einbau leichter Zugangsmöglichkeiten zu Verzeichnissen:** Die Software minimiert die Vervielfältigung von Informationen und unterstützt den Einzelzugang, indem sie Nutzerinformation aus den eigenen authentischen Systemen des Unternehmens bezieht.
- **Ablaufprotokoll und Erfassung:** Die Software fördert die Systemintegrität, indem sie festhält, wer was wann gemacht hat.

4.4.4.3 Powered by SAP NetWeaver

Infrastruktur

Unternehmen haben sich in den letzten Jahren zu wahren Meistern im Sammeln von Daten aus Vertrieb, Marketing, Einkauf, Fertigung und anderen operativen Geschäftsbereichen entwickelt. Trotz der sich andeutenden Problematik, ein derartiges Konstrukt aus Data Warehouse und Strategy-Management in eine bestehende Systemlandschaft zu integrieren, müssen Unternehmen mehr denn je an einer integrierten BSC-/BI-Infrastruktur arbeiten, um der Gefahr unvollständiger und dadurch unzuverlässiger Geschäftsinformationen entgegen zu wirken. Die Herausforderung der Integration zu lösen, ist kein rein technologisches Thema, sondern eng verknüpft mit den fachlichen Prozessen. Die damit verbundenen taktischen Vorteile und strategischen Potenziale, wie das Identifizieren von Kostensenkungspotenzialen oder das Entdecken von neuen Märkten, können darüber entscheiden, ob ein Unternehmen sich deutlich von seinen Mitbewerbern abhebt oder hinter der Konkurrenz zurückfällt.

Netzwerkdimensionen

Bei einer permanenten Ausdehnung der Wertschöpfungskette wird die Verwaltung eines solchen IT-Systems innerhalb einer komplexen Unternehmensinfrastruktur jedoch immer komplizierter und auch riskanter. Am wirkungsvollsten wäre es, alle Systeme in ein nahtlos funktionierendes Netzwerk von eigenständigen, modularen und zuverlässigen Services zu integrieren. Dieser Grundgedanke war die Aufnahme der SAP BI® in eine ganzheitliche Technologie-Plattform SAP NetWeaver, die Informationen und Geschäftsprozesse über heterogene Technologie- und Unternehmensgrenzen hinweg verbindet. Dabei lassen sich anhand des Konzepts einer Integrations- und Anwendungsplattform stabile und skalierbare Infrastrukturen mit einem wachsenden Spektrum an Funktionen für Management, Prozesse und Informationen in bestehende IT-Landschaften einreihen.

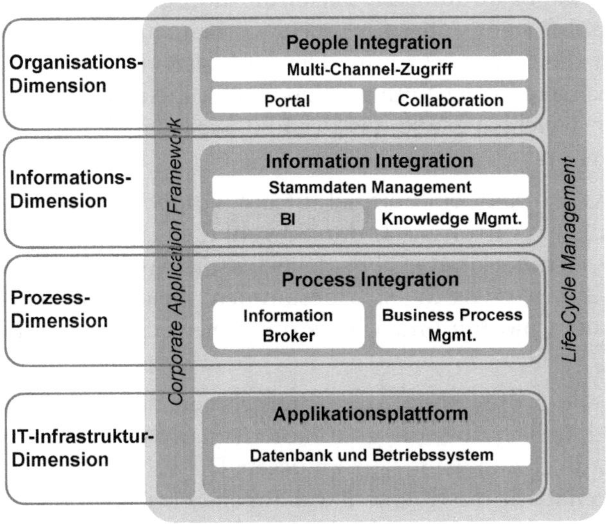

Abbildung 66: Dimensionen von NetWeaver
Quelle: Eigene Darstellung

SAP Strategy Management arbeitet mit der SAP NetWeaver Platform. SAP NetWeaver vereint Verfahrenskomponenten zu einer einzigen Plattform, was den Unternehmen die Reduzierung der IT-Komplexität erlaubt und sie so mehr Wert mit ihren Investitionen in IT erzielen können. Mit dieser Plattform kann man am besten alle SAP-Software basierten und nicht-SAP-Software basierten Systeme zusammenführen.

SAP NetWeaver hilft den Unternehmen auch bei der Anpassung der IT an das Geschäft. Mit ihm können die Unternehmen schnell betriebliche Anwendungen zusammenstellen und fördern. Als Grundlage eines an unternehmerischen Dienstleistungen orientierten Aufbaus ermöglicht SAP NetWeaver den Unternehmen, ihre gegenwärtige IT Landschaft in ein strategisches Umfeld zu überführen, das geschäftliche Änderungen befördert.

4.5 Ermittlung der Punktewerte (Nutzwerte) je Alternative je Kategorie

Bewertung von Softwarelösungen

Die Auflistung verschiedener Kriterien zur Bewertung von BSC-Softwarelösungen in Kapitel 4.2 wird nun genutzt, um im Rahmen einer Nutzwertanalyse die im vorherigen Abschnitt beschriebenen Applikationen in Abhängigkeit vom Unternehmenstyp zu bewerten. Dafür bedient sich die Bewertung der Zielerreichungsgrade (ZE) der Werte 0-5. Die Zahl 0 steht dabei für „nicht vorhanden", die 1 für „mangelhaft" und die 5 für „sehr gut". Der Nutzwert (NW) ist das Produkt aus errechneter Gewichtung (Gew.) und Zielerreichungsgrad und zeigt, in welchem Maße das Produkt die Vorstellung des Unternehmens umsetzt.

Nutzwertanalyse

Diese Nutzwertanalyse stellt ein Beispiel für das Vorgehen zur Auswertung verschiedener Softwaretools dar. Sowohl die Gewichtungen als auch die Zielerreichungsgrade haben dabei beispielhaften Charakter. Jedes Unternehmen muss für sich bestimmen, welche Gewichtungen es vornehmen möchte und wie es die Zielerreichungsgrade bestimmt.

Die folgende Tabelle 5 unterstützt die Unternehmen dahingehend, dass sie sich ausschließlich über die grau hinterlegten Werte und die Zielerreichungsgrade Gedanken machen müssen. Die sonstigen Werte lassen sich automatisch durch eine Excel-Tabelle errechnen (err.), die als Datei im Downloadbereich des Verlages zur Verfügung gestellt wird.

Tabelle 5: Nutzwertanalyse: Bewertung der Applikationen SAP SEM und ScorePrise

Kriterien	Gewichtung (KMU)			Gewichtung (GU)			Gewichtung (ÖV)			SAP SEM				ScorePrise			
	Gew. Bereich	Gew. Kriterien	err. Gew. Kriterien	Gew. Bereich	Gew. Kriterien	err. Gew. Kriterien	Gew. Bereich	Gew. Kriterien	err. Gew. Kriterien	ZE	err. NW (KMU)	err. NW (GU)	err. NW (ÖV)	ZE	err. NW (KMU)	err. NW (GU)	err. NW (ÖV)
Firma/Produkt/Kosten	**9 %**			**10 %**			**10 %**										
Produktexpertise		8 %	0,72		19 %	1,9		10 %	1	4	2,88	7,6	4	2	1,44	3,8	2
Firmenerfahrung		8 %	0,72		19 %	1,9		10 %	1	5	3,6	9,5	5	2	1,44	3,8	2
Releases (SW-Pflege)		16 %	1,44		12 %	1,2		10 %	1	5	7,2	6	5	4	5,76	4,8	4
Zertifizierung nach den BSC Functional Standards		8 %	0,72		12 %	1,2		10 %	1	5	3,6	6	5	0	0	0	0
Lizenzkosten		16 %	1,44		12 %	1,2		18 %	1,8	1	1,44	1,2	1,8	5	7,2	6	9
Supportkosten (Hotline, Wartung)		22 %	1,98		7 %	0,7		18 %	1,8	1	1,98	0,7	1,8	5	9,9	3,5	9
Gesamtkosten (inkl. Customising)		22 %	1,98		19 %	1,9		24 %	2,4	1	1,98	1,9	2,4	5	9,9	9,5	12
		100 %			100 %			100 %									

Kriterien	Gewichtung (KMU)			Gewichtung (GU)			Gewichtung (ÖV)			SAP SEM				ScorePrise			
	Gew. Bereich	Gew. Kriterien	err. Gew. Kriterien	Gew. Bereich	Gew. Kriterien	err. Gew. Kriterien	Gew. Bereich	Gew. Kriterien	err. Gew. Kriterien	ZE	err. NW (KMU)	err. NW (GU)	err. NW (ÖV)	ZE	err. NW (KMU)	err. NW (GU)	err. NW (ÖV)
BSC-Funktionalität																	
Darstellung von Hierarchien der BSCs		9 %	0,99		8 %	0,88		10 %	1	5	4,95	4,4	5	5	4,95	4,4	5
SWOT-Analyse (Dokumentation)		2 %	0,22		6 %	0,66		0	0	0	0	0	0	0	0	0	0
Cockpit		6 %	0,66		8 %	0,88		0	0	5	3,3	4,4	0	4	2,64	3,52	0
		100 %			100 %			100 %									
Analyse-Funktionalität	**11 %**			**10 %**			**12 %**										
Ampelfunktion		15 %	1,65		12 %	1,2		15 %	1,8	5	8,25	6	9	5	8,25	6	9
Ampelweiterleitung		15 %	1,65		12 %	1,2		15 %	1,8	1	1,65	1,2	1,8	5	8,25	6	9
Formelgenerator für Ampelwerte		15 %	1,65		12 %	1,2		15 %	1,8	3	4,95	3,6	5,4	5	8,25	6	9
Formelgenerator für Ampelwerte getrennt nach Ist- und Sollwerten		15 %	1,65		12 %	1,2		10 %	1,2	3	4,95	3,6	3,6	5	8,25	6	6
Optimalitätskriterien		8 %	0,88		12 %	1,2		15 %	1,8	2	1,76	2,4	3,6	5	4,4	6	9
Drill-down-Funktion		8 %	0,88		12 %	1,2		10 %	1,2	5	4,4	6	6	3	2,64	3,6	3,6
Darstellung der Zielerreichung		8 %	0,88		12 %	1,2		6 %	0,72	5	4,4	6	3,6	5	4,4	6	3,6
Forecast/Trendberechnung		8 %	0,88		0	0		0	0	4	3,52	0	0	4	3,52	0	0
Simulation		0	0		6 %	0,6		6 %	0,72	5	0	3	3,6	3	0	1,8	2,16
Historisierung		8 %	0,88		10 %	1		8 %	0,96	4	3,52	4	3,84	3	2,64	3	2,88
		100 %			100 %			100 %									

Kriterien	Gewichtung (KMU)			Gewichtung (GU)			Gewichtung (ÖV)			SAP SEM				ScorePrise			
	Gew. Bereich	Gew. Kriterien	err. Gew. Kriterien	Gew. Bereich	Gew. Kriterien	err. Gew. Kriterien	Gew. Bereich	Gew. Kriterien	err. Gew. Kriterien	ZE	err. NW (KMU)	err. NW (GU)	err. NW (ÖV)	ZE	err. NW (KMU)	err. NW (GU)	err. NW (ÖV)
Workflow	7 %			8 %			6 %										
Warnmechanismen		60 %	4,2		32 %	2,56		35 %	2,1	3	12,6	7,68	6,3	3	12,6	7,68	6,3
Vertretungsregelung		20 %	1,4		16 %	1,28		35 %	2,1	3	4,2	3,84	6,3	3	4,2	3,84	6,3
Weiterleitung an Folge-Verantwortliche		20 %	1,4		52 %	4,16		30 %	1,8	0	0	0	0	2	2,8	8,32	3,6
		100 %			100 %			100 %									
Technische Funktionalität	11 %			12 %			13 %										
E-Mail		10 %	1,1		6 %	0,72		7 %	0,91	5	5,5	3,6	4,55	3	3,3	2,16	2,73
Internetfähigkeit		4 %	0,44		9 %	1,08		7 %	0,91	5	2,2	5,4	4,55	2	0,88	2,16	1,82
Datenbank- und System-integration		4 %	0,44		8 %	0,96		12 %	1,56	4	1,76	3,84	6,24	4	1,76	3,84	6,24
Online-Hilfe		10 %	1,1		8 %	0,96		12 %	1,56	5	5,5	4,8	7,8	3	3,3	2,88	4,68
Import/Export-Schnittstelle																	
… zu ERP-Systemen		7 %	0,77		4 %	0,48		12 %	1,56	4	3,08	1,92	6,24	2	1,54	0,96	3,12
… für CSV-, TXT-Dateien		10 %	1,1		8 %	0,96		12 %	1,56	4	4,4	3,84	6,24	5	5,5	4,8	7,8
… zu Excel		7 %	0,77		8 %	0,96		12 %	1,56	5	3,85	4,8	7,8	3	2,31	2,88	4,68
Darstellung in verschiedenen Währungen		7 %	0,77		8 %	0,96		4 %	0,52	5	3,85	4,8	2,6	5	3,85	4,8	2,6
Mehrsprachigkeit		7 %	0,77		8 %	0,96		0	0	5	3,85	4,8	0	5	3,85	4,8	0
Einfache Umsetzung von Änderungen (Stammdaten)		10 %	1,1		9 %	1,08		7 %	0,91	4	4,4	4,32	3,64	5	5,5	5,4	4,55
Skalierbarkeit der Software		7 %	0,77		8 %	0,96		4 %	0,52	5	3,85	4,8	2,6	5	3,85	4,8	2,6
Mehrbenutzerfähigkeit		7 %	0,77		8 %	0,96		4 %	0,52	5	3,85	4,8	2,6	5	3,85	4,8	2,6
Drucken		10 %	1,1		8 %	0,96		7 %	0,91	5	5,5	4,8	4,55	5	5,5	4,8	4,55
		100 %			100 %			100 %									

Kriterien	Gewichtung (KMU)			Gewichtung (GU)			Gewichtung (ÖV)			SAP SEM				ScorePrise			
	Gew. Bereich	Gew. Kriterien	err. Gew. Kriterien	Gew. Bereich	Gew. Kriterien	err. Gew. Kriterien	Gew. Bereich	Gew. Kriterien	err. Gew. Kriterien	ZE	err. NW (KMU)	err. NW (GU)	err. NW (ÖV)	ZE	err. NW (KMU)	err. NW (GU)	err. NW (ÖV)
Reporting	**12 %**			**13 %**			**12 %**										
BSC-Bericht		28 %	3,36		25 %	3,25		37 %	4,44	5	16,8	16,25	22,2	5	16,8	16,25	22,2
Vergleichsbericht von Organisationseinheiten		28 %	3,36		25 %	3,25		25 %	3	4	13,44	13	12	4	13,44	13	12
Vergleichsbericht von Perioden		28 %	3,36		25 %	3,25		25 %	3	4	13,44	13	12	4	13,44	13	12
Freies Tool zur Erstellung eigener Berichte		16 %	1,92		25 %	3,25		13 %	1,56	5	9,6	16,25	7,8	4	7,68	13	6,24
		100 %			100 %			100 %									
Sicherheit	**7 %**			**12 %**			**17 %**										
Zugriffskontrolle		40 %	2,8		32 %	3,84		32 %	5,44	5	14	19,2	27,2	4	11,2	15,36	21,76
Protokollierung		40 %	2,8		34 %	4,08		34 %	5,78	5	14	20,4	28,9	2	5,6	8,16	11,56
Zuweisung von Berechtigungen		20 %	1,4		34 %	4,08		34 %	5,78	5	7	20,4	28,9	3	4,2	12,24	17,34
		100 %			100 %			100 %									
$\sum$ =	100 %		100	100 %		100	100 %		100		393,5	397,3	398,2		407,5	385	392,5

Quelle: Eigene Darstellung

Die Auswertung der Ergebnisse dieser Nutzwertanalyse wird im folgenden Kapitel vorgenommen.

4.6 BSC-Portfolio – Interpretation der Ergebnisse

Die folgende Tabelle stellt in komprimierter Form die Ergebnisse der vorangegangenen Nutzwertanalyse dar. Die aufgeführten Werte ergeben sich aus der Addition aller Einzelkriterien-Ergebnisse je Bereich.

Tabelle 6: Ergebnisse der Nutzwertanalyse aus Kapitel 4.5

Kriterien	SAP SEM			ScorePrise		
	NW (KMU)	NW (GU)	NW (ÖV)	NW (KMU)	NW (GU)	NW (ÖV)
Firma/Produkt/Kosten	22,68	**32,90**	25	**35,64**	31,4	**38**
Service	55,25	47,3	51	55,25	47,3	51
Verbindung zu anderen Managementsystemen	**27**	**18**	0	24	16	0
Darstellung	42,25	26,82	22,4	**52**	**36**	**32**
BSC-Funktionalität	52,25	49,94	48,3	**53,02**	49,94	**50**
Analyse-Funktionalität	37,4	35,8	40,44	**50,6**	**44,4**	**54,24**
Workflow	16,8	11,52	12,6	**19,6**	**19,84**	**16,2**
Technische Funktionalität	**51,59**	**56,52**	**59,41**	44,99	49,08	47,97
Reporting	**53,28**	**58,5**	**54**	51,36	55,25	52,44
Sicherheit	**35**	**60**	**85**	21	35,76	50,66
$\sum$ =	393,5	**397,3**	**398,2**	**407,5**	385	392,5

Quelle: Eigene Darstellung

5 Best Practices: Unternehmen berichten

5.1 BSC bei Edding AG (Excel)

5.1.1 Unternehmensdarstellung

Die Firma Edding wurde im Jahr 1960 von Carl-Wilhelm Edding und Volker Detlef Ledermann in Hamburg gegründet. Beide verwirklichten ihre Idee, aus einem einfachen Filzschreiber ein Marken-Sortiment zum leichten Markieren und Schreiben zu schaffen. Daraus entstand das erste Produkt der Allround-Marker Edding NO. 1.

1965 kam die zweite Marke „Plan Master" hinzu. Das Wachstum der Firma Edding erforderte nun größere Flächen; aus diesem Grunde zog Edding 1970 an den Rand von Hamburg nach Ahrensburg. Um ein stetiges Wachstum zu sichern, ging Edding 1986 an die Börse.

Inzwischen ist Edding weltweit vertreten und arbeitet mit mehreren Partnern führender Marken zusammen, um zusätzliche Vertriebskanäle zu erschließen.[1]

Die Edding AG ist heute ein Spezialist für Schreiben und Markieren auf der einen sowie für visuelle Kommunikation auf der anderen Seite. Die Sparte Schreiben und Markieren ist hauptsächlich mit der Konzernmarke Edding verbunden, während die visuelle Kommunikation es mit der Marke Legamaster ist. Die Edding AG hat seit mehreren Jahren ein kontinuierliches Wachstum erreicht, das im Durchschnitt zwischen 4 % und 6 % lag. Dieses Wachstum konnte erzielt werden, obwohl es zunehmend Konkurrenten aus dem Niedrigpreis-Segment gab. Angespornt durch diese Konkurrenz hat sich Edding im Jahr 2002 entschlossen, selbst im preislich aggressiveren Marktsegment der Marker mit der Marke Stefanoni tätig zu werden und im Schreibgerätebereich mit der Marke Pure.

Durch weitere Aktivitäten, z. B. durch die Entwicklung von Produktinnovationen, soll versucht werden, alte Kunden in bestehenden Marktsegmenten wiederzugewinnen bzw. neue Kunden zu akquirie-

1 Entnommen von www.edding.de. Zugriff am 14.4.2009 14:08 Uhr.

ren. So wurde z. B. eine selbsthaftende Flip-Chart-Folie mit der Marke Magic-Chart vorgestellt. [2]

Um die Wettbewerbsfähigkeit am internationalen Markt zu stärken und den internen Prozess zu optimieren, entschloss man sich 2002, das Steuerungssystem Balanced Scorecard einzuführen.[3] Gemeinsam mit der Fachhochschule Nordostniedersachsen Lüneburg (seit 2005 mit der Universität Lüneburg fusioniert zur Leuphana Universität Lüneburg) wurde ein Prototyp auf der Basis von Microsoft Excel erstellt und getestet. Schließlich entschied man sich für eine eigene Lösung auf der Basis von Microsoft Excel. Hier soll der Prototyp vorgestellt werden, der alle wesentlichen Funktionen der Balanced Scorecard auf Basis von Excel bereits realisiert hat.[4]

5.1.2 Basisdaten für die Balanced Scorecard

5.1.2.1 Unternehmensvision

Erarbeitung einer Vision

Grundvoraussetzung für den Aufbau einer Balanced Scorecard ist das Hinterfragen respektive die Erarbeitung einer Vision, da das Vorhandensein bzw. die Schaffung eines gemeinsamen Geschäftsverständnisses von überragender Bedeutung für den Aufbau der Balanced Scorecard ist.

Erkenntnis zur Spitze

Die Vision der Edding AG ist das Bekenntnis zur Spitze, d. h. ein internationales Unternehmen der Spitzenklasse in den Bereichen Markieren, Schreiben und der visuellen Kommunikation zu sein. Aus den Darstellungen im Internet[5] lassen sich die folgenden signifikanten Grundwerte des Unternehmens eindeutig herausstellen:

- Wirtschaftliche Wertschöpfung zum Wohle aller Partner als oberstes Ziel und unter Berücksichtigung der Bedürfnisse aller Beteiligten der Märkte und der Umwelt,
- Mitarbeiterentfaltung und Mitarbeiterflexibilität sowie
- zukünftige Sicherung, um eines der erfolgreichsten Unternehmen für die Vermarktung von Markern, Schreibgeräten und Produkten für die visuelle Kommunikation zu bleiben.

---

2 Vgl. Edding Geschäftsbericht 2007. Edding AG, Ahrensburg (2008).

3 *Rasch, Thomas:* Pers. Mitteilung (2003).

4 Eine ausführliche Dokumentation des Studentenprojekts von *Christian Braun* und *Oliver de Carne* ist auf Nachfrage von den Autoren erhältlich.

5 Vgl. www.edding.de. Zugriff am 14.4.2009 14:08 Uhr.

5.1.2.2 Unternehmensstrategie

SWOT-Analyse

Die Strategie ist ein Mittel bzw. Problemfindungs- und Problemlösungspfad zur Erreichung der Ziele einer Unternehmung. In einem Gespräch wurde 2005 bestätigt[6], dass bei Edding eine Strategie verfolgt wird, die als „Strategie 2005+" bezeichnet wird.

Diese Strategie beinhaltet die Konzentration auf die Märkte europäisches Ausland und Südamerika für den Ausbau der Marken *edding* und *Legamaster*. Die Konzentration auf die o.a. Märkte soll durch Akquisition neuer Unternehmen im Ausland sowie enge Zusammenarbeit mit Partnermarken, wie z. B. *UHU* und *Läufer*, erreicht werden. Aus der vorliegenden Strategie lässt sich für die Edding AG eine SWOT-Analyse[7] als unterstützendes Instrument durchführen.

Stärken

Die Märkte im europäischen Ausland und Lateinamerika sind bereits etabliert und die Wachstumsraten aufgrund der guten Marktposition überdurchschnittlich. Eine weitere Stärke ist die Qualität der Marken *edding* und *Legamaster* sowie der hohe Bekanntheitsgrad der Marke *edding* in Deutschland.

Schwächen

Eine eindeutige Schwäche ist die bestehende Abhängigkeit vom deutschen Absatzmarkt, die in konjunkturschwachen Zeiten oder bei erhöhter Konkurrenz ein Umsatzrisiko darstellt. Durch die verschiedenen Computersysteme der einzelnen Tochtergesellschaften wird die Kommunikation erschwert. Außerdem wird die Strategie 2005+ nicht von allen Abteilungen bzw. Unternehmensbereichen verfolgt bzw. wurde dort noch nicht publik gemacht[8].

Chancen

Durch die Akquisition ausländischer Unternehmen kann die Abhängigkeit vom deutschen Markt verringert werden. Neue Märkte können erschlossen werden und sich dadurch eventuell die Chance eröffnen, neue Produkte ins Sortiment zu übernehmen. Weitere Chancen liegen in der Einführung von Produktinnovationen.

---

6 Pers. Mitteilung Edding AG (2005).

7 SWOT = Strengths, Weaknesses, Opportunities, Threats.

8 Pers. Mitteilung Edding AG (2005).

Mitarbeiterperspektive

Mitarbeiterpotenziale mobilisieren

Die gesteigerte Wettbewerbsintensität erfordert von den Mitarbeitern eine erhöhte Wandlungs-, Anpassungs- und Lernfähigkeit. Das Ziel der Edding AG ist, reaktives in proaktives Handeln umzuwandeln und zu etablieren. Die Voraussetzungen für die Dienstleistungsqualität, Stiftung von Kundennutzen sowie folglich den zukünftigen Erfolg und das Wachstum der Edding AG basieren vorrangig auf den Mitarbeitern (Fähigkeiten, Motivation etc.) sowie auf den Potenzialen von Informations- und Kommunikationssystemen. Um unternehmerisch handelnde und zufriedene Mitarbeiter zu erreichen und die Strategieumsetzung zu forcieren, sind zukunftsrelevante Mitarbeiterpotenziale (Qualifikation und Fähigkeiten) durch gezielte Weiterbildungsmaßnahmen zu entwickeln und zu mobilisieren. Die Resultate dieser Weiterbildungsmaßnahmen müssen schließlich gemessen werden.

5.1.3.2 Kritische Erfolgsfaktoren

KEF der finanzwirtschaftlichen Perspektive

Steigerung der wirtschaftlichen Wertschöpfung

Aus der Vision kann der wichtigste KEF abgeleitet werden, der auch von der Edding AG als oberstes Ziel definiert wurde, nämlich die Steigerung der wirtschaftlichen Wertschöpfung. Dieses strategische Ziel ist recht weit gefasst und eindeutig der finanzwirtschaftlichen Perspektive zuzuordnen. Da sich die Edding AG laut der „Strategie 2005+" in einer Wachstumsphase befindet, wurde als weiterer KEF der Ausbau der Akquisitionen im Ausland definiert. Die beiden KEF lassen sich auch durch die SWOT-Analyse begründen, da durch diese das Vertriebsziel, auf ausländischen Märkten zu wachsen, gemessen werden kann. Durch dies angestrebte Wachstum wird die Abhängigkeit von den inländischen Absatzmärkten verringert. Da sich die Edding AG laut der „Strategie 2005+" in einer Wachstumsphase befindet, sind Investitionen notwendig, was einen negativen Cash Flow impliziert. Daher sollten wachstumsorientierte Ziele, z. B. Ergebnis- oder Umsatzwachstumsraten, im Vordergrund stehen.

KEF der Kundenperspektive

Marktführerschaft ausbauen

Das Bekenntnis der Edding AG, *zur Spitze gehören zu wollen*, zieht zwangsläufig den KEF *Marktführerschaft ausbauen* nach sich, der sich sowohl auf Deutschland als auch auf die übrigen Zielländer bezieht.

Dies wird als das strategische Oberziel in der Kundenperspektive angesehen. Um die Marktführerschaft ausbauen zu können, müssen weitere Ziele in Betracht kommen. Dazu zählen *Kundenzufriedenheit erhöhen* sowie *Qualität (Kundenbetreuung) sichern*. Ein weiteres strategisches Ziel, das sich aus der SWOT-Analyse ableiten lässt, ist *Internationalität vorantreiben*.

KEF der internen Prozessperspektive

Wie bereits oben beschrieben, möchte die Edding AG zur Spitze gehören, was die KEF *Sicherung der Qualität* und *Gewährleistung der Zuverlässigkeit* bewirken sollen. Der KEF *Integration der Tochtergesellschaften* wurde durch die Akquisition von ausländischen Unternehmen notwendig. Weitere KEF sind *Produktinnovationen schaffen* und *Kundenmanagementprozess verbessern*. Im Innovationsprozess werden die aufkommenden oder latenten Wünsche der Kunden erforscht und die entsprechenden bedürfnisbefriedigenden Produkte bzw. Dienstleistungen geschaffen. Der Innovationsprozess verkörpert die Treiber der langfristigen Wertgenerierung und Sicherung der Überlebensfähigkeit und ist daher als erfolgskritisch anzusehen. Vor dem Hintergrund der Kundenorientierung ist beispielsweise das Erkennen von Kundenwünschen oder das Aufspüren von Trends in der Gesellschaft sowie deren Umsetzung in Produktinnovationen erfolgs- und zukunftsweisend. Der prozessübergreifende Kundenmanagementprozess beinhaltet Serviceleistungen, die einen wesentlichen Beitrag zur Steigerung des Kundennutzens und der Kundenzufriedenheit leisten.

KEF der Mitarbeiterperspektive

Bereits aus der Vision geht hervor, dass die Edding AG die *Mitarbeiterentfaltung* und *-flexibilität* bzw. deren *Selbstverantwortung* fördern möchte, die folglich auch als KEF festgelegt wurden. Um den zukünftigen Erfolg und das Wachstum für die Edding AG zu gewährleisten sowie die nötige Effektivität bzw. Effizienz in den Arbeitsabläufen zu erreichen, sind als Grundvoraussetzung motivierte Mitarbeiter notwendig. Deshalb wurde als dritter KEF für diese Perspektive *Mitarbeitermotivation erhöhen* definiert.

5.1.3.3 Ursache-Wirkungs-Modell

Das folgende Schaubild soll das Ursache-Wirkungs-Geflecht der strategischen Ziele der „Edding AG" graphisch darstellen.

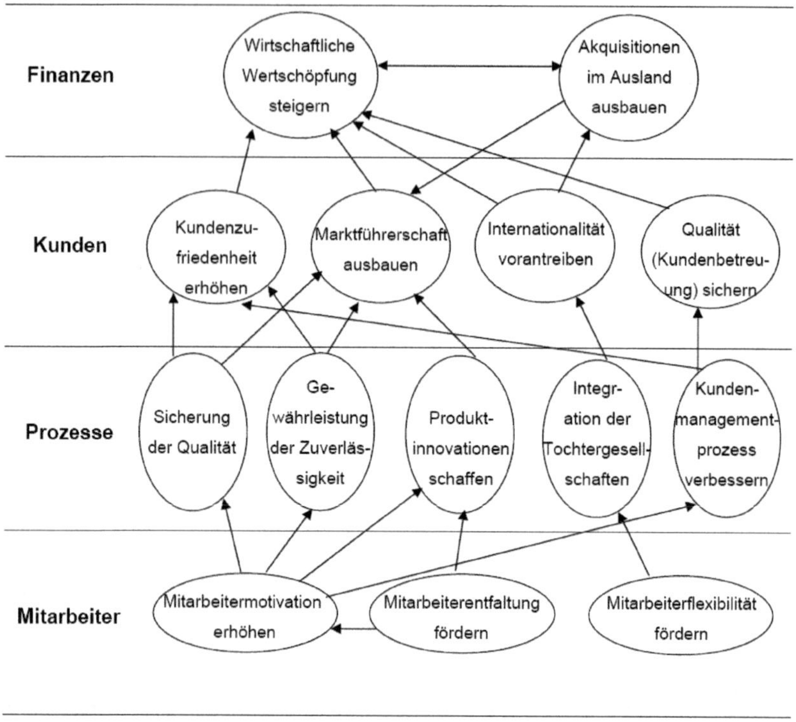

Abbildung 67: Ursache-Wirkungs-Modell der Edding AG
Quelle: C. Braun, O. de Carne: Entwicklung einer Balanced Scorecard. FH NON, Semesterarbeit (2003)

Um die kausalen Zusammenhänge des Ursache-Wirkungs-Geflechts zu beschreiben, geht man von den KEF der Mitarbeiter aus und untersucht die Wirkungen auf die nachfolgenden KEF der einzelnen Perspektiven von unten nach oben.

Mitarbeiter-flexibilität

Wenn die *Mitarbeiterflexibilität* gefördert wird, erhöht man das Verständnis der Zusammenarbeit einzelner Mitarbeiter mit Tochtergesellschaften.

Integration der Tochter-gesellschaften

In diesem Zusammenhang wird ein höherer *Integrationsgrad der Tochtergesellschaften* erreicht. Unter anderem steigert sich die Bereitschaft zu einem Standortwechsel bei den einzelnen Mitarbeitern. Wenn die *Mitarbeiterentfaltung* gefördert wird, d. h. auch Spielräume eingeräumt werden, steigt die Mitarbeitermotivation und durch größere – bis zu einem bestimmten Grad – kontrollierte Verantwortungsbereiche auch die *Innovationsbereitschaft*.

Mitarbeitermotivation

Durch eine Erhöhung der *Mitarbeitermotivation* wird eine bessere Identifikation mit der Edding AG initiiert, die zu einer konzentrierteren und bewussteren Arbeitsweise führt und damit zu einer Qualitätssicherung. Darüber hinaus zeichnen sich motivierte Mitarbeiter durch Zuverlässigkeit aus, d. h. z. B., dass Termine fristgerecht eingehalten werden. Darüber hinaus sind sie eher bereit, sich über Verbesserungen und Neuerungen der Betriebsabläufe Gedanken zu machen, was sich durch die vermehrte Abgabe von Innovationsvorschlägen bemerkbar macht. Weiterhin sind motivierte Mitarbeiter bestrebt, die Serviceleistungen für den Kunden und damit die Kundenzufriedenheit zu erhöhen, was in einem verbesserten Kundenmanagementprozess resultiert.

Kundenmanagementprozess

Ein verbesserter *Kundenmanagementprozess* führt zu zufriedenen Kunden und zu einer Qualitätssicherung in der Kundenbetreuung. Durch die *Integration der ausländischen Tochtergesellschaften,* z. B. mittels Einführung eines einheitlichen Kommunikationssystems, wird gewährleistet, dass die Internationalität vorangetrieben wird, da man neben seinen ausländischen Vertriebspartnern nun vielleicht auch mit seinen ausländischen Kunden direkt in Kontakt treten kann.

Werden *Produktinnovationen* am Markt platziert und vom Markt angenommen, kann die Marktführerschaft ausgebaut oder übernommen werden.

Kann die Edding AG die *Zuverlässigkeit gewährleisten,* steigt die Kundenzufriedenheit durch z. B. stets termingerechte und vollständige Lieferungen. Langfristig zieht dies ein positives Image nach sich, was sich auf die Marktführerschaft auswirken kann.

Weil durch gute *Qualität* ein hoher Produktnutzen für den Kunden erreicht wird, steigt dessen Zufriedenheit, was sich durch ein gutes Image ebenso wie im vorigen Fall auf die Marktführerschaft auswirken kann.

Sicherung der Qualität

Setzt man voraus, dass Kunden im Mittelpunkt des Wertschöpfungsprozesses stehen, lässt sich ableiten, dass eine *Sicherung der Qualität (Kundenbetreuung)* für die wirtschaftliche Wertschöpfung unumgänglich ist.

Wenn die *Internationalität vorangetrieben* wird, entstehen Kontakte, die zu weiteren Akquisitionen im Ausland führen können. Weiterhin ist anzumerken, dass durch eine zunehmende Internationalität das Absatzgebiet erweitert wird und es so zu einer Steigerung der wirtschaftlichen Wertschöpfung kommt.

Ausbau der Marktführerschaft

Durch den *Ausbau der Marktführerschaft* können beispielsweise Preise bestimmt werden, die zur Steigerung der wirtschaftlichen Wertschöpfung führen.

Eine *Erhöhung der Kundenzufriedenheit* führt möglicherweise auch in anderen Geschäftsbereichen zu einer Kundenbindung, die sich positiv auf die wirtschaftliche Wertschöpfung auswirken kann.

Akquisitionen im Ausland bewirken eine eventuelle Übernahme von Mitkonkurrenten und vergrößern den Marktanteil, so dass die Marktführerschaft ausgebaut werden kann.

Wirtschaftliche Wertschöpfung

Darüber hinaus können durch den Kauf von Produktionsstätten im Ausland, in denen kostengünstiger produziert werden kann, Einsparungspotenziale entstehen, wodurch die wirtschaftliche Wertschöpfung gesteigert werden kann. Anders herum generiert eine *wirtschaftliche Wertschöpfung* zusätzliche Akquisitionen im Ausland.

5.1.3.4 Kennzahlen und Zielwerte

Die Herleitung der Kennzahlen ergab sich aus dem Gespräch bei Edding [10] und soll durch die folgenden Abbildungen dargestellt werden. Die Istwerte 2007 wurden dem Geschäftsbericht 2007 entnommen. Teilweise wurden auch eigene Annahmen getroffen.

5.1.3.5 Maßnahmen

Zuordnung zu Verantwortlichen

Um eine erfolgreiche Maßnahmensteuerung zu gewährleisten, ist eine Zuordnung zu Verantwortlichen nötig. Dies können sowohl einzelne Personen als auch Abteilungen sein. Außerdem muss ein Maßnahmenstatus angegeben werden, um zu dokumentieren, ob die Maßnahme „erledigt", „offen", „in Arbeit" oder „nicht mehr erreichbar" ist. Dies ist in der Excel-Lösung berücksichtigt.

Maßnahmen zur Erreichung der KEF der finanzwirtschaftlichen Perspektive

Für das allgemein gehaltene Ziel *wirtschaftliche Wertschöpfung steigern* wurde keine konkrete Maßnahme definiert, da dieser KEF durch Ziele und damit Maßnahmen aus den anderen Perspektiven insgesamt erreicht werden soll.

---

10 Edding AG: Pers. Kommunikation (2005).

Um *Akquisitionen im Ausland ausbauen* zu können, sind Informationen über sämtliche Bereiche, wie z. B. Kultur, Wettbewerber, demographische Entwicklung etc. des Zielmarktes die Grundvoraussetzung. Eine Beratung mit Einwohnern des Ziellandes könnte eine wertvolle Hilfe darstellen, da diese über Insiderwissen verfügen bzw. die Marktstrukturen über einen längeren Zeitraum aktiv mitverfolgt haben. Außerdem müssen – bevor man sich im Zielland engagiert – die finanziellen und investitionspolitischen Voraussetzungen geschaffen werden, so dass auch zu jedem Zeitpunkt in der Expansionsphase über ausreichend liquide Mittel verfügt werden kann.

Maßnahmen zur Erreichung der KEF der Kundenperspektive

Vertrauen schaffen, besondere Serviceleistungen bieten

Die Maßnahmen zielen darauf ab, dass zwischen den Kunden und der Edding AG eine dauerhafte vertrauensvolle Zusammenarbeit gewährleistet ist.

Zusammenfassend kann man folgende Ziele herausstellen: Vertrauen schaffen, Präsenz sowie besondere Serviceleistungen bieten. Hierbei ist besonders darauf zu achten, dass alte bzw. bereits gewonnene Kunden nicht wieder „verloren“ gehen, sondern dass hier ein dauerhafter Kontakt aufgebaut und gehalten wird.

Maßnahmen zur Erreichung der KEF der internen Prozessperspektive

Sicherung der Qualität

Um *die Sicherung* der *Qualität* zu gewährleisten, müssen gewisse Mindeststandards im Produktionsprozess bzw. darüber hinaus neue Mindeststandards selbst intern definiert werden, mit denen ein Wettbewerbsvorteil erreicht werden kann. Da dieser Punkt die Basis unter anderem für das positive Image der Edding AG darstellt, sollte in diesem Bereich auch nicht an Personalkapazitäten gespart werden. Deshalb wird die Bildung eines Qualitätsmanagements empfohlen. Durch Wettbewerbsvergleiche der Lieferanten soll gewährleistet werden, dass man nur mit den „Besten“ zusammenarbeitet, um den hohen Qualitäts- und Serviceansprüchen der Kunden gerecht zu werden.

Zuverlässigkeit gewährleisten

Um auch in *Zuverlässigkeit gewährleisten* an der Spitze zu sein, müssen Informationen zu Lieferterminen, Status der Produktion etc. jederzeit verfügbar sein. Außerdem muss definiert sein, wer in welchen Zeitabständen die Kontrolle für die einzelnen Bereiche übernimmt. Ein besonders wichtiges Kriterium für den Erfolg eines technischen Informationssystems ist die aktive Kommunikation und Pflege aller aktuellen Daten im gesamten Konzern.

Kreativität fördern

Die Edding AG möchte Kreativität fördern und damit *Produktinnovationen schaffen*. Dies lässt sich nur erreichen, wenn man aktuelle Trends als Erster erkennt bzw. ein Gespür für zukünftige Kundenbedürfnisse entwickelt. Vorreiter für neue Produkte zu sein, kann einen ganz erheblich positiven Einfluss auf das Image bzw. den Bekanntheitsgrad der Marke bedeuten. Um eventuell auch neue Materialien zur Produkterstellung einzusetzen, könnte ein erhöhter Bedarf an qualifiziertem Fachpersonal (Ingenieure) notwendig sein, was in den Personalplanungen Berücksichtigung finden muss. Die Einführung eines Innovationswettbewerbs an Universitäten könnte kostengünstige Ideen hervorbringen, die realisiert werden müssten. Außerdem wird der Kontakt zu potenziellen zukünftigen Mitarbeitern gefördert.

Integration der Tochtergesellschaften

Die *Integration der Tochtergesellschaften* ist ein besonders wichtiger KEF, um Wachstumspotenziale nutzen zu können. So wird entscheidend sein, wie schnell und reibungslos die Integration stattfindet.

Hierfür sind einheitliche IT-Systeme erforderlich, damit alle Bereiche des Konzerns auf die jeweils benötigten Informationen – auch in unterschiedlichen Sprachen – zugreifen können. Wenn das Unternehmen durch die Akquisition von Tochtergesellschaften wächst, entstehen jedoch auch Synergieeffekte, die Einsparungspotenziale z. B. in Form von Stellenabbau zur Folge haben. Entscheidend wird sein, in den neuen Unternehmensbereichen die unternehmerische Vision zu veröffentlichen, damit ein einheitlicher „Kurs" verfolgt wird.

Verbesserung des Kundenmanagementprozesses

Wie oben beschrieben, stellen die Kunden die Basis einer erfolgreichen Unternehmung dar. Die Maßnahmen zur *Verbesserung des Kundenmanagementprozesses* sollen somit dazu beitragen, dass die Kundenzufriedenheit (besonders bei den Schlüsselkunden) durch das Angebot von Serviceleistungen aus den verschiedensten Bereichen steigt. Durch die Einführung eines mehrsprachigen Online-Bestellsystems soll dem Kunden jederzeit ein einfaches Bestellen ermöglicht werden.

Maßnahmen zur Erreichung der KEF der Mitarbeiterperspektive

Letztendlich hängt der Erfolg eines Unternehmens von den Fähigkeiten, Qualifikationen und individuellen Charakteren der einzelnen Mitarbeiter ab. Dies ist generell bei der Personalplanung zu berücksichtigen.

Höhere Motivation

Wöchentliche Abteilungsbesprechungen bzw. abteilungsübergreifende Besprechungen sollen den Mitarbeitern aufzeigen, wie wichtig interne Kommunikation sowie das Handeln jedes einzelnen für den Verbund ist, wodurch bei allen die Motivation gesteigert wird. Eine höhere Motivation impliziert auch meistens eine zunehmende Identifikation mit dem Unternehmen und resultiert in einem größeren Verantwortungsbewusstsein, was wiederum zur Sicherung der Qualität in den bereits oben angesprochenen Bereichen beiträgt. Schulungen bzw. Weiterbildungen tragen dazu bei, dass die Mitarbeiter mehr Fachkompetenz gewinnen, was wiederum das Selbstwertgefühl jedes einzelnen steigert und so eine ähnliche Aktionskette auslöst. Durch eigene in die Praxis umgesetzte Verbesserungsvorschläge und größere Verantwortungsbereiche kann sich der einzelne Mitarbeiter freier entfalten.

Auf diese Weise wird verhindert, dass ein Gefühl von vergleichsweise hohem Druck durch Kontrolle der Vorgesetzten aufkommt. Eine Fixierung der Wichtigkeit der Mitarbeiterindividualität im Leitbild soll bewirken, dass auch Jobsuchende bzw. potenzielle Bewerber auf die Edding AG aufmerksam werden, weil sie ihre Vorstellungen über einen modernen Arbeitgeber in der Unternehmensphilosophie wiederfinden.

Einführung flexibler Arbeitszeitmodelle

Die Einführung von Gleitzeit soll eine bessere work-life-balance bewirken. Dadurch wird der einzelne Mitarbeiter ausgeglichener, so dass eine verbesserte Konzentration am Arbeitsplatz wiederum zur Sicherstellung der Qualität usw. beiträgt. Nebenbei kann die Edding AG durch Einführung flexibler Arbeitszeitmodelle langfristig Kosten einsparen, da eine bessere Kapazitätsauslastung gewährleistet ist.

5.1.4 Die Balanced Scorecard der Edding AG

Abbildung 68 zeigt die Übersichtsseite der Edding Balanced Scorecard, wie sie in dem Studentenprojekt erstellt wurde.

In dieser Übersichtsseite sind die vier Perspektiven mit ihren kritischen Erfolgsfaktoren zu sehen. Bei jedem KEF wird der Status der Zielerreichung sowohl als Prozentwert als auch als Ampel (grün = besser als 0,8, gelb = 0,5 – 0,8, rot = schlechter als 0,5) dargestellt. So kann das Optimierungspotenzial des Unternehmens leicht erkannt werden.
Inzwischen hat die Edding AG eine Balanced Scorecard auf der Basis von MS-Excel realisiert, die auch in der Praxis genutzt wird.

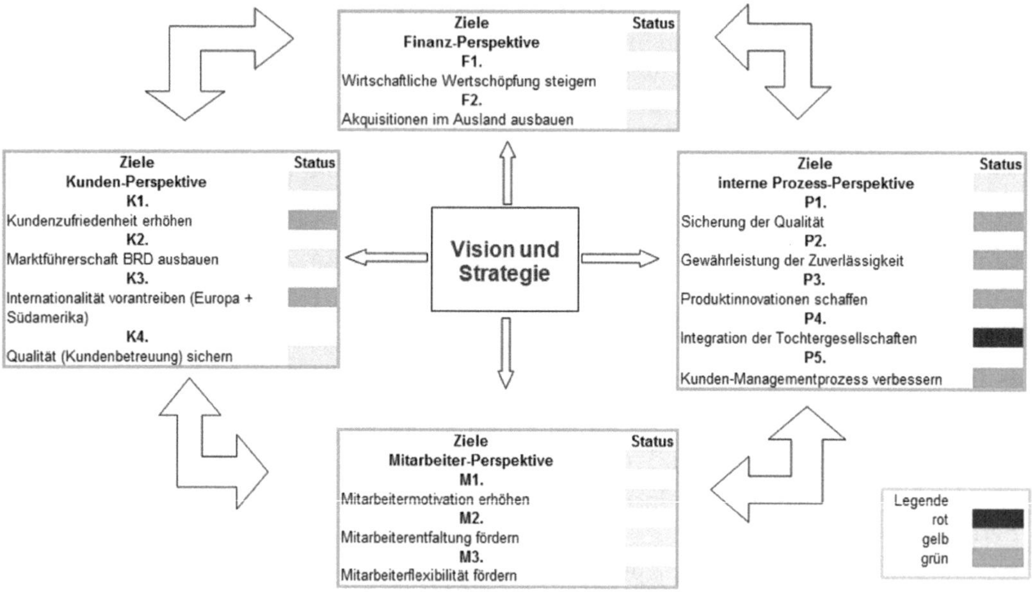

Abbildung 68: Übersichtsseite der Balanced Scorecard von Edding
Quelle: C. Braun, O. de Carne: Entwicklung einer Balanced Scorecard. FH NON, Semesterarbeit (2003)

Nachteile der Excel-Lösungen

Bei der täglichen Nutzung haben sich allerdings auch in diesem Unternehmen die Nachteile der Excel-Lösungen herausgestellt, wie sie in Kapitel 4.4.1 beschrieben wurden:

- Es kann nur eine Organisationseinheit betrachtet werden.
- Bei Anpassungen an die Organisationsstrukturen sind umfangreiche Änderungen in der Programmierung nötig. Eine Parametersteuerung ist aus verschiedenen Gründen (unter anderem Laufzeitverhalten) in Excel-Lösungen nicht realisierbar.
- Die Erfassung für die Grundparameter der BSC: Vision, Mission und Strategie entspricht nicht den Erfordernissen der täglichen Praxis.
- Bei der Planung von Maßnahmen gibt es keine Möglichkeiten zur Hinterlegung von Verantwortlichkeiten und Terminen.
- Die Definition von Ursache-Wirkungs-Zusammenhängen ist nicht möglich.
- Die Abbildung der Strategiekarte enthält keine Abbildung der Zielerreichungen.

- Notwendige kleinere Anpassungen der Berichte haben umfangreiche Programmierarbeiten zur Folge.
- Eine Berechtigungssteuerung kann nur mit größtem Aufwand realisiert werden.
- Um die Konsistenz der Daten zu gewährleisten, kann nur eine zentrale Bearbeitung der Daten erlaubt werden, was zu großem Erfassungsaufwand führt und zu vermehrten Erfassungsfehlern.

Dennoch war die MS Excel-Lösung für Edding ein wichtiger Schritt zur Realisierung der Balanced Scorecard, da bei der Einführung dieser Lösung viele notwendige Vorarbeiten bereits erfolgten, auf die eine geplante professionelle unternehmensweite Lösung aufbauen kann.

5.2 Implementierung und Nutzwert einer BSC bei Marc O'Polo (ScorePrise)

Anhand des Unternehmens Marc O'Polo soll nun eine Balanced Scorecard-Einführung beispielhaft dargestellt. Bevor auf diese Einführung detailliert eingegangen wird, soll das Unternehmen kurz beschrieben werden, um einen Eindruck des Betriebes zu vermitteln, bevor auf die Balanced Scorecard-Einführung eingegangen wird.

5.2.1 Unternehmensdarstellung und Klassifikation

Gründung

Das Unternehmen Marc O'Polo wurde 1967 von den Schweden Rolf Lind und Göte Huss sowie dem Amerikaner Jerry O'Sheets in Stockholm gegründet, bevor es Werner Böck ein Jahr später nach Deutschland brachte.[11]

Unternehmen

Die Marc O'Polo Gruppe beschäftigt knapp 1200 Mitarbeiter. Hauptaufgabe ist die Kreation und Distribution von Casual Wear im europäischen Premiumsegment sowie die Vergabe der Lizenzen. Dabei arbeitet Marc O'Polo mit Fremdproduzenten zusammen. Im Berichtsjahr 2007/2008 wurde konzernweit ein Umsatz von 288 Mio. € erzielt. Bedingung bei allen Unternehmenszielen ist eine verantwortungsbewusste und auf langfristige Wertschöpfung ausgerichtete Führung und Kontrolle des Unternehmens.[12]

---

11 *Marc O'Polo,* Unternehmensdarstellung, 2005, S. 4.

12 *Marc O'Polo,* Nachhaltigkeit, www, Zugriff am 01.03.2009.

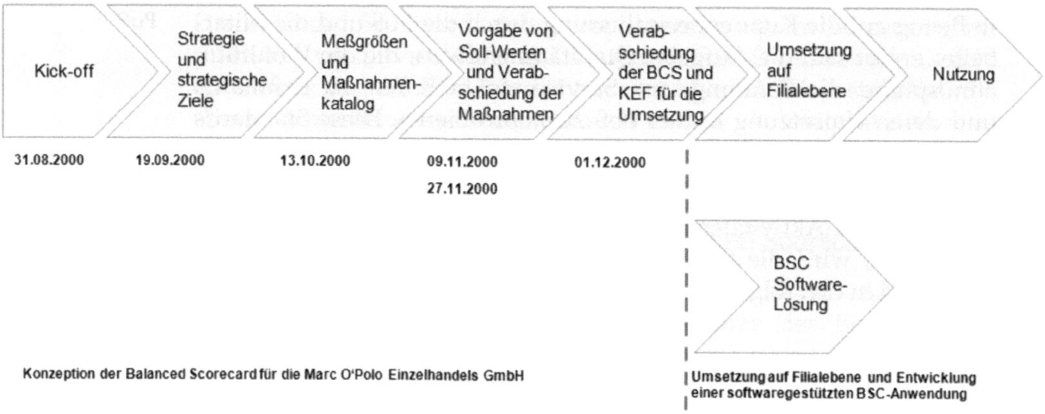

Abbildung 70: Projektplanung zur Einführung der BSC bei der Marc O'Polo Einzelhandels GmbH
Quelle: Marc O'Polo

Strategie

Eine Strategie dagegen existierte zum gegebenen Zeitpunkt der BSC-Einführung nur in den Köpfen der Führungskräfte, jedoch nicht in formulierter Form. Aus diesem Grund wurden im Rahmen eines Workshops, an der die strategischen Verantwortlichen teilnahmen, die strategischen Ziele in Verbindung mit der Strategie entwickelt. Zur Findung und Definition der KEF wurde eine SWOT-Analyse durchgeführt, bei der die Stärken und Schwächen des Unternehmens sowie die Chancen und Risiken am Markt erörtert und gegenübergestellt wurden, um sich der umsetzbaren strategischen Ziele bewusst zu werden.

Ziele und Maßnahmen

Nach ungefähr vier Wochen wurden in der nächsten Phase die Messgrößen und Maßnahmen bestimmt. In „Quality Circles" wurden Soll- und Ist-Werte für die einzelnen Ziele bestimmt und Verantwortlichkeiten festgelegt. Die Erarbeitung dieser Werte wurde durch mehrere Teams durchgeführt, die zum Teil aus Mitarbeitern des operativen Bereichs bestanden.

Die Konzeptionsphase dauerte insgesamt drei Monate, bevor die erstellte Balanced Scorecard mit all ihren Bestandteilen präsentiert und verabschiedet wurde und die Phase der Umsetzung begann.

Filialsystem

Die Balanced Scorecard wurde für die Einzelhandels GmbH erstellt, die das Filialsystem mit einbezieht. Da Führungskräfte aller betroffenen Bereiche bei der Erstellung der BSC beteiligt gewesen sind und sich gemeinsam auf strategische Ziele geeinigt haben, wurde ausschließlich eine umfassende Balanced Scorecard erstellt. Damit war eine Kaskadierung im Unternehmen nicht nötig. Dies begründet sich auch daraus, dass eine einheitliche markenorientierte Retailführung angestrebt wurde, die nicht zu gewährleisten ist, wenn jeder Bereich seine eigene Balanced Scorecard unterhält und die Einheitlichkeit dadurch verloren geht.

Umsetzung

Die Umsetzung der Balanced Scorecard gestaltet sich gemäß Abbildung 71.

Durch sich wiederholende Aktivitäten wird die BSC gelebt. Regelmäßig werden Kennzahlen (Erfolgsgrößen) zur Erfüllung der strategischen Ziele überprüft und gegebenenfalls neu abgeleitet und mit Sollwerten belegt. Die jeweiligen Ist-Werte, die im Verhältnis zu den Soll-Werten die Zielerreichung kennzeichnen, werden dabei regelmäßig kontrolliert. Dasselbe wird für die Maßnahmen unternommen.

Abbildung 71: Nutzung des Erfolgssystems Balanced Scorecard
Quelle: *Gedat, Alexander/Salfeld, André,* Retailführung, 2005, www, Zugriff am 01.12.2005, S. 3

Monatliche Treffen

Monatlich treffen sich die Geschäftsleitung der Einzelhandels GmbH und die Regionalleiter zur Grobabsprache der Maßnahmen. Die Feinplanung unternimmt jeder Regionalleiter mit den jeweiligen Filialleitern.

Die Balanced Scorecard wird bei Marc O'Polo zu einem festen Bestandteil der Kommunikation und dient bei Führungsgesprächen als Diskussionsbasis.

Das nächste Kapitel zeigt die Balanced Scorecard als das Ergebnis des gerade beschriebenen Projekts.

5.2.3.2 Betriebswirtschaftliche Kernaspekte

Die folgende Abbildung 72 zeigt das ursprüngliche Ursache-Wirkungs-Modell, das für Marc O'Polo herausgearbeitet wurde.

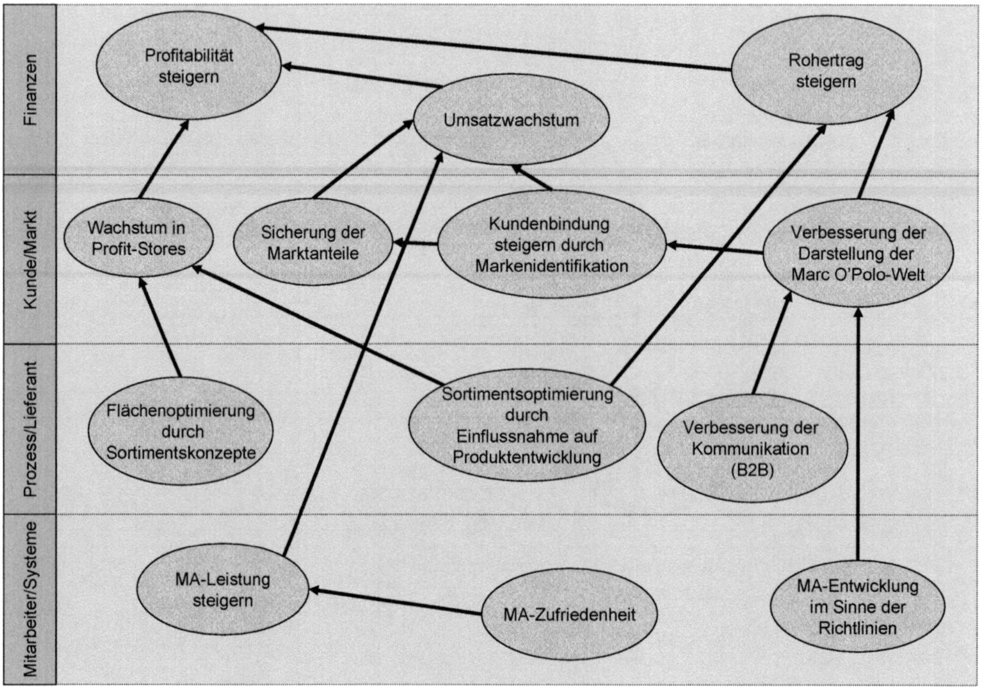

Abbildung 72: Ursache-Wirkungs-Modell der Marc O'Polo Einzelhandels GmbH
Quelle: Marc O'Polo

Perspektivenwahl

Man entschied sich für die vier klassischen Perspektiven Mitarbeiter/Systeme, Prozess/Lieferant, Kunde/Markt und Finanzen. Die Perspektiven wurden beibehalten, die Ziele jedoch wurden im Laufe der Implementierungsphase weiter verdichtet. Die aktuellen acht Ziele in Verbindung mit ihren Kennzahlen und Zielwerten werden im folgenden Balanced-Scorecard-Bericht (vgl. Abbildung 73, Seite 205 f.) dargestellt, der mit der Software ScorePrise erarbeitet wurde.

(01202) Juli 2005 Marc O'Polo®

HH Eppendorf Women

	Vorjahr	Plan	Ist	Ist/Plan
Entwicklung [Gj]				
Profitabilität [Gj]				
Umsatz (netto) D [GJ]	91.634,75	94.272,00	114.179,02	+21,12%
Rohertrag % [GJ]	41,87	39,57	44,95	+5,38%.
Personalkosten % [GJ]	20,01	23,53	19,90	+3,64%.
Betriebsergebnis % [GJ]	-6,19	-14,43	4,78	+19,21%.
Flächenoptimierung [Gj]				
NOS-Anteil % [GJ]	9,97	7,00	10,74	+3,74%.
Mitarbeiterleistung [Gj]				
Teile pro Bon [GJ]	1,70	1,70	1,68	-1,27%
Mitarbeiterzufriedenheit [Gj]				
Kundenzufriedenheit C.S.I.		2,00	2,16	-8,00%
Fluktuation %	0,00	0,00	0,00	0,00%.
Krankheitsquote [GJ]	0,00	2,50	0,00	+2,50%.
MA-Zufriedenheits-Index	1,55	2,00	1,80	+10,00%
Finanzen				
Profitabilität steigern				
Umsatz (netto) D	49.891,08	51.327,00	56.620,27	+10,31%
Rohertrag %	32,65	33,35	42,21	+8,86%.
Personalkosten %	16,85	21,33	23,64	-2,30%.
Betriebsergebnis %	-11,20	-14,68	0,75	+15,43%.
Gesamtbestand in €	60.725,00	85.507,00	89.180,00	-4,30%
Umsatzwachstum a.d. neue F.				
Aktionen (i.d.l. 3 Mo.)	0,00	1,00	1,00	0,00%
Kunde/Markt				
Kundenbindung steigern				
Konversionsrate %	51,57	50,00	22,03	-27,97%.
Verbess. der Darst. der MOP Welt				
MOP-Outfit %	100,00	100,00	100,00	0,00%.
VM-Index	2,00	2,00	2,00	0,00%
Prozesse				
Flächenopt. d. Sort.konzepte				
LUG	4,12	4,35	4,17	-4,03%
NOS-Anteil %	9,90	7,00	11,30	+4,30%.
Mitarbeiter/Systeme				
MA-Entwicklung Richtlinien				
Schulungstage	0,00	0,00	0,00	
MA-Leistung steigern				
Teile pro Bon	1,71	1,70	1,62	-4,81%
Friendshipcards	41,00	25,00	33,00	+32,00%
Umgesetzte Innovationsvorschläge				
MA-Zufriedenheit				
Krankheitsquote %	0,00	2,50	0,00	+2,50%.

Tabelle 7: Darstellung der Kennzahlen der ausgewählten strategischen Ziele

Perspektive	Strategische Ziele	Kennzahlen
Kunde/Markt	Kundenbindung steigern durch Markenidentifikation/ Kundenzufriedenheit	• Kundenzufriedenheit • Konversionsrate
	Verbesserung der Darstellung der Marc O'Polo-Welt	• Visual Merchandising Index • Marc O'Polo-Outfit
Prozess/Lieferant	Flächenoptimierung durch Sortimentskonzepte	• Umsatz je Quadratmeter • Lagerumschlagsgeschwindigkeit • NOS-Anteil
Mitarbeiter/Systeme	Mitarbeiterleistung steigern	• Messung des MA-Umsatzes je Stunde • Teile pro Bon und MA • Innovationsvorschläge • Umgesetzte Innovationsvorschläge • Friendship Cards
	Mitarbeiterzufriedenheit	• Mitarbeiterzufriedenheits-Index • Jährliche Erhebung einer MA-Befragung, durch die auch die Identifikation mit der Marke analysiert wird. • Fluktuation • Krankheitsquote
	Mitarbeiterentwicklung im Sinne der Richtlinien	• Anzahl Schulungstage je Mitarbeiter

Quelle: Eigene Darstellung

Erfolg

Der Mitarbeiterstundenumsatz erhöhte sich um 14 % und die Anzahl der Teile je Bon um 1 %. Da diese Steigerung noch nicht gravierend ist, soll sie in den nächsten Jahren verstärkt angegangen werden.

Insgesamt führten diese Erfolge zu Steigerungen der finanziellen Ziele, die die Endziele und damit die Hauptziele der Ursache-Wirkungs-Zusammenhänge der BSC darstellen. Der Umsatz stieg sich um 8 %, der Rohertrag um 1,9 % und das Betriebsergebnis um 4,5 %.[17]

---

17 Vgl. ebd.

Diese Ergebnisse konnten im gerade abgeschlossenen Geschäftsjahr 2005/06 noch verbessert werden. Es hat sich eine Umsatzsteigerung von 36 % ergeben, der Rohertrag stieg um 1,6 % und das Betriebsergebnis verbesserte sich um 9 %.[18]

Der Erfolg der Balanced Scorecard bei Marc O'Polo wurde durch die Einführung einer adäquaten Software mit beeinflusst. Das nächste Kapitel wird näher auf die informationstechnische Umsetzung der BSC eingehen.

5.2.3.3 Implementierung der BSC in die IT-Infrastruktur

Spreadsheet-Lösung

Die Einzelhandels GmbH startete bei der Balanced Scorecard-Einführung mit einer Spreadsheet-Lösung, bevor man sich im Jahre 2005 für eine Unterstützung durch die Software ScorePrise (siehe Kapitel 2.4.2) entschied.

Erhöhte Komplexität

Zu Beginn wurde eine Software nur zu Dokumentationszwecken benötigt, wofür Excel von Microsoft ausreichte. Ampelfunktionen oder sonstige Funktionalitäten waren nicht erforderlich.

Mit der Zeit zeigten sich Schwierigkeiten bei der Umsetzung durch Excel. Da alle Filialsysteme mit der Software verwaltet werden sollten, wurden die verwendeten Pivot-Tabellen (spezielle Tabellenform zur geordneten Darstellung komplexer Datenbestände, die das Zusammenführen, Anzeigen, Auswerten und Filtern von Daten ermöglicht) sehr groß. Dies führte ab 30.000 Zeilen zu Problemen beim Datenhandling, so dass der Datenpflegeaufwand nicht mehr zu vertreten war und sich im Jahre 2003 die Frage nach einer speziellen Balanced Scorecard-Software stellte.

Softwareauswahl

Die Anforderungen an eine Applikation wurden in einem Workshop herausgearbeitet, an dem die Geschäftsführung sowie Verantwortliche der IT-Abteilung teilnahmen. Der Anforderungskatalog als Ergebnis des Workshops wird in Tabelle 8 dargestellt.

ScorePrise

Die Wahl fiel auf ScorePrise, da es eine für den Mittelstand zugeschnittene Software ist, die die oben genannten Anforderungen erfüllt. Diese Anwendung trug wesentlich zum Erfolg der Balanced Scorecard-Umsetzung bei Marc O'Polo bei.

---

[18] Vgl. ebd.

Tabelle 8: Anforderungen an eine BSC-Software durch Marc O'Polo

Bereich	Anforderungen von Marc O'Polo
EDV	• Zentrale Datenbank • Programmierte Oberflächen • Standardplattform Windows • Offene Schnittstellenstruktur
Controlling	• Format (Lesbarkeit) • Pflegeaufwand minimieren • Automatisierte Datenimport aus Vorsystem bzw. E-Mail • Frontend zur Datenerfassung (direkte Erfassung über das Internet) • Multiplizierbarkeit • Automatische Berechnung der Kennzahlen (Konsolidierung, Kumulation ...)
Abgrenzung	• Keine Planung, kein Forecast • Keine mehrdimensionale Datenbank, keine Ad-hoc-Auswertungen

Quelle: Marc O'Polo

Welchen Nutzen die Balanced Scorecard auch für die Zukunft darstellt, wird im Folgenden beschrieben.

5.2.4 Nutzwert der Balanced Scorecard heute und morgen

„Erfolg ist kein Zufallsprodukt. Durch Konzentration und Konsequenz wird Erfolg realisierbar und wiederholbar."[19]

Konsequente Umsetzung

Marc O'Polo ist erfolgreich und konnte durch die Konzentration auf acht strategische Ziele, die konsequente Umsetzung der Maßnahmen und die Kontrolle der Soll- und Ist-Werte der Kennzahlen die Ergebnisse der finanziellen Ziele maßgeblich erhöhen.

Konzentration auf das Wesentliche

Das Unternehmen konzentriert sich nun auf das Wesentliche. Durch den Einsatz der Balanced Scorecard wurde über die strategischen Ziele Klarheit geschaffen. Außerdem wurde die Zielerreichung durch die Definition von Maßnahmen realisierbar, was zu einer Steigerung der Leistungsmotivation führte. Durch die Mitarbeit an der Konzep-

---

19 *Gedat, A./Salfeld, A.*, Mitarbeiterführung, 2005, S. 34 f.

tion und auch an der Umsetzung der BSC von Verantwortlichen aus den betroffenen Bereichen erreichte man eine offenere Kommunikation, was eine Verbesserung des operativen Lernens zur Folge hatte.[20]

Leistungsverbesserung

Langfristig wird sich die Leistung des Unternehmens weiter verbessern. Durch die in der Balanced Scorecard aufgezeigten Ergebnisse werden Erfolge oder Misserfolge jedes Mitarbeiters sichtbar, was zum einen den Wettbewerb und damit die Leistung verstärkt, zum anderen aber auch die Kommunikation im Unternehmen fördert, wenn entsprechende Ursachen hinterfragt werden.[21]

Ganzheitliches Denken

Mitarbeiter lernen durch die BSC ein ganzheitliches Denken, da die Ursache-Wirkungs-Zusammenhänge die Verbindung des eigenen Handels zum endlichen finanziellen Ziel transparent machen und das strategische Lernen unterstützen. Außerdem schaffen sie Klarheit über die Ziele, die erreicht werden sollen.

Effektivitäts-Steigerung

Durch das kontinuierliche Wiederholen des in Abbildung 72 dargestellten Ablaufs werden die Strategie und die damit verbundenen Ziele stetig hinterfragt und bearbeitet, was die Effektivität des Managements steigert.

Ausweitung

Nach der erfolgreichen Einführung der Balanced Scorecard für das Filialsystem wurde die BSC an das Franchise-System, an E-Commerce und an das Factory-Outlet angepasst und mit Hilfe von ScorePrise implementiert.

Für die Zukunft soll die Balanced Scorecard auch für den Betrieb und den Personalbereich mit ScorePrise realisiert werden. Außerdem ist die Verbindung der Balanced Scorecard mit dem Risikomanagement geplant, was weitere Vorteile für Marc O'Polo bringen wird. Mit der Auswahl von ScorePrise wurde diesbezüglich die richtige Wahl getroffen, da es sich zum Einsatz der Balanced Scorecard in Verbindung mit dem Risikomanagements eignet.

Die Fallstudie zeigt damit eindrucksvoll, wie die verschiedenen Unternehmensbereiche durch die Balanced Scorecard und mit Hilfe von ScorePrise erfasst werden, wodurch wesentliche Planungs- und Forecastberechnungen abgebildet werden können. Dadurch zeigt sich, dass ScorePrise auf dem Weg ist, ein CPM-System zu werden.

---

[20] *Gedat, A./Salfeld, A.*, Mitarbeiterführung, 2005, S. 35.

[21] Ebd.

5.3 Perspektiven einer BSC mit SAP BI® und Strategy Management® bei einer Großbank

Aus den einleitenden Kapiteln wird ersichtlich, dass sich das Konzept des strategischen Controllings als kybernetischer und selbst steuernder Kreislauf darstellt. Dies fußt sowohl auf dem Zusammenspiel verschiedener Teilmodule, wie Zielfindung (ausgehend von Vision und Leitbild), strategischer Analyse, Strategiefindung und -bewertung als auch auf einer begleitenden Steuerung und Kontrolle.

Die mangelnde Verzahnung von strategischer und operativer Planung stellt in diesem Zusammenhang in der unternehmerischen Praxis eine der gravierendsten Probleme dar, die die nutzbringende Wirkung eines strategischen Controllings beschneiden. Um der festgestellten Diskrepanz zu begegnen, wurde eine Vielzahl von Managementmethoden entwickelt, die in ihrer Form und Ausgestaltung die Elemente des strategischen und operativen Controllings in unterschiedlichem Umfang inkorporieren. Die Balanced Scorecard und das Corporate Performance Management zeichnen sich dabei unter diesen als Ansätze ab, die in ihren Möglichkeiten am effektivsten darauf einzugehen scheinen. Doch ihr Einsatz ist nicht unumstritten.

Dieses Kapitel greift nunmehr den Gedanken der Balanced Scorecard vor dem Hintergrund der Business Intelligence auf, um darzustellen, inwieweit diese in der Lage ist, das Konzept von Kaplan und Norton zu beflügeln und welche Schritte dazu erforderlich sind, um zu einer effektiven Unternehmenssteuerung zu gelangen.

Um die entworfene Strategie in ihrer Umsetzung steuern zu können, bedarf es als Grundlage jedoch strategischer Zielsetzungen. Dadurch kann erreicht werden, diese Strategie in das interne und externe Berichtswesen des Unternehmens einzubetten. Nur so lassen sich Handlungsvorgaben, die die Entwicklungsrichtung und den hierauf abgestimmten Aktionsrahmen zur Erreichung relevanter Ziele zum Inhalt haben, erzielen.

Der nachfolgend skizzierte Praxisfall der Norddeutschen Landesbank (NORD/LB) veranschaulicht – stellvertretend auch für andere Großbanken – den Einsatz der Business Intelligence zu Steuerungszwecken und den Ausbau dieser Philosophie zu einem ganzheitlichen Steuerungsansatz. Ausdrücklich muss hier jedoch darauf hingewiesen werden, dass die NORD/LB den Sachverhalt der Unternehmenssteuerung mit Business Intelligence und die Ableitung von KPIs für sich individuell interpretiert hat. Dieses Projekt bildet, wenn auch an der einen oder anderen Stelle stark vereinfacht, dennoch eine geeignete Basis, die sinnvolle Kombination der Balanced Scorecard mit der Business Intelligence zu betrachten.

5.3.1 Unternehmensdarstellung

Unternehmensbildung

Die NORD/LB zählt zu den zehn größten Banken Deutschlands mit geschäftspolitischer Konzentration sowohl auf Nord- als auch Nordosteuropa und wurde 1970 durch den Zusammenschluss der bis dahin selbständigen Finanzinstitute Niedersächsische Landesbank Girozentrale, Braunschweigische Staatsbank einschließlich Braunschweigische Landessparkasse, Hannoversche Landeskreditanstalt und Niedersächsische Wohnungskreditanstalt – Stadtschaft – gebildet.

Vorgängerinstitute

Die Geschichte der Vorgängerinstitute reicht bis in das Jahr 1765 zurück, in dem das Herzögliche Leyhaus in Braunschweig von Herzog Karl I. von Braunschweig gegründet wurde. Die Hannoversche Landeskreditanstalt wurde 1840 zur Finanzierung überwiegend landwirtschaftlicher Betriebe gegründet. 1918 folgte die Gründung der Stadtschaft für die Provinz Hannover als Institut für die Bereitstellung von Darlehen für den städtischen Wohnungsbau. Beide Bereiche sind bis heute wesentliche Bestandteil des Geschäftsmodells geblieben.

Im Zuge der deutschen Wiedervereinigung wuchs die Bank zur Landesbank und Girozentrale für die Bundesländer Sachsen-Anhalt und Mecklenburg-Vorpommern heran. Das Land Mecklenburg-Vorpommern schied allerdings am 19. Juli 2005 aus der Trägerschaft an der NORD/LB aus. Seit seinem Ausscheiden des Landes Mecklenburg-Vorpommern übt das Kreditinstitut in diesem Bundesland keine Landesbankfunktion mehr aus. Der ehemalige Sitz der Bank in Schwerin hat seitdem nur noch den Status einer Niederlassung.

Die nun folgende Unternehmensdarstellung zeigt neben der organisatorischen und marktwirtschaftlichen Bedeutung des Konzerns die geschäftspolitische Ausrichtung der Bank in ihrem dynamischen Wettbewerbsumfeld. Sie charakterisiert die Wandlung einer historisch regionalorientierten Bank zu einem vielseitig agierenden, international ausgerichteten Kreditinstitut und bildet die erforderliche Grundlage, um die Bedeutung für die Unternehmenssteuerung mittels eines Business Intelligence (BI)-Systems zu veranschaulichen. Auch liefert sie zusammen mit den Ausführungen zum Referenzprojekt der Bank den erforderlichen Hintergrund für die anschließende Betrachtung im Zusammenhang mit einer Balanced Scorecard gestützten Vertriebssteuerung.

5.3.1.1 Marktumfeld

Landesbank und Girozentrale

Die NORD/LB ist die führende Universalbank im Norden Deutschlands mit geschäftspolitischer nationaler Konzentration auf Norddeutschland. Als Landesbank ist sie für Niedersachsen und Sachsen-Anhalt tätig und übernimmt in den Bundesländern Niedersachsen, Sachsen-Anhalt und Mecklenburg-Vorpommern die Aufgabe einer klassischen Sparkassenzentralbank sowie Girozentrale für 62 Sparkassen im Verband. Darüber hinaus ist die NORD/LB eine der bedeutendsten Banken Deutschlands bei nationalen und internationalen Anleihe-Emissionen.

Kunden-spektrum

Für ihre Privatkunden, Firmenkunden, institutionelle Kunden und die öffentliche Hand offeriert das Institut ein breites Angebot von Finanzdienstleistungen im Aktiv und Passivgeschäft, was sie als Universalbank im Markt charakterisiert.

Wachstums-branche Firmenkunden

Die Landesbank forciert ihren Marktantritt insbesondere in Wachstumsbranchen des Firmenkundengeschäfts, wie Logistik (darunter Schiffs- und Flugzeugfinanzierungen), Energie, Infrastruktur und Immobilien Banking. Dabei setzt sie weiterhin auf das mittelständische Firmenkundengeschäft und das Geschäft mit institutionellen Kunden.

Das Bankwesen befindet sich in einer dynamischen Phase der Neuorientierung. Mit den steigenden Erwartungen und Aufgaben nimmt die Bedeutung von geeigneten, kompetenten Partnern zu, um sich den wachsenden Herausforderungen erfolgreich zu stellen. Die Aktivitäten der NORD/LB sind im Geschäft mit dem Privat- und Firmenkundensektor von der Umsetzung neuer Vertriebskonzepte geprägt. Sowohl Kundenbetreuung (unter anderem Ausbau des Vertriebs vor Ort) als auch Kundenservice sollen noch stärker an den Bedürfnisses der Kunden ausgerichtet und die Nähe zum Kunden gesichert werden. Dabei sollen die starken Positionen im Bereich der Schiffs- und Flugzeugfinanzierungen weiterentwickelt und auch ertragsstarke Nischensegmente wie z. B. Wind-, Bio- und Solarenergie, öffentlicher Hochbau forciert angegangen werden.

Gewährsträgerhaftung

Insbesondere für Landesbanken, die nach Wegfall der Gewährträgerhaftung und der Modifizierung der Anstaltslast ihre Geschäftsmodelle weiterentwickelt haben, sind die Lage an den Finanzmärkten sowie die Möglichkeiten ihrer Refinanzierung schwierig geworden. Der Wegfall der Gewährträgerhaftung hat folgende Auswirkungen auf das Kreditgeschäft der Landesbanken:

- Die wahrscheinlich erhöhten Refinanzierungskosten werden – bei unveränderten Zinsmargen – zu einer Verteuerung der herausgelegten Kredite führen. Dadurch werden Kreditkonditionen der Landesbanken denen der Privatbanken tendenziell angeglichen. Ein sinkender Marktanteil im Kreditgeschäft kann nicht ausgeschlossen werden.
- Da nunmehr auch die Landesbank die vollen Refinanzierungskosten tragen muss, ist eine zunehmende, bankbetrieblich erwünschte Risiko-Rendite-Orientierung im Kreditgeschäft denkbar.

Die Landesbank steht somit höheren Refinanzierungskosten bei neuen Verbindlichkeiten gegenüber, da Gläubiger für ein erhöhtes Ausfallrisiko der NORD/LB entlohnt werden möchten.

5.3.1.2 Geschäftsmodell

Geschäftsschwerpunkte

Die eigentlichen Schwerpunkte im Bankgeschäft der NORD/LB liegen im Investment-, Agrar- und Immobilien-Banking, Corporate Finance, in der Schiffs- und Flugzeugfinanzierung und dem Privatkundengeschäft. Die originären Geschäftsbereiche der Vorgängerinstitute sind somit zwar erhalten geblieben, haben inzwischen jedoch analog zu anderen Großbanken eine Ergänzung durch weitere Segmente erfahren und ergänzen das Geschäftsmodell.

Im Braunschweiger Raum kann die Bank in der Funktion einer regionalen Sparkasse auf eine fast zweieinhalb Jahrhunderte alte Geschichte zurückblicken und beweist somit im Konzern auch in Zukunft ihre enge Verbundenheit zum Privat- und Firmenkundengeschäft.

Niederlassungen

Als international tätige Geschäftsbank ist das Kreditinstitut an allen wichtigen Finanz- und Handelsplätzen ansässig. Es besitzt weltweit Repräsentanzen sowie Service-Büros und verfügt über ein Korrespondenznetz von über 1.500 Banken in aller Welt. Die NORD/LB präsentiert sich an Standorten wie London, New York und Singapur und auch in Nordosteuropa. Darüber hinaus ist die NORD/LB mit ihren weiteren Niederlassungen in Schanghai sowie mit einer Repräsentanz in Beijing, Paris, Mumbai und Moskau aktiv.

Joint-Venture

Das Osteuropageschäft mit den Töchtern NORD/LB Polska (Polen), NORD/LB Lietuva in Litauen und NORD/LB Latvija (Lettland) wurde in ein Joint-Venture mit der norwegischen Bank DnB eingebracht.

Unternehmensbereiche

Zu den Kerngeschäftsfeldern gehören das Verbundgeschäft mit den Sparkassen, das Geschäft mit Privat- und Geschäftskunden in Nordostdeutschland, das Firmenkundengeschäft sowie die Bereiche Special Finance und Financial Markets und das Fördergeschäft in den Ländern (vgl. Abbildung 74).

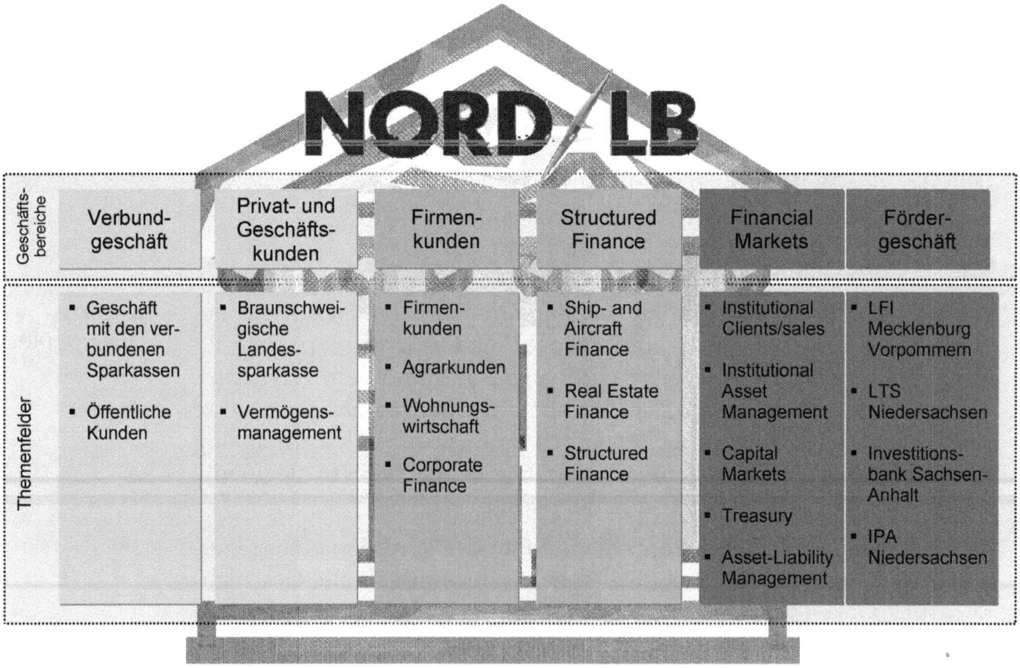

Abbildung 74: Unternehmensbereiche orientiert am Geschäftsmodell
Quelle: Eigene Darstellung

Fördergeschäft

Die Bank wird auch künftig das Fördergeschäft in ihrem Geschäftsgebiet unterstützen. Dies geschieht über das Landesförderinstitut in Mecklenburg-Vorpommern und die Investitionsbank Sachsen-Anhalt. Sie übt ihre Geschäftstätigkeit weiterhin als Anstalt des öffentlichen Rechts aus. Mit Beibehaltung der Rechtsform wird einerseits die besondere Funktion der Bank für die Region und andererseits die Nähe der Träger unterstrichen.

Mit dem Geschäftsmodell verbindet die NORD/LB die Vision, zusammen mit den Sparkassen ihre marktführende Stellung im Retail- und mittleren Firmenkundengeschäft weiter auszubauen. Die Bank will gleichzeitig ihre Marktposition bei den Spezialfinanzierungen risikobewusst weiterentwickeln. Für eine begrenzte Anzahl von nationalen und internationalen Großkunden sowie institutionellen Kunden will sie über ausgewählte kommerzielle und Investment Banking Produkte eine ökonomisch attraktive Kernbankposition erreichen. Als international tätige Bank will die NORD/LB auch weiterhin für ihre Kunden in Asien, Nordamerika und Nordosteuropa präsent sein.

Unternehmensvision

5.3.1.3 Gesamtbanksteuerung

Planungs-, Steuerungs- und Kontrollprozess

In der NORD/LB ist das Management ein eindeutig identifizierbarer, methodisch systematischer Prozess, bestehend aus den Phasen Planung, Steuerung und Kontrolle, die über den institutionsgesteuerten Einsatz von Ressourcen in der Bank zur Erreichung von Zielen führen. Bei der dargestellten betriebswirtschaftlichen Definition des Managements lassen sich unterschiedliche und allgemeingültige Begriffsdimensionen erkennen, die einen individuellen Informationsbedarf in Kreditinstituten erfordern. Demnach wird die Unternehmensführung einerseits als eine reine Form der Institution mit den Ebenen der operativen, taktischen und strategischen Führung verstanden. Andererseits kann sie jedoch auch als ein Komplex von funktionalen Aufgaben charakterisiert werden, die zur Steuerung eines Systems ergriffen werden. Durch die tiefere Analyse der Verkettung des Ablaufs und der formalen Struktur unternehmerischer Führungsprozesse lässt sich die funktionale um die prozessuale Dimension des Managements erweitern. Diese Dimension verdeutlicht die eigentlichen Teilprozesse der Phasen zur unternehmerischen Erarbeitung und Analyse von Informationen über die Ausgangssituation für die Suche nach Anregungen, Alternativen und Entscheidungen innerhalb eines revolvierenden Entscheidungskreislaufes (vgl. Abbildung 75).

Dimensionen der Unternehmensführung

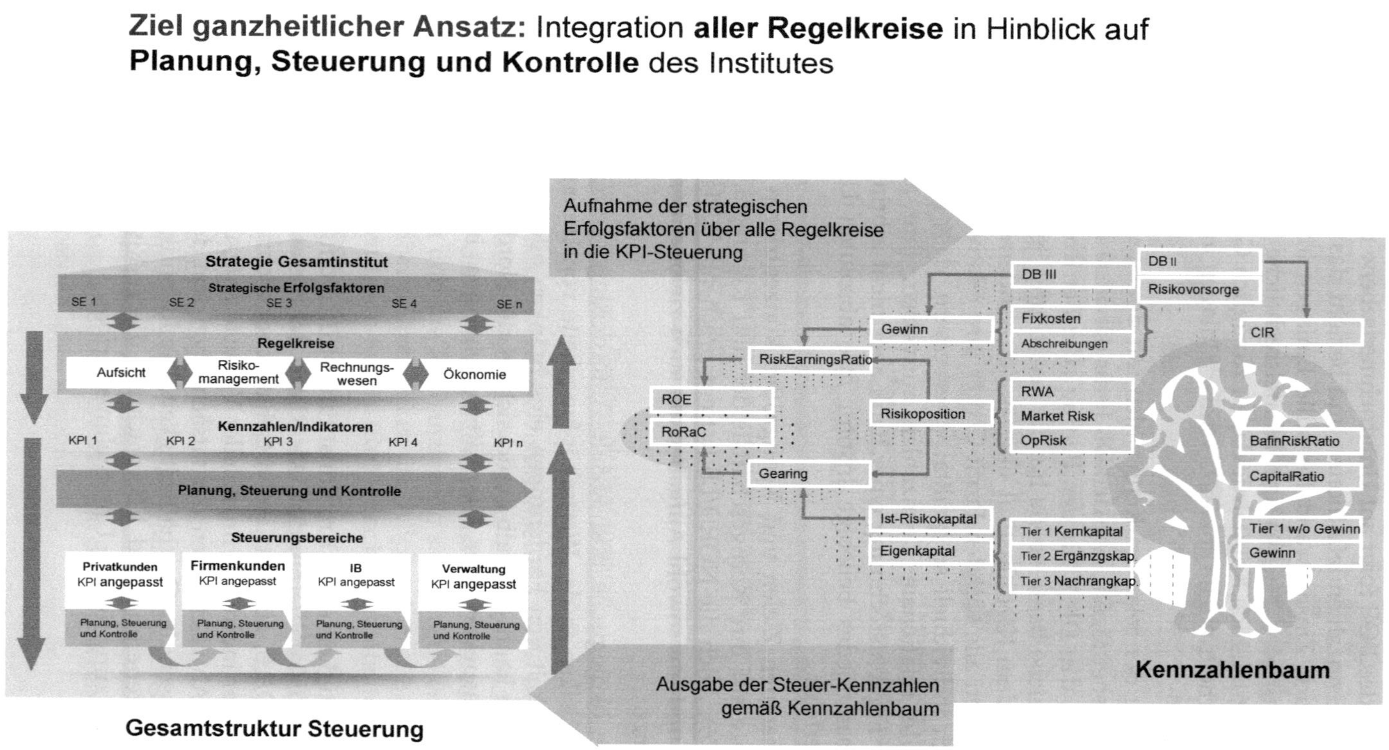

Abbildung 76: Herangehen und Fokus im Steuerungsrahmen: Definition durch die Strategie des Hauses
Quelle: Eigene Darstellung

Risikomanagement nach KWG

Die Rahmenbedingungen für die Ausgestaltung des Risikomanagementprozesses werden Kreditinstituten auf der Grundlage von § 25a KWG mit den Mindestanforderungen an das Risikomanagement vorgegeben. Demnach umfasst eine ordnungsgemäße Geschäftsorganisation unter anderem die Festlegung von Strategien auf der Grundlage von Verfahren zur Ermittlung und Sicherstellung der Risikotragfähigkeit, die sowohl die Risiken als auch das zu deren Abdeckung vorhandene Kapital beinhaltet. Risikostrategien zielen dazu auf eine optimale Steuerung und Überwachung aller relevanten Risikoarten. Unterschieden wird dabei zwischen den Adressatenrisiken (Kredit- und Beteiligungsrisiko) und sonstigen Risiken:

- Als Kreditrisiko wird die Gefahr bezeichnet, dass aufgrund des Ausfalls oder der Bonitätsverschlechterung eines Schuldners ein Verlust eintritt.
- Das Beteiligungsrisiko kennzeichnet das Risiko der Verlustentstehung aus der Zurverfügungsstellung von Eigenkapital an Dritte.

Expected und Unexpected Loss

Die Quantifizierung des Adressatenausfallrisikos erfolgt mit den Risikokennzahlen Expected und Unexpected Loss.

- Marktpreisrisiken ergeben sich aus potenziellen Verlusten resultierend aus Veränderungen von Marktparametern (z. B. Zinssatzentwicklungen).
- Liquiditätsrisiken umfassen Risiken, die sich aus Störungen in der Liquidität einzelner Marktsegmente, unerwarteten Ereignissen im Kredit- oder Einlagengeschäft oder Verschlechterungen der eigenen Refinanzierungsbedingungen ergeben können. Dabei wird zwischen Liquiditätsrisiko als solches, Refinanzierungsrisiko und Marktliquiditätsrisiko unterschieden.
- Operationelle Risiken werden definiert als die Gefahr von Schäden, die infolge der Unangemessenheit oder des Versagens von internen Abläufen, Mitarbeitern und Technologie oder durch externe Einflüsse eintreten. Diese Definition enthält neben Rechtsrisiken implizit auch Reputationsrisiken als Folge- oder Sekundärrisiken. Nicht einbezogen sind strategische Risiken wie Geschäftsrisiken.

Risikotragfähigkeit

Die Quotienten aus Risikokapital und -potenzial, die Risikoabdeckungsgrade, dienen Banken im Allgemeinen als das Maß für die Risikotragfähigkeit in den Risikoklassen. Um die Angemessenheit der Kapitalausstattung auf Bereichsebene zu sichern, darf der Risikodeckungsgrad ein definiertes Niveau nicht unterschreiten und muss einer angemessenen Eigenkapitalausstattung Rechnung tragen.

Um den besonderen Erfordernissen jedes Geschäftsfeldes insbesondere bei Adressatenrisiken gerecht zu werden, haben Kreditinstitute in der Regel für die einzelnen Segmente Finanzierungsgrundsätze festgelegt, die für den jeweils zuständigen Marktbereich verbindliche Leitlinien für das Neugeschäft darstellen. Das frühzeitige Erkennen von Krisensituationen bildet die Basis für die effektive Steuerung von Kreditrisiken, dessen Sachverhalt sich auch die NORD/LB angenommen hat. Daher existieren auch hier sowohl auf Portfolio- als auch auf Einzelkreditnehmerebene eine Reihe von Prozessen und Vorgaben, die in ihrem Zusammenwirken ein System zur Frühzeiterkennung bilden und ein gezieltes Management bzw. die Einleitung von Maßnahmen zu ihrer Begrenzung ermöglichen.

5.3.2 Integriertes Steuerungssystem zur Geschäfts- und Risikosteuerung

Die Evolution eines zukunftsfähigen, integrierten Steuerungssystems für den Konzern der Nord/LB ist ein langfristig geplantes Projekt zur Vereinheitlichung des Datenhaushalts aller steuerungsrelevanten Bereiche. Es versetzt das Unternehmen in die Lage, mit hoher Transparenz auf Erträge und Kosten in die Zukunft der Kerngeschäftsfelder und Kernregionen zu blicken, um Chancen einer Profitabilitätssteigerung und Risiken bis auf Einzelkundenebene zu identifizieren.

Traditionelle vs. integrierte Steuerung

Die bisherigen Fragmente einer traditionellen Unternehmenssteuerung weichen einem integrierten Ansatz (vgl. Abbildung 77). Die Ermittlung wertorientierter Kennzahlen ist, unabhängig der Betrachtung der NORD/LB, heutzutage wesentliche Grundlage kapitalmarktorientierter Unternehmensführung und nachhaltiger Leistungssteigerung.[22] Mit wertorientierten Kennzahlen lassen sich die Auswirkungen unternehmerischen Handelns auf den Unternehmenswert untersuchen. Ansatzpunkt ist die Behebung ökonomischer Ineffizienzen, die eine Differenz zwischen dem aktuellen und dem potenziell realisierten Wert eines Unternehmens verursachen.[23]

---

22 Vgl. *Günther, T.*, Unternehmenswertorientiertes Controlling, 1997, S. 78–208; vgl. *Ewert, R./ Wagenhofer, A.*, Rechnungslegung, 2000, S. 4.

23 Vgl. *Michel, U.*, Wertmanagement, 1999, S. 372; vgl. *Becker, G. M.*, Shareholder Value Managements, 1997, S. 106.

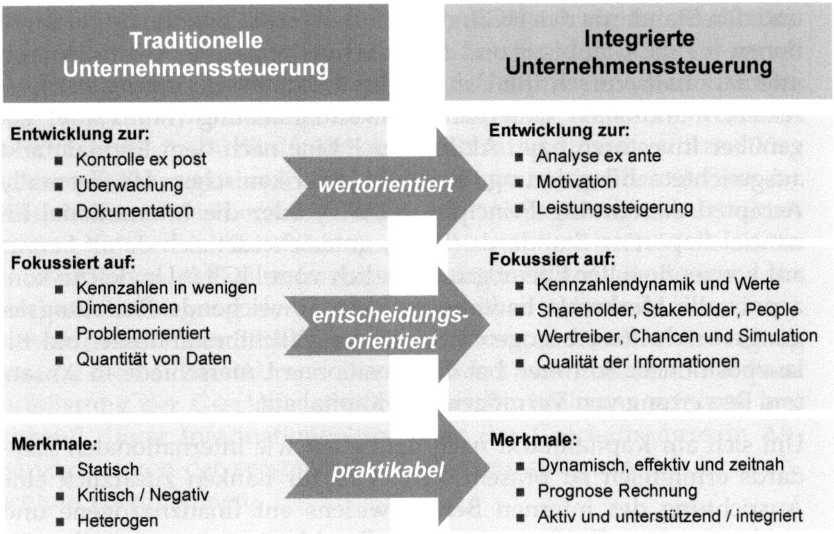

Abbildung 77: Traditionelle vs. integrierte Unternehmenssteuerung
Quelle: Eigene Darstellung

Eine reine Wertorientierung von Kreditinstituten ist in solchen Fällen differenziert zu betrachten, sobald Förderungsgeschäfte, öffentliche Aufträge (wie im Landesbanken und Sparkassensektor) oder die Mitgliederförderung (wie im Genossenschaftssektor) wahrgenommen werden müssen.

Globale Transparenz

Die Globalisierung der Kapitalmärkte stellt zusätzlich neue Anforderungen an Unternehmen bei der Beschaffung von Kapital als Grundlage für Innovation und Wachstum.[24] Maßgeblich für Investoren sind Informationen, die von den Unternehmen direkt im Rahmen der handelsrechtlichen Publizität an den Kapitalmarkt gegeben werden. Zur Überwindung bestehender Informations- und Transparenzdefizite des deutschen Handelsgesetzbuches (HGB) gegenüber Investoren im internationalen Kapitalmarkt wurden internationale Regelwerke zur Rechnungslegung erforderlich. Ziel solcher Standards ist die Entwicklung eines kohärenten und qualitativ hochwertigen Satzes an globalen Standards, um transparente und vergleichbare Informationen in den Finanzberichten zum Jahresabschluss von Unternehmen zu schaffen. Im Gegensatz zum traditionellen deutschen Bilanzrecht

24 Vgl. *Hopfenbeck, W.*, Betriebswirtschafts- und Managementlehre, 2000, S. 134–135; vgl. *Weber, J./ Weißenberger, B. E.*, Controlling, 1998, S. 5–6.

Segmentberichterstattung

Neben solchen allgemeingültigen Entwicklungsansätzen zur Optimierung der Steuerung von Kreditinstituten war ein initialer Hauptzielpunkt der NORD/LB die Möglichkeit der Ableitung der Segmentberichterstattung aus den Daten der internen Steuerung. Hierfür war die Plattform für die externe Finanzberichterstattung, die bis dahin im Rahmen der Umsetzung der Bilanzierung nach IFRS entstand folgerichtiger Ausgangspunkt (vgl. Abbildung 78). Die NORD/LB konnte hier auf der technischen Architektur des Rechnungswesens (SAP Bankanalyzer®) aufsetzen.

Bereichsreporting und Steuerungscockpits

In der Regel empfiehlt es sich darüber hinaus, bei Projekten der Steuerungsoptimierung im Controlling erkennbare, perspektivische Marktveränderungen bei den Vorbetrachtungen zu berücksichtigen. So fanden auch bei der NORD/LB individuelle Besonderheiten ihre Beachtung. Die bereits vor einigen Jahren erkennbaren Marktentwicklungen fanden in Betrachtungen zur Vertriebssteuerung des Mengengeschäfts der Braunschweigischen Landessparkasse (im Konzern der NORD/LB) Würdigung. Die fortschreitende Spezialisierung im Firmenkunden- respektive Spezialfinanzierungsgeschäft fand ihren Niederschlag in der Konzeption entsprechend ausgerichteter Berichtsanforderungen bis hin zu speziell ausgestalteten Steuerungscockpits.

Konsolidiertes Wissen mit BI

Das Institut stellte die Weichen für eine konsolidierte und dennoch flexibel skalierbare Auswertungsplattform mit bereits heute spürbaren signifikanten Vorteilen für die Unternehmens- und Geschäftsfeldsteuerung und nach den Grundsätzen einer Business Intelligence (BI).[28]

Die BI beschreibt im Allgemeinen Ansatz die analytische Fähigkeit und den Prozess, aus vorhandenen oder zu beschaffenden sowie fragmentierten Unternehmens- und Wettbewerbsdaten durch Verdichtung und Anreicherung handlungsgerichtetes Wissen über die Fähigkeiten, Positionen, Handlungen und Ziele der betrachteten internen oder externen Handlungsfelder zu transformieren. Dazu werden bei den Informationen relevante Muster in der Datenstruktur und strategische Vorteilspotenziale erkannt und diese dann zielgerichtet im Unternehmen verfügbar gemacht.[29] Sie werden zur Quelle

---

28 Vgl. *Bange, C.*, Business Intelligence, 2003, S. 2; vgl. Mertens, P., Business Intelligence – Ein Überblick, 2002, S. 66; vgl. *Weber, J./ Grothe, M./ Schäfer, U.*, Business Intelligence, 2000, S. 10–11.

29 Vgl. *Friedl, G./ Hilz, C./ Pedell, B.*, Integriertes Controlling, 2001, S. 19; vgl. *Weber, J./ Grothe, M./ Schäfer, U.*, Business Intelligence, 1999, S. 10–11.

entscheidender Wettbewerbsvorteile und sind damit unverzichtbar für die Steuerung des Geschäfts. BI vereint betriebswirtschaftliche Verfahren mit informationstechnischen Möglichkeiten durch Berücksichtigung der zunehmenden Vernetzung in der Ökonomie und den Umgang mit Informationen als strategisches Differenzierungspotenzial.

Anforderungen und projektorientierte Herangehensweise

Roadmap

Um aktuelle und künftige Rahmenbedingungen und Erfordernisse des Marktes, der eigenen Struktur und IT-Infrastruktur entsprechend berücksichtigen zu können, folgte das dafür aufgesetzte Projekt der NORD/LB aus einer Vorstudie im Jahr 2005 heraus der klassischen Vorgehensweise einer ganzheitlichen Sicht auf alle relevanten Unternehmensbereiche. Die Früherkennung von Abweichungen mit Hilfe eines flexiblen Berichtsystems auf einer konsolidierten Datenbasis stellt eine wichtige Grundlage für den operativen und strategischen Steuerungsprozess eines modernen Unternehmens dar und die Möglichkeit, hieraus frühzeitig den Handlungsbedarf zu erkennen. Die harmonisierte Sicht umfasste angefangen vom Controlling, das gleichzeitig als zentraler Auftraggeber fungiert, die Bereiche des Kostenartenmanagements, die der Vertriebssteuerung über alle Geschäftsbereiche hinweg bis hin zu den maßgeblichen Vertretern der unter dem Dach der NORD/LB vereinten einzelnen Konzerngesellschaften, deren Steuerungssystematiken mit denen der NORD/LB abgeglichen wurden (vgl. Abbildung 79).

Systemanforderungen

Eine wichtige Grundlage solcher Projekte ist eine entsprechende Roadmap unter Berücksichtigung der notwendigen Maßnahmen für die Gestaltung eines grundlegenden Datenmodells, das das Rückgrad vieler künftiger Auswertungsschichten darstellt und mit den beteiligten Bereichen synchronisiert.[30] Um den Anforderungen zu genügen, muss das entscheidungsunterstützende System folgende Eigenschaften erfüllen:

---

30 Vgl. *Bange, C.*, Business Intelligence, 2003, S. 2; vgl. *Mertens, P.*, Business Intelligence – Ein Überblick, 2002, S. 66; vgl. *Weber, J./ Grothe, M./ Schäfer, U.*, Business Intelligence, 2000, S. 10–11.

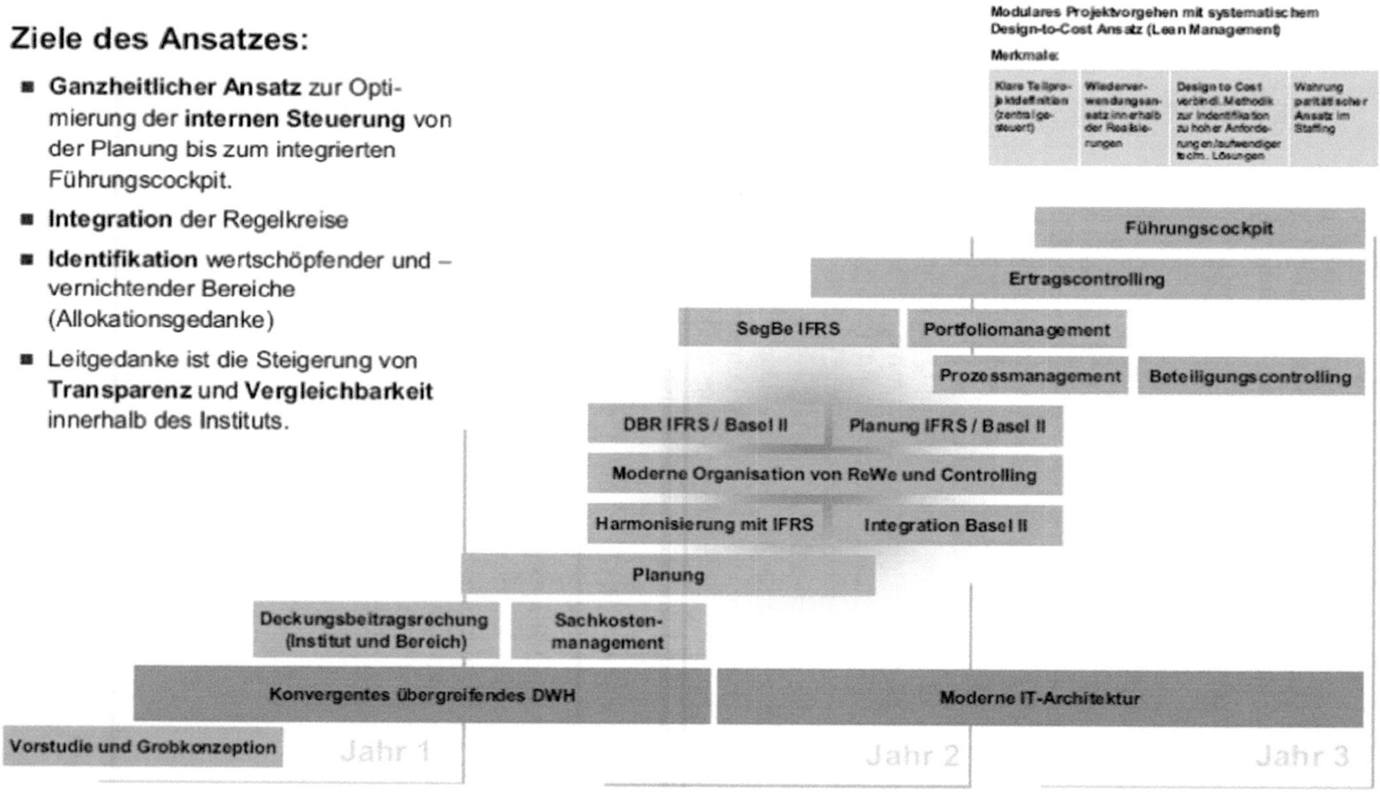

Abbildung 79: Paketorientierter Aufbau eines Gesamtvorhabens im Beispiel
Quelle: Eigene Darstellung

- Integration heterogener, unternehmensinterner und -externer Quellen, um eine Verknüpfung von Informationen zu erlauben.
- Speicherung dieser über einen langen Zeithorizont, um Trends erkennen zu können und Vorhersagen zu errechnen.
- Granulare und aggregierte Datenhaltung in einem Informationsmodell, das entscheidungsrelevante Sachverhalte im Kontext darstellt.
- Integration von Instrumenten der Planung, Steuerung und Kontrolle.
- Unterstützung vordefinierter Berichte und komplexer Analyseverfahren.

Erst mit dem Erkennen von Zusammenhängen innerhalb des Wettbewerbs- und Bankbereichs kann ein hohes Anforderungsniveau erreicht werden. Nur so gelingt die Übersicht innerhalb der quantitativen Datenflut und die Ableitung zielführender Handlungen.

Projektorganisation

Für die Organisation des Vorhabens bildet die paritätische Verteilung der Verantwortung auf Projektmitglieder aus Fachbereich, Organisation/IT und externe Unterstützung einen entscheidenden Erfolgsgaranten (vgl. Abbildung 80). Die Planung, Entwicklung und Einführung von BI-Systemen umfasst eine Vielfalt von verzahnten, sich gegenseitig beeinflussenden Aufgaben aus den unterschiedlichen Bereichen der Wirtschaftsinformatik, Informatik, Betriebs-, Arbeits- und Rechtswissenschaft. Dadurch ist es erforderlich, eine planmäßige Strategie der Systementwicklung aufzustellen, die die Art und Weise einer strukturierten Herangehensweise zur Komplexitätserschließung und Problemlösung festlegt. Auf diese Weise sollen typischen Problemen der Kommunikation, Koordination und Qualität zwischen Fachabteilung und IT entgegengewirkt werden. Die klare Strukturierung der Aufgabenpakete in ebenfalls weitgehend paritätisch besetzte Teilprojekte unter Führung der Gesamtprojektleitung stellte eine abgestimmte und weitestgehend redundanzfreie Implementierung sicher.[31]

Projektphasen

Aus der oben bereits erwähnten Vorstudie der NORD/LB, die als Entscheidungsgrundlage für das Top-Management diente, wurde eine umfassende Grobkonzeption mit technischer Umsetzungsbeschreibung abgeleitet. Diese bildete den konzeptionellen Ausgangspunkt für die einzelnen Detailkonzeptionen der jeweiligen Aufga-

31 Vgl. *Walter, H.-C.*, Systementwicklung, 1992, S. 13; vgl. *Schwarze, J.*, Systementwicklung, 1995, S. 44–45.

benpakete. In den Detailkonzeptionen wurden von Fachabteilung und technischem Umsetzungspartner gemeinsam die Anforderungen mit den technischen Möglichkeiten und budgetbedingten Restriktionen abgeglichen und nach dem zusammenführenden Ansatz „design to cost" umsetzungsreif konzipiert. Dem folgte für jedes Aufgabenpaket die technische Realisierung, Test und GoingLive bzw. die Produktion. Begleitet wurde das Gesamtvorhaben von einem Team zum Integrationsmanagement, das die harmonisierte Umsetzung der Stamm- und Bewegungsdaten sicherstellte (vgl. Abbildung 80).

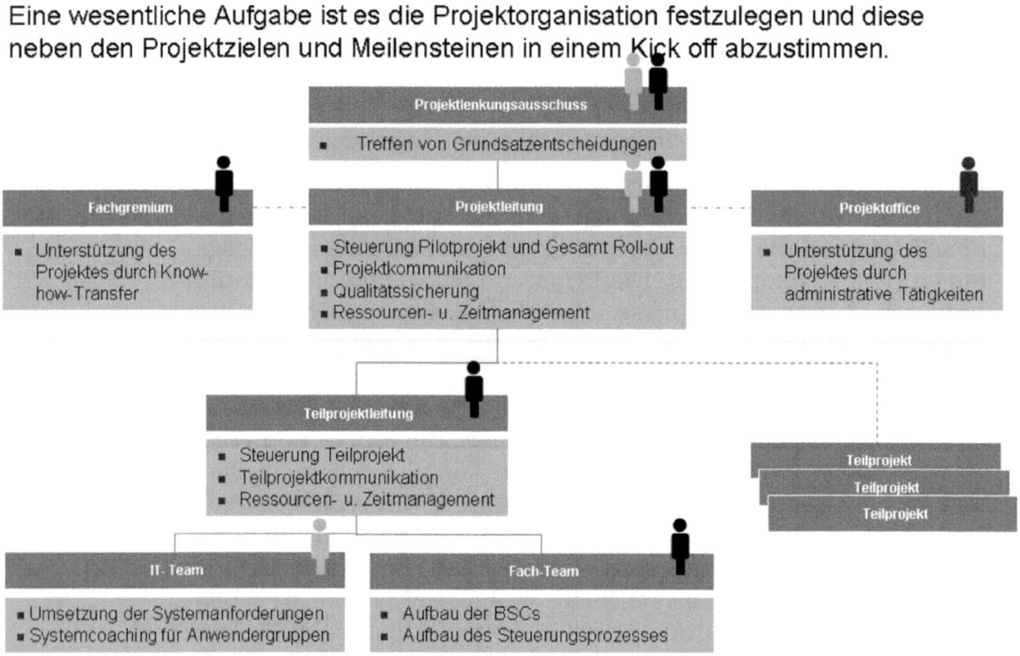

Abbildung 80: Projektorganisation
Quelle: Eigene Darstellung

Um den Problemen des Entwicklungsprozesses zu begegnen, ist eine ganzheitliche organisatorische Regelung in Projekten zu treffen. Ein Prozessmodell beschreibt den organisatorischen Rahmen für die Systementwicklung. Es definiert erforderliche Festlegungen für die Abfolge des Arbeitsablaufs (Phasen), darin durchzuführende Aktivitäten, anzuwendende Methoden und die letztendlich daraus resultierenden Ergebnisse. Das Wasserfallmodell greift die grundlegenden

Prozessabläufe der Systementwicklung auf und zerlegt sie diese in eigenständige Phasen, in denen bestimmte Entwicklungsaufgaben auszuführen sind. Zugleich bietet das Phasenkonzept die Möglichkeit, Termine und Meilensteine für die Dauer der Phase zu definieren, um dadurch den Entwicklungsprozess zeitlich planbar und produktiver zu machen.[32]

Change Requests

Eine lineare und rückkopplungsfreie Umsetzung dieses Phasenmodells ist aufgrund nicht vorhersehbarer Probleme und Veränderungen in den Anforderungen während der Entwicklung in der Realität nicht realisierbar.[33] Aus diesem Grund erfolgt in jeder Phase eines Projekts eine fortlaufende Überprüfung der Vorgaben und Ergebnisse. Treten Abweichungen von den Vorgaben auf, besteht die Möglichkeit, im Rahmen von „Change Requests" oder Anforderungskontrollen einen Rückbezug zu den relevanten Bereichen einer vorhergehenden Phase vorzunehmen. Der Softwareentwicklungsprozess wird dadurch nicht zu einem einfachen linearen Prozess, sondern bildet eine Reihe sich wiederholender Entwicklungsaktivitäten.

Projektmanagement

Begleitet werden die Aktivitäten von einem stetigen und rollierenden Projektmanagement und Qualitätssicherungsprozess. Hierbei steht die verantwortliche Führung eines Projekts hinsichtlich der Planung und Koordination der Projektdurchführung zur Erreichung der Projektziele im Vordergrund. In funktionaler Hinsicht stellt das Projektmanagement die Gesamtheit der Planungs-, Überwachungs- und Steuerungsaktivitäten sowie der zugehörigen Instrumente dar. Es umfasst alle Aufgaben, Konzepte und Verfahren der Planung, Koordinierung, Steuerung, Rückkopplung, Dokumentation zur Überwachung der Systementwicklungsphasen.

Meilensteine

Um eine Projektüberwachung realisieren zu können, werden kontinuierlich gleichverteilte Meilensteine in einem Projektplan festgelegt, die den überprüfbaren Abschluss anhand der zusammengetragenen, dokumentierten Ergebnisse einer jeden Phase kennzeichnen und Abweichungen in der Qualität feststellen.

---

32 Vgl. *Walter, H.-C.*, Systementwicklung, 1992, S. 13; vgl. *Sommerville, I.*, Software Engineering, 2001, S. 56.

33 Vgl. *Dumke, R.*, Software Engineering, 2001, S. 104; vgl. *Sommerville, I.*, Software Engineering, 2001, S. 57.

	Phasen				
	Initialphase		Umsetzung		
	Strategische Planung	Projektdefinition	Analyse	Konzept	Design
Aktivitäten	• Erhebung Projektumfeld • Abstrakte Wirtschaftlichkeitsbetrachtung • Klärung der Durchführbarkeit • Strategische Zielfindung / Vision	• Projektziele • Rahmenbedingungen • Definition Abnahmekriterien • Projektstruktur • Organisation • Rollen & Aufgaben • Grober Projektplan • Aktivitäten • Ressourcen • Termine / Meilenstein • Projektkostenplanung • Risikomanagement • Kick-Off Meeting **Infrastruktur** • Datenarchitektur • HW-Auswahl, • SW-Toolauswahl • Physikalische Datenbindung • Metadaten-Konzept	• Analyse Unternehmens- und IT-Strategie • Ist-Prozessanalyse • Informationsbedarfsanalyse • Sicherheitsanforderungen • Potentialidentifikation • Prozessoptimierung • GAP-Analyse • Zielsetzungsdefinition • Analyse kritischer Erfolgsfaktoren • Quelldatenanalyse • Feasability study	• Prozessmodellierung • Standardisierung und Normierung • Konzeption Planungs- und Berichtswesen • Fachliche Datenanbindung • Entwurf IT-Zielarchitektur • Konzeption Rollen, Aufgaben und Berechtigungen • GAP-Analyse	• Design BI-Applikation • Techn. Schnittstellengrenzen • logische Datenmodelliereung • Design Metadaten-Architektur • Design der Datenhaltung und -bewirtschaftung (Jobnetz) • Design Rollen und Berechtigungen • Design Berichtswesen • Design Berichtsstrukturen und Kennzahlen • Testfallentwurf • Testplan / Testszenario • Prototypisierung / Showcase
Ergebnisse	• DWH-Masterplan	• Projektauftrag • Projektziel • Projektumfang • Phaseneinteilung • Projektstruktur • Projektkosten • Business Case • Infrastruktur, Architekturübersicht, HW, SW	• Prozessdokumentation • Grobe Scope • Grobes GAP • Grobe Aufwands- und Nutzenschätzung für das Projekt • Aufwandschätzung für Folgephase • Projektplan	• Zielprozessstruktur • Detailliertes Scope • Detailliertes GAP • Aufwandsschätzung für Folgephase • Rollen und Berechtigungskonzept	• Migrationsplan • logisches Datenmodell • Architekturmodell • Aufwandsschätzung für Folgephase • Showcase oder Prototyp • Technisches Konzept
Methodik	• Interview-Methode • SWOT-Analysen • Gewichtungsmatrix der Themenbausteine • Anwender-Workshop	• Interview-Methode • Projektkalkulations-Tool • Best Practice Lösungen	• Erhebungsmethoden • SWOT-Analyse • GAP-Analyse • Prozessaufnahme	• Workshops • Templates zur Prozessbeurteilung semantische Prozessmodellierung • Prozessarchitekturmodell • GAP-Analyse • Feasability Study	• Workshops • Techn. Prozessmodellierung • techn. Central Process Matrix • Datenmodell • Prototyping
Hilfsmittel	• Interview Fragenkatalog	• Projektauftrag-Dokumentenvorlage • Textbausteine (Projektauftrag) • Projekthandbuch • Infrastruktur-Dokumentenvorlage	• Project-Scope Matrix • Interview Guidelines • Fachkonzept-Dokumentvorlage • Textbausteine (Projektauftrag)	• Dokumentenvorlage	• Best Practice Datenmodelle

Abbildung 81: Generisches Vorgehensmodell zur Einführung von SAP BI

Phasen				Kontinuierliche Prozesse	
Umsetzung					
Implementierung	**Test**	**Produktion**	**Betrieb & Wartung**	**Projektmanagement (PM)**	**Qualitätssicherung (QS)**
• Generierung der Extraktoren und Retraktoren • Phsik. Modellimplementierung • Implementierung Metadaten-Konzept • Schnittstellenimplementierung • Datenbewirtschaftung • Aktivierung, Validierung u. Anpassung d. Business Contents • Realisierung Berichtswesen • Einrichten von Datenladeprozeduren • Rollen und Berechtigungen • Dokumentation • Testvorlauf inkl. Schulung • Pilotierung	• Testfallspezifikation • Aufbau Testdaten • Automatisierung der Datenbewirtschaftung • Einzeltest • Integrationstest • Systemtest • Systemabnahmetest • Datenqualität • Handbuchprüfung	• Aufbau Produktionsumgebung • Erstellen Betriebskonzept • Vorbereitung Anwender-Schulung • Aufbau Support • Vorbereitung Produktivsetzung • Aufbau Produktivumgebung • ETL-Urladen • Produktivsetzung • Durchführung Anwender-Schulung	• Anwender-Support • Betrieb • Wartung • Benutzerverwaltung • Prozessoptimierung • Infrastructure-Management - Performance-optimierung - Ressourcen-management • Change-Management • Releaseplanung	• Projektsteuerung • Change-Management • Kommunikations-Management • Management Offene Punkte • Projektcontrolling - Kosten - Ressourcen - Risiko • Projektdokumentation • Projektmarketing • Projektplan - Aktivitäten - Ressourcen	• Qualitäts-management • Qualitätssicherung - Projekt-management - DWH-Architektur - Datenmodellierung - Core Data Warehouse - Data Mart-Schicht - ETL - Frontend(BI)-Schicht - Datenqualität
• System- und Prozessdokumentation • Anwenderhandbuch • Konfiguriertes Entwicklungs- & Test-System • Datenbewirtschaftung • Schulungs- und Supportkonzept • Aufwandsschätzung für Folgephase • Pilot	• Systemabnahme • Testbericht • Testdokumentation • Aufwandsschätzung für Begleitung Produktivsetzung	• Übergabedokument • Produktions-umgebung • Produktivsystem • Back-Up Konzept • Betriebsführung	• DWH-Logbuch • Change-Requests	• Projekt-abschlussbericht • Datenbank Offene Punkte • Projektfolder • Projektplan (WBS)	• QS-Audit Protokolle
• Workshops • Versionskontrolle • Release Planung • Pilotierung	• Systematische Testverfahren • Workshops • Begleitendes Anwender-Gremium	• Unterweisung, Training • GA-Präsentation / Workshop • Internes Projekt-marketing • Standardprozess für Systemabnahme		• Standardprozesse (PM) • Risikobewertung und - Risikomaßnahmen • Versionskontrolle	• Externes Projekt-audit • Best Practice Lösungen • Standardprozesse QS
• Schulungskonzept • Supportkonzept • Dokumentenvorlage Anwender-Handbuch	• Standardestpläne / -fälle	• Vorlage Abnahme-protokolle • Dokumentenvorlage Betriebskonzept • Textbausteine	• Betriebskonzept-Dokumentenvorlage	• PM-Vorlagen • Controlling • Steuerung	• QS-Standards

Quelle: Eigene Darstellung

Phasen des Umsetzungsprozesses und Teilprojekte des Steuerungssystems

Um den betriebswirtschaftlichen Anforderungen gerecht werden zu können und die künftigen Entwicklungspotenziale einer konsolidierten Informations- bzw. Steuerungsplattform der Gesamtbank nicht außer Acht lassen zu müssen, ist für den ersten Schritt der Realisierung das Grundgerüst der internen Steuerung mit der DBR in einem Teilprojekt zu fokussieren.

DBR zur internen Steuerung

Deckungsbeitragsrechnung

Die DBR inklusive relevanter Kenn- bzw. Steuerungsgrößen wird in Kreditinstituten in der Regel auf einer monatlichen Datenbasis erstellt und erlaubt die jeweilige Analyse aller Erfolge, der relevanten Risikogrößen und der kalkulatorischen Kostenbestandteile auf der Ebene der Organisation und des Produktes. Ähnlich stellte sich dieser Sachverhalt im Rahmen des Referenzprojektes dar. Die Ist-Betriebskosten werden dazu in einem automatisierten Prozess wöchentlich aus SAP FI/CO in die Deckungsbeitragsrechung übernommen. Zu den Quartalen werden zusätzlich individuelle Leistungsverrechnungen berücksichtigt. Die DBR gewährleistet somit jederzeit einen Plan-Ist-Vergleich und erlaubt darüber hinaus aussagekräftige Zeitreihenvergleiche und Trendaussagen.

Standard- und Ad-hoc Reporting

Wichtigste zu erfüllende Nebenbedingung NORD/LB war, dass das System auch für gelegentliche Nutzer verständlich bleibt. Dies wurde durch die standardisierte Oberfläche für das umfangreiche Reportingsystem und eine stringente Benutzerführung erreicht. Für individuelle Analysen und das Ad-hoc-Reporting stehen dem zentralen Controlling flexible und umfassende zusätzliche Instrumente zur Verfügung.

Gesamtbankplanung nach der DBR

Gesamtbankplanung

Auf der erfolgreichen Umsetzung einer konsolidierten Datenbasis für das integrierte Berichtswesen, bietet es sich für Unternehmen an, die Dimensionen vergangenheitsbezogener und aktueller Inhalte um die planerische Zukunft zu erweitern und so direkt das Reporting mit dem Planungsprozess zu verzahnen. Neben weiteren Projektinhalten folgte auch die NORD/LB diesem Ansatz und aufsetzend auf das bisherige Projekt erfolgte die Konzeption und Realisierung einer mit dem Steuerungsprozess integrierten Planungsanwendung. Hierbei planen die Organisationseinheiten der NORD/LB eigenständig im Rahmen der Jahresplanung (vgl. Abbildung 82).

Abbildung 82: Verkettete Planungspakete der NORD/LB im Gegenstromverfahren der Planungsanwendung
Quelle: Eigene Darstellung

Planungsprozess

Grundlegende Zielsetzung der Realisierung einer Planungsanwendung ist es, erhebliche Erleichterungen für den Planungsverantwortlichen zu erreichen und den Planungsprozess entsprechend zu unterstützen. Darüber hinaus bietet eine Integration von planerischen Szenarien und Versionen im Prozess die Möglichkeit, die Komplexität der wirtschaftlichen Entwicklung im Bankenumfeld zu berücksichtigen. Die verantwortlichen Planer können so simulieren, welche Auswirkungen die Abweichungen bestimmter Rahmenbedingungen, wie Variationen in den volkswirtschaftlichen Annahmen oder die Fokussierung unterschiedlicher Hauptprodukte und -kunden, auf die Geschäftsplanung und letztendliche Strategie haben. Teilaspekte dieser Option erweiterte die NORD/LB, indem die Planungsbeauftragten weiterhin bei der Eingabe der jeweiligen Planwerte zwischen manueller Eingabe oder Kalkulation per Hochrechnungsfunktion aus entsprechenden Basiswerten auswählen können. Während des Planungsprozesses einer jeden Großbank sollte es dem dortigen zentralen Controlling jederzeit möglich sein, den Planungsablauf zu beobachten und entsprechend zielgerichtet einzugreifen. Und darüber hinaus durch die zentrale Änderung der Vorgabewerte, etwa des Kapitalquotienten oder der Eigenkapital- und Fremdkapitalzinsen, die Planung im Hause zu steuern. Ergänzend hierzu liefert ein umfangreiches und integriertes Reportingsystem, das weitestgehend an den Informationsgehalt der Controllinginstrumente und des Berichtswesens der DBR angelehnt ist, den Planungsverantwortlichen der einzelnen Abteilungen und dem zentralen Controlling regelmäßig einen aktuellen Überblick über die gesamte Bank bzw. einzelne Bereiche. Spezielle Aspekte, beispielsweise die individuelle Leistungsverrechnung (ILV-Bericht) sind hier ebenfalls berücksichtigt. Mit dem realisierten Planungssystem und seinen charakterisierten Eigenschaften halten die Planungsverantwortlichen des NORD/LB-Konzerns ein Managementinstrument in der Hand, das es ihnen erlaubt, umfangreiche Prognosen der künftigen Entwicklung bei Annahme unterschiedlicher Geschäftsmodelle oder einer Variation der Einzelparameter durchzuführen.

Ertragscontrolling und Neugeschäftsreporting

Kunden-transparenz

Im Zuge eines erweiternden Schritts der Informationsbasis lassen sich die Fragestellungen im Rahmen der Transparenz auf die Kundenstruktur fokussieren. Mit welchen Kundengruppen werden welche Erträge erzielt, wie gestalten sich die Margen, an welchen Stellen gibt es Chancen und Potenziale? Das Vertriebsmanagement der Kreditinstitute verlangt nach mehr Transparenz, um neue Strategien umsetzen zu können.

Kunden-verbund

Basis hierfür bildet die in diesem Schritt realisierte kundenbezogene DBR. Sie ermöglicht allen am Kreditprozess beteiligten Mitarbeitern eine detaillierte monatliche Analyse des Geschäftserfolgs der abgelaufenen Perioden von Einzelkunden sowie von Kundenverbünde, etwa Kreditnehmer, Konzerne oder frei gewählte Akquisitionsverbünde. Letzteres ist besonders wichtig, wenn der Vertrieb einer Großbank Kunden mit Sonderkonditionen locken möchte. Geschäftsfördernde Maßnahmen, die – betrachtet eine Bank nur den Deckungsbeitrag des Einzelkunden – negativ bewertet würden, zeigen erst in der Gesamtbetrachtung des Kundenverbundes, dass sie sinnvoll sind. Das Controllinginstrument bietet somit auch alle Mittel, um die Nutzung von differierenden Kundenkonditionen genau zu untersuchen und entsprechend zu handeln. Eine Nachkalkulation der Bank erstreckt sich damit von der Gesamtbetrachtung der Kundenbeziehung bis zur Analyse von Einzelgeschäften. Für eine gezielte vertriebsorientierte Analyse des Geschäftserfolgs empfiehlt es sich für Kreditinstitute, über eine DBR hinaus ebenfalls ein volumen- und barwertbasiertes Neugeschäftsreporting zu realisieren. Die NORD/LB hat diesen Sachverhalt für sich erkannt und individuell umgesetzt. Zusätzlich wurden erste standardisierte Analysen mit graphischen Elementen für den Wertbereich und das Wertpapiergeschäft implementiert, die dezentral der Vertriebsunterstützung und -steuerung hauptsächlich im Retailbereich dienen (vgl. Abbildung 83). Dieser Anwendungsbereich fokussiert sich in Folge mit weiteren Analysen auf die Erfolgskomponenten im Vermittlungsgeschäft und das Controlling von Aktivitäten und Kampagnen.

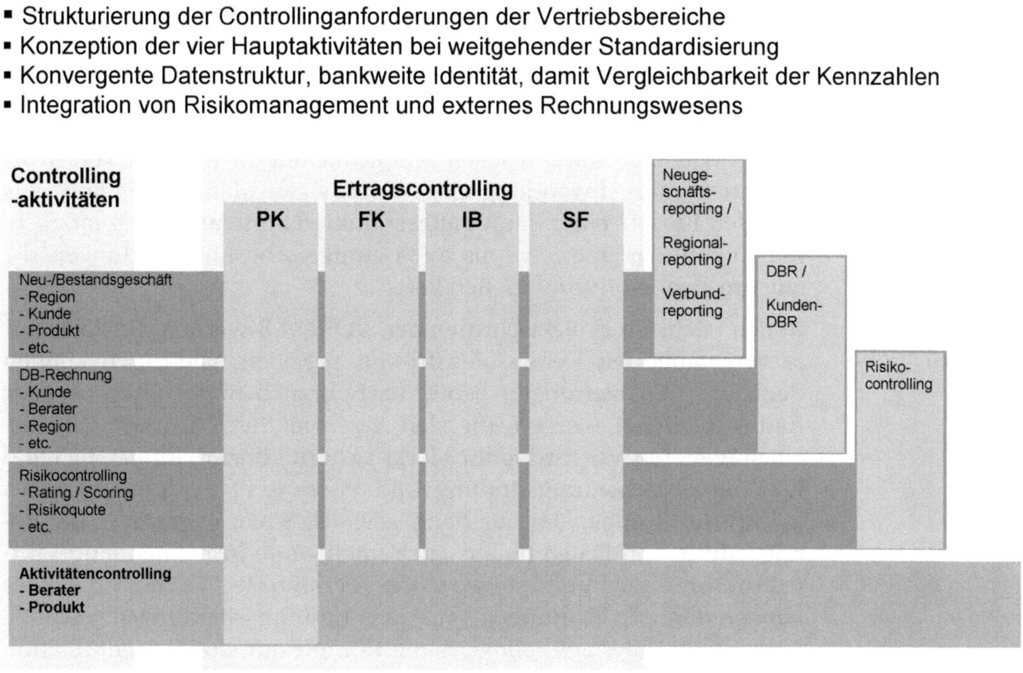

Abbildung 83: Mögliche Strukturbildung des Ertragscontrolling einer Bank
Quelle: Eigene Darstellung

Basel II, HGB und IFRS

Natürlich sind die Anforderungen aus IFRS und Basel II an die interne Steuerung für Großbanken entsprechend zu berücksichtigen und die Instrumente diesbezüglich zu ergänzen respektive anzupassen.

Hierbei liegt ein besonderes Augenmerk auf der Anpassung der aktuellen DBR-Struktur nach IAS 14 / IFRS 8 und dem entsprechenden

Einfluss auf die Verteilung der Erfolge im Schema. Ergänzend hierzu erfolgt die Berücksichtigung des ökonomischen EK nach Basel II durch die Darstellung des RORAC (Return on risk adjusted Capital). Ebenfalls werden die RWA nach Basel II dargestellt. Insbesondere bei der konzeptionellen Ausarbeitung der Anpassungen nach IFRS / Basel II im DB-Schema ist auf eine gewisse Nachvollziehbarkeit und Erklärbarkeit für die Informationsempfänger zu achten, zumal die neue DBR-Struktur auch Basis für die Planung nach IFRS / Basel II ist.

Fachliche Perspektiven des Steuerungssystems

Der aufgebaute Datenhaushalt macht für Großbanken eine Vielzahl weiterer Auswertungsanwendungen möglich. Auch die NORD/LB hat diesen Sachverhalt für sich erkannt und modernisiert ihre Unternehmenssteuerung stetig. Die sinnvolle Verknüpfung betriebswirtschaftlicher Anforderungen und innovativer Führung mit informations- sowie analysetechnischen Möglichkeiten im Rahmen von BI ist nur durch die Anwendung eines schlüssigen Managementkonzepts und den Einsatz einer darauf abgestimmten Softwarelösung möglich, die sowohl für operative als auch strategische Entscheidungen die entsprechenden Informationen liefert.

Wettbewerbsvorteil mit BI

In den nächsten Projektschritten der NORD/LB werden die Potenziale der etablierten Kennzahlenstruktur gehoben. Hierdurch können dedizierte Auswertungen bspw. nach Branchenzugehörigkeit oder Rating realisiert werden, die den diversen Bereichen der Institute einen weiteren Vorsprung im Markt sichern können. Eine hohe Qualität der Entscheidungsfindung und Wissensentwicklung lässt sich jedoch für Großbanken nur dann gewährleisten, wenn über die Bereitstellung von Daten hinaus auch intelligente Instrumente und Infrastrukturen zur Verfügung stehen. Verknüpfte Wettbewerbsfelder können dann für Planungen, Analysen und Entscheidungen erschlossen werden, sofern es gelingt, deren Komplexität durch Identifikation von relevanten Mustern und Ordnungsstrukturen Herr zu werden. Der Entscheidungsprozess von BI beschreibt den Vorgang, der aus einer Vielzahl unstrukturierter Unternehmens-, Markt- und Wettbewerbsdaten handlungsgerichtetes, strategisches Wissen über die Position, Performance, Fähigkeiten und Intentionen des eigenen wie auch konkurrierender Unternehmen generiert. Dieser BI-Prozess ist allerdings nur dann sinnvoll, wenn es nicht um die Bestätigung traditioneller Meinungen geht, sondern um die Adaption neuer Erkenntnisse zur Bestätigung von Hypothesen.

Mit diesem Grundverständnis lässt sich BI in die folgenden Prozessphasen strukturieren:

Prozessphasen der BI

1. Bereitstellung quantitativer, strukturierter oder unstrukturierter Basisdaten
2. Entdeckung relevanter Zusammenhänge, Muster und Musterbrüche oder Diskontinuitäten gemäß vorbestimmter Hypothesen oder hypothesenfrei
3. Kommunikation der Erkenntnisse und Integration in das Wissensmanagement der Unternehmung
4. Nutzung der gewonnenen Erkenntnisse zur Stützung von Maßnahmen und Entscheidungen sowie die Umsetzung des generierten Wissens in Aktionen

Führungscockpits

Den krönenden Abschluss bildet in der finalen Ausbaustufe das Executive Information System. Dieser auf das Top-Management ausgerichtete Informationslayer aggregiert die relevanten Steuerungsinhalte auf der Ebene des Gesamtunternehmens und liefert Steuerungsimpulse für das strategische Management einer jeden Großbank (vgl. Abbildung 84).

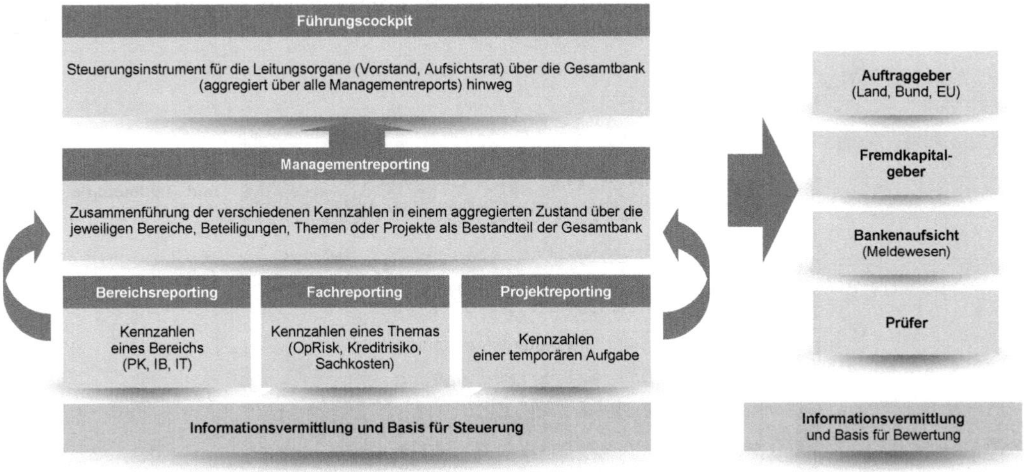

Abbildung 84: Herangehen und Fokus: Die Reportingarchitektur als Leitlinie der Umsetzung
Quelle: Eigene Darstellung

Erweiterung Datenhaushalt

Für ein weiteres Vervollständigen des integrierten Datenhaushaltes sind die nächsten Schritte für die NORD/LB bereits in der Konzeption und die Umsetzungen auf einer weiterführenden Projektroadmap abgetragen. Die NORD/LB konzentriert sich hier auf die Integration der Kreditrisikosteuerung (Risikotransformation) und den Ausbau relevanter Risikobetrachtungen. Weiterhin werden der Ausbau der Portfoliobetrachtungen, die Vorkalkulation und die Intensivierung der Vertriebssteuerung durch Erweiterungen im Mittelpunkt stehen. Für Auswertungen von diversen Portfolien wird der zentrale Datenhaushalt um weitere spezifische Informationen angereichert werden.

Die Technik

Anwendungsintegration

Insgesamt schließt BI die Lücke des betrieblichen Wissens zwischen allgemein gehaltenen Konzepten und konkreter Ausführungskompetenz. Während die meisten Ansätze des Wissensmanagements auf der Ebene verharren, den Handlungsbedarf aufzuzeigen, stellt BI dem Unternehmen Instrumente und Infrastrukturen zur Verfügung, mit denen der Veredelungsprozess von Daten zu zielgerichtetem Wissen vollzogen werden kann.

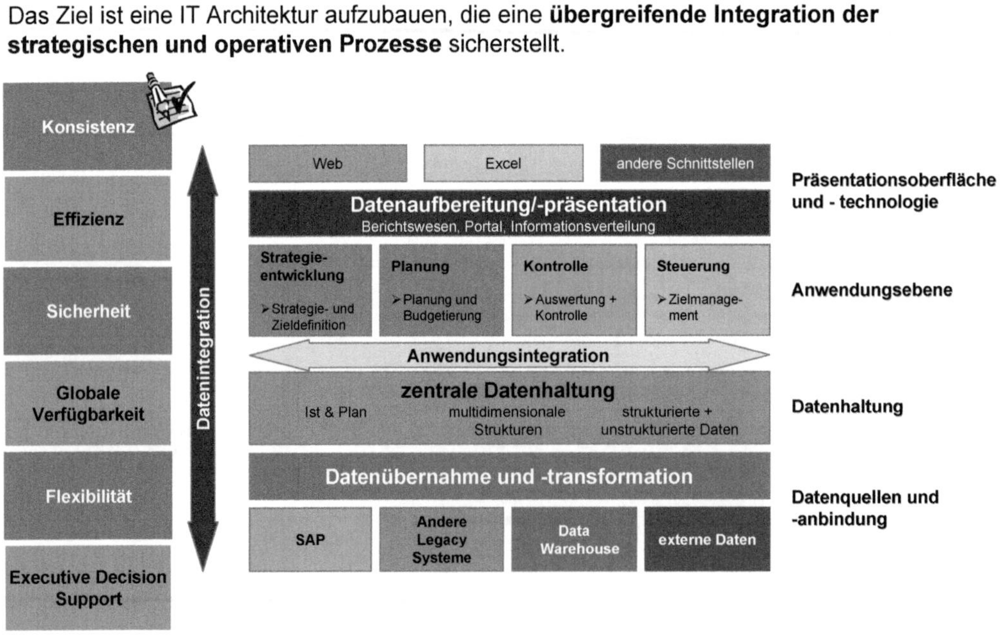

Abbildung 85: Aufbau einer integrierten IT-Architektur
Quelle: Eigene Darstellung

Datenintegration

Das Data Warehouse bildet in diesem Prozess den zentralen Informationsspeicher (vgl. Abbildung 85).[34] Es vollzieht die entscheidungsorientierte Datensammlung und -aufbereitung zur Darstellung geschäftsrelevanter Informationen.[35] Die Datenqualität der Datenbasis stellt dabei einen wesentlichen Erfolgsfaktor aufgrund der höheren Analyseanforderungen des gesamten BI-Systems dar. Operative Systeme erweisen sich zur direkten Analyse aufgrund der fehlenden Historie und der i. d. R. schlechten Datenqualität als ungeeignet.[36] Um eine verlässliche Analyse- und Reportingbasis zu erhalten, müssen die heterogenen Datenquellen und -strukturen vereinheitlicht aufbereitet werden. Auf diese Weise sind BI-Systeme in der Lage, interne Geschäftsprozesse zur Etablierung eines Risikomanagements oder der Aufbereitung von Ist- und Plankennzahlen für das Management zu vollziehen.

Datenanspruch

Um Mängel in der Datenbeschaffung zu vermeiden, sind folgende Ansprüche zu berücksichtigen[37]:

- Konsistenz: Die Daten und deren Metadaten sind untereinander widerspruchsfrei.
- Korrektheit: Die Datensätze und deren inhaltliche Beschreibung weisen einen Realitätsbezug auf.
- Vollständigkeit: Es besteht eine Attributs-, Entitäts- und Themenvollständigkeit.
- Eindeutigkeit: Es treten keine identischen Datenelemente bzgl. Inhalt und Granularität auf.
- Verfügbarkeit und Validität: Zuverlässigkeit des Datenlieferanten und die nachvollziehbare Entstehung, Plausibilitätsprüfung und Transformation der Daten.
- Verständlichkeit: Die effektiven Daten sind inhaltlich und technisch verständlich beschrieben und für kodierte Werte existieren erklärende Beschreibungen.

Nukleus der Steuerung

Als tragendes Element der geschaffenen Steuerungsinstrumente dient ein SAP Business Warehouse® aufsetzend auf der strategisch ausge-

34 Vgl. *Erler, T./ Schelp, J.*, Data Warehouse, 1998, S. 17–18; vgl. *Meier, M./ Sinzig, W./ Mertens, P.*, SAP Strategic Enterprise Management, 2002, S. 68.

35 Vgl. *Inmon, W. H.*, data warehouse, 1992, S. 29; vgl. *Inmon, W. H.*, Using the data warehouse, 1994, S. 2–12.

36 Vgl. *Esswein, W./ Räbiger, M./ Selz, A.*, Anforderungen an Data-Warehouse-Systeme, 1997, S. 7.

37 Vgl. *Bange, C./ Mathes, T.*, Management der Datenqualität, 09/2003, S. 28; vgl. *Bauer, A./ Günzel, H.*, Data-Warehouse-Systeme, 2001, S. 44–46.

Wertorientiertes BI-Management

Getreu dem Prinzip des wertorientierten Managements besteht ein enger Zusammenhang zwischen dem Wert des Unternehmens und seinem Umsatzwachstum, der Ertragskraft, den Kapitalkosten und anderen Variablen. Um deren Entwicklungen geplant zu steuern, lassen sich im Allgemeinen auch bei Kreditinstituten die Wechselbeziehungen im Rahmen von BI durch die Einbeziehung umfangreicher Funktionalitäten, der Nutzung multidimensionaler Modellierung sowie Bildung von Ursache-Wirkungs-Ketten nach der Theorie der System Dynamics darstellen. Sie bilden im Rahmen des Risikomanagements die Grundlage für integrierte Frühwarnsysteme, wie Steuerungscockpits, die frühzeitig bestandsgefährdende Risiken erkennen, um im Kreditinstitut gezielte Gegen- bzw. Steuerungsmaßnahmen ergreifen zu können.[40]

BI-Analyse

Neben den hauptsächlich finanziellen Erwartungen des Kapitalmarkts enthält auch das Feedback der Stakeholder Hinweise über die Art von Initiativen, die vom Management der Großbanken erwartet werden. Institutsindividuell werden diese alternativen Initiativen anhand von BI modelliert und mit der bestehenden Planung zu Planungsszenarien zusammengefügt. Die Szenarien werden danach speziell im Hinblick auf ihre Wirkung auf den Unternehmenswert analysiert und miteinander verglichen. Prognosedaten können mit historischen Daten kombiniert werden, wodurch eine bessere Zukunfts- und Entscheidungsorientierung des Informationssystems erreicht wird. Im Rahmen des strategischen Managementprozesses und Risikocontrollings können die auf diese Weise ermittelten Ansichten der Stakeholder sowohl zur Bestätigung der bisherigen Strategie als auch als Anhaltspunkt bei der weiteren Strategiebildung und Geschäftsplanung dienen.

5.3.3 Gründe für den Ausbau der Steuerungscockpits durch die Einführung der Balanced Scorecard

5.3.3.1 An- und Herausforderungen in der Vertriebssteuerung

Herausforderung durch Wettbewerb

In den letzten Jahren waren Banken größtenteils damit beschäftigt, die Anforderungen von Basel II an die Banksteuerung umzusetzen. Zudem standen für einige Institute noch die Umstellung der Rechnungslegung nach IFRS und die Aktivitäten, um den regulativen

40 Vgl. *Friedl, G./ Hilz, C./ Pedell, B.*, Integriertes Controlling, 2001, S. 19; vgl. *Weber, J./ Grothe, M./ Schäfer, U.*, Business Intelligence, 2000, S. 10–11.

Anforderungen gerecht zu werden, an. Dadurch waren die Bemühungen zur Verbesserung der Wettbewerbfähigkeit (Business Performance) bei einer Vielzahl von Banken etwas in den Hintergrund getreten. Die teilweise zu verzeichnende geringere Produktivität der deutschen Banken im internationalen Vergleich erhöhte nun den Druck auf die deutsche Finanzindustrie. Dieser Effekt wurde durch das Eintreten weiterer Wettbewerber noch verstärkt. Vor diesem Hintergrund und als Antwort zur Steigerung der Wettbewerbsfähigkeit erfolgte eine intensivere Zuweisung der Ergebnisverantwortung an einzelne Bereiche oder Personen, ein Prozess, der von vielfältigen Maßnahmen zur Optimierung der Ertrags- oder Kostensituation begleitet wurde. Leitgedanke war, dass durch eine verstärkte Angleichung der persönlichen Ziele der Mitarbeiter mit den Vorgaben der Bank, der gemeinsame Blick auf den Ergebniskorridor enger fokussiert wird. Eine entsprechende Incentivierung der Belegschaft wurde dabei mit einbezogen.

Neuausrichtung des Vertriebs

Mit dem zukunftsorientierten strategischen Anspruch der NORD/LB, sowohl die bisherigen Stärken in der Marktposition (z. B. Agrar-, Schiffs- und Flugzeugfinanzierung) auszubauen als auch Nischensegmente und Wachstumsmärkte forciert zu begehen, verband sich eine strategische Neuausrichtung für das Firmenkundengeschäft als Antwort auf den steigenden Wettbewerb. Der aktive Ansatz der Bank fand seine Fortführung im Rahmen der Strategieprojekte „Firmenkundenoffensive" und „Neuausrichtung Firmenkundengeschäft".

Im Grundsatz wurde eine neue Vertriebsstrategie für das Firmenkundengeschäft entwickelt. Die sich daraus ableitende Konkretisierung sollte die Voraussetzungen für die geplante Ertragssteigerung schaffen, um das Firmenkundengeschäft der Abteilungen im Firmenkunden- und Agrar-Banking sowie Kunden der Wohnungswirtschaft als auch die Bereiche Sales Firmenkunden mit weiteren Produktgruppen (z. B. Forderungsankauf etc.) wachstumsstark und erfolgreich aufzustellen.

Die Herausforderungen des dynamischen Markts mit den daraus resultierenden Anforderungen an ein flexibles Managementinformationssystem, zeichnete jedoch einen anspruchsvollen Weg vor, auf dem ein valides, effizientes und skalierbares Steuerungsinstrument ein zwingender Begleiter sein würde.

5.3.3.2 Strategieorientierung mit Corporate Performance Management

Corporate Performance Management

Unter dem Begriff „Corporate Performance Management" werden alle diejenigen Aktivitäten zur effektiven Unternehmenssteuerung zusammengefasst, die dazu beitragen, die Wettbewerbsfähigkeit einer Bank perspektivisch zu stärken. Dabei geht es in erster Linie um die Ausrichtung der gesamten Organisation auf den Geschäftszweck und die Strategie. Hierbei ist es wichtig, präzise Informationen darüber zu erhalten, welchen Wertbeitrag die verschiedenen Organisationseinheiten sowie einzelne Aktivitäten liefern. Im Gegensatz zu allgemeinen Cost-Cutting-Initiativen werden Abhängigkeiten auf Strategie und Vision verfolgt und gezielt Veränderungen herbeigeführt. Dies setzt eine umfassende, einheitliche und vor allem problemorientierte Informations- und Handlungsbasis voraus, denn solche Änderungen sind im hohen Maße planerische Entscheidungen vorangegangen, die auf Mess- oder Kennzahlen basieren. Der Erfolg dieses Ansatzes wird dabei maßgeblich von der Validität der Datenbasis, der Stringenz im Planungs- und Steuerungszyklus und auch dem Grad der Standardisierung im Prozess bestimmt. Genauigkeit und Effektivität der Steuerungs- und Planungsbemühungen stehen in direkter Verbindung mit der Qualität gelieferter Daten.

Ökonomisches Umfeld

Die Herausforderung bei der Sicherstellung einer erfolgreichen Strategieimplementierung und -realisierung liegt auch in der Fülle und dem Facettenreichtum ihrer Einflussfaktoren. Zweifellos sind die externen Determinanten des ökonomischen Umfelds (vgl. Abbildung 87) wichtige Gründe für das Scheitern von Strategien. Darüber hinaus dürften jedoch zahlreiche prozessuale, personelle und fachliche Ursachen auch innerhalb der von der Organisation beeinflussbaren Domänen zu suchen sein.

Mikro- und Makrokosmos

Aufgrund der fortschreitenden Globalisierung des dynamischen Wirtschaftsmarktes (Makro-Umwelt) und des sich dadurch verstärkenden Wettbewerbdrucks im unternehmensspezifischen Umfeld (Mikro-Umwelt) sind die Endscheidungsträger insbesondere im Vertrieb zunehmend auf die hohe Qualität und flexible Analyse von Unternehmensdaten und deren Interpretation angewiesen (vgl. Abbildung 87). Das kristallisierte sich auch bei der NORD/LB heraus und führte dort zur Initiative der bereits skizzierten Aufbaustufen der Steuerungscockpits und sonstigen Projektinitiativen. Durch entsprechende Informationen der Banken lässt sich aktuelles Wissen aus den Unternehmensdaten gewinnen, wodurch Chancen und Risiken in volatilen Ressourcen-, Technologie- und Absatzmärkten (externe Unternehmenssicht) wie auch Stärken und Schwächen eigener Prozesse (interne Unternehmenssicht) zeitig erkannt werden können.

Die Entwicklung in der Unternehmung und systematische Gestaltung ihrer Zukunft hängt weitgehend von der Situation der Unternehmung und von der Entwicklung ihres Umfeldes ab.

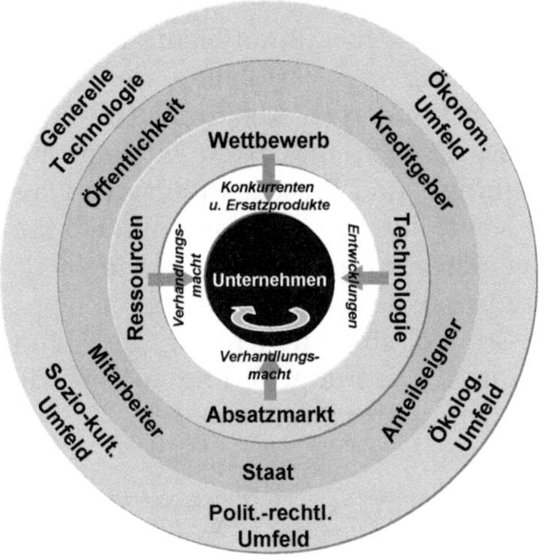

- Zunehmende **Internationalisierung** und Vernetzung der Märkte bei gleichzeitig zunehmender Fragmentierung und steigendem Wettbewerb
- Technologischer Wandel, ausgedrückt in kürzeren **Lebenszyklen** von Produkten, Märkten und Kunden
- Unsicherheit über die **Stabilität und Sicherheit** der gesellschaftlichen Ausrichtung
- Steigende **Dynamik** des Unternehmensgeschehens bei gleichzeitig abnehmender Reaktionszeit
- **Wertorientierung** bei gleichzeitiger Wahrung ökologischer Ziele und sozialer Verantwortung
- **Innvoationsförderung** bei gleichzeitiger Minimierung der Risiken

Abbildung 87: Herausforderungen im Steuerungsprozess
Quelle: Eigene Darstellung

Scheitern von Strategien

Ein Mangel an spezifischem Wissen in den Kreditinstituten über den Mikro-, den Makrokosmos und die internen Prozesse eines Unternehmens kann ebenso zum Scheitern von Strategien führen, wie eine unsystematische Strategieformulierung, ein zur beabsichtigten Strategie inkonsistentes Verhalten bei der Implementierung oder strategieunabhängig ausgerichtete Führungssysteme zur Kontrolle und Analyse externer und insbesondere interner Wirkungsweisen und Interdependenzen. Diese Erkenntnis führt dazu, dass die Forderung nach einer strategischen Ausgestaltung bzw. Formulierung der Unternehmenskultur und -struktur zur Unterstützung der Strategierealisierung auch auf andere betriebswirtschaftliche Teilbereiche ausgedehnt bzw. kaskadiert wird. Wachsender Kostendruck und schnelllebige Märkte steigern zusätzlich den Zwang zur Erkennung von Potenzialen sowie zur Straffung und Integration von Prozessen, die Teil an der Strategiefindung und -implementierung haben.

Insgesamt kann hier auch von einer allgemein beschleunigten Evolution der Berichts- und Simulationsinstrumentarien im Markt ausgegangen werden. Das heißt auch, dass sich Großbanken das Steuerungsinstrument sukzessive verfeinern und ausbauen müssen, um den bis dato geschaffenen Vorteil in der Steuerung wahren zu können.

5.3.3.3 Balanced Scorecard als Teil des Corporate Performance Managements

Scorecard in der Steuerung

Die Balanced Scorecard ist eine zyklische Art der Konkretisierung und Verfolgung von Strategien, um stets das unmittelbare Feedback abgeleiteter Maßnahmen der Planung zur Verfolgung der Vision reflektiert gegen die Historie zu bestimmen (s. Abbildung 3). Finanzielle sowie nicht-finanzielle Messgrößen in- und externen Ursprungs bilden hier genauso eine Beurteilungs- und Entscheidungsgrundlage im Planungs-, Steuerungs- und Kontrollprozess wie quantitative und qualitative Fakten. Kaskadiert eignet sich die Scorecard Strategie, die Organisation bis in ihre Tiefe transparent zu machen, sodass die operativen Geschäftsprozesse eine strategische Ausrichtung der Handlungsweisen erfahren und Planung sowie Budgetierung aufeinander auch mit der DBR abgestimmt sind (vgl. Abbildung 88).[41]

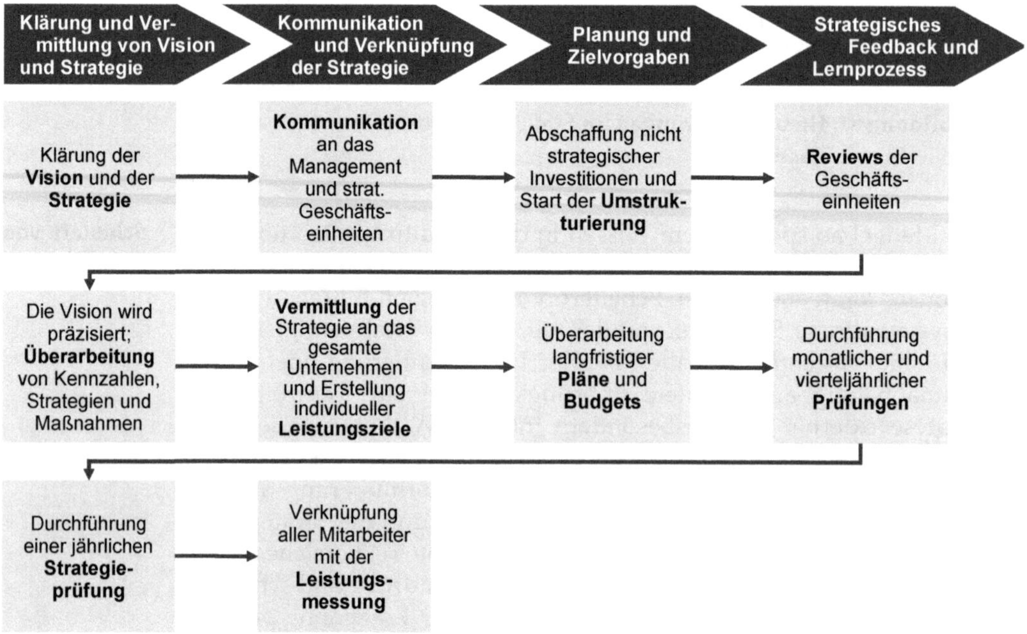

Abbildung 88: Schritte einer strategischen Bereichsphilosophie
Quelle: Eigene Darstellung

---

41 Vgl. *Lichka, C./ Kühn, H./ Karagiannis, D.*, IT-gestützte Balanced Scorecard, 2002, S. 915.

Balanced Scorecard vs. Cockpits

Das Balanced Scorecard-Konzept ist die Gesamtkonzeption eines unternehmensweiten oder bereichsspezifischen Informationssystems. Es grenzt sich damit von der Ebene der Reporting- bzw. Auswertungsschicht ab, die sich auf individuelle zweckspezifische Einzelauswertungen, wie dem Ertragscontrolling, der DBR oder der Portfoliobetrachtung, bezieht. Ein Balanced Scorecard-System führt die unterschiedlichen Auswertungsbereiche zu einem Gesamtsystem der Informationsversorgung für ein Kreditinstitut zusammen.[42] Ferner geht das Konzept über das traditionelle Instrumentarium insoweit hinaus, als dass die Strategie der Unternehmung durch die Definition und Verwaltung der Beziehungen zwischen einzelnen Kennzahlen expliziert wird und analysiert werden kann, um somit den Gedanken der bereits erwähnten Ausgestaltung von Steuerungscockpits der NORD/LB fortzuführen.

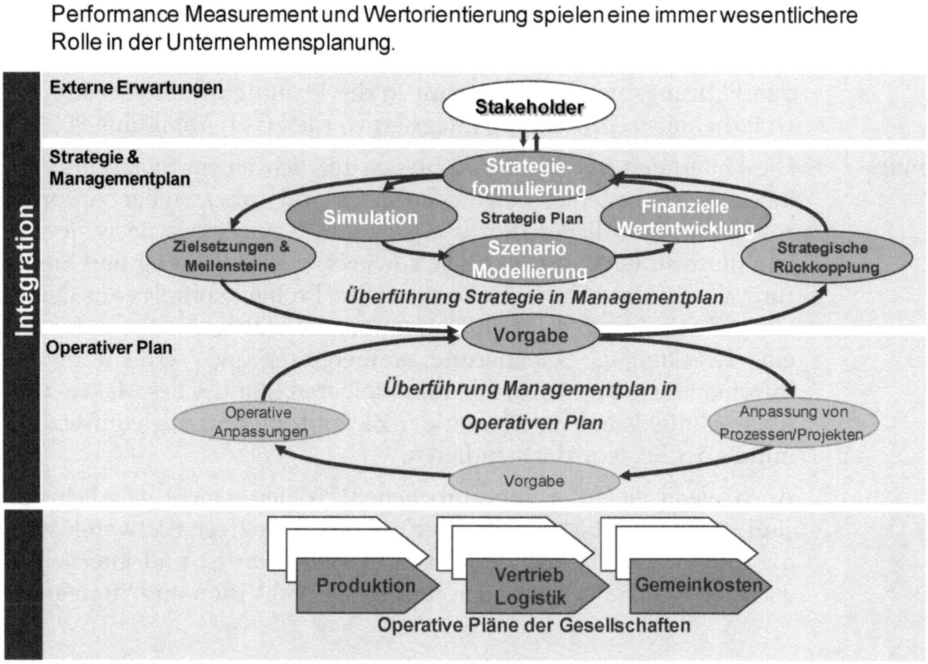

Abbildung 89: Pyramide und Zyklus der Managementebenen im allgemeinen Kontext
Quelle: Eigene Darstellung

---

42 Vgl. *Horstmann, W.*, Umsetzung von Unternehmensstrategien, 1999, S. 193.

Management-zyklus

Die Dezentralisierung von analytischen Entscheidungsprozessen führte in vielen Banken zum Aufbau einer komplexen Organisationsstruktur im Unternehmen, an deren Planung, Umsetzung und Leistungsmessung heute eine Vielzahl von Planungs-, Entscheidungs- und Aufgabenträgern beteiligt ist.[43] Es entstand dadurch ein erheblicher Koordinations- und Kommunikationsaufwand, um Daten als Basis der Planung, Steuerung und Kontrolle (PSuK) auch hinsichtlich der Balanced Scorecard für die Unternehmensführung oder die Vertriebssteuerung nutzbar zu machen (vgl. Abbildung 89).[44] Daraus resultiert spätestens hier die Forderung nach einer unternehmensweit einheitlich definierten und konsolidierten Datenbasis, die ein aussagefähiges Reporting mit detaillierten und flexiblen Analysen auch über historische Informationen ermöglicht. Insbesondere für die Balanced Scorecard gewinnt dies an Bedeutung, wenn Kennziffern und Steuerungsgrößen flexibel auch über Zeitreihen hinweg zusammengeführt werden müssen, um Entwicklungen und auch temporäre Abhängigkeiten sichtbar zu machen und vertrieblich für die Kundeninitiative zu nutzen. Die Erkenntnisse aus den Analysen müssen in den Führungsprozess und damit in die Planung und Steuerung der Unternehmensentwicklung integriert werden (vgl. Abbildung 90).[45]

Spannungs-felder

Die Unternehmensführung sieht sich folglich einem Spannungsfeld heterogener Systeme, datentechnischer und prozessualer Anforderungen und fachlicher Prozesse gegenüber, auf dessen Basis sie ihre komplexe strategische, taktische sowie operative Planung und Steuerung durchführen muss. Der dargestellte Problemkomplex aus Qualitäts-, Zeit-, Mengen- und Kommunikationsdimensionen erfordert eine zweckmäßige Selektierung, Aufbereitung und Verdichtung der Informationen, um den steten unmittelbaren Einfluss des Makro- und Micro-Umfelds auf die Phasen der Zielbild- und Strategieumsetzung mittels der Scorecard zu studieren.

Auch wenn viele der angesprochenen Probleme nicht gänzlich neu sind, so fehlte es bisher doch an einer durchgängigen Softwarelösung, die unternehmens- bzw. konzernweit einsetzbar ist und interne mit externen Kennzahlen für eine Verfolgung von Vision und Strategie in

---

43 Vgl. *Küpper, H.-U.*, Controlling, 1997, S. 179–180; vgl. *Wiese, J.*, Balanced Scorecard, 2000, S. 18–19.

44 Vgl. *Steinmann, H./ Schreyögg, G.*, Management, 2000, S. 6; vgl. *Chamoni, P.*, Informationssysteme, 2003, S. 5.

45 Vgl. *Horváth, P./ Gaiser, B.*, Implementierungserfahrungen, 2000, S. 17; vgl. *Kaplan, R. S./ Norton, D. P.*, Balanced Scorecard, 1997, S. 10–17.

Verbindung bringt. Schließlich ist zu beachten: Will man eine schnelle und konsistente Prozess- und Funktionsintegration zu gewährleisten, muss diese neben der horizontalen auch einer vertikalen Integration der Informationen vor den Merkmalen des Zielbezugs, der Genauigkeit, Aktualität und der Flexibilität genügen.

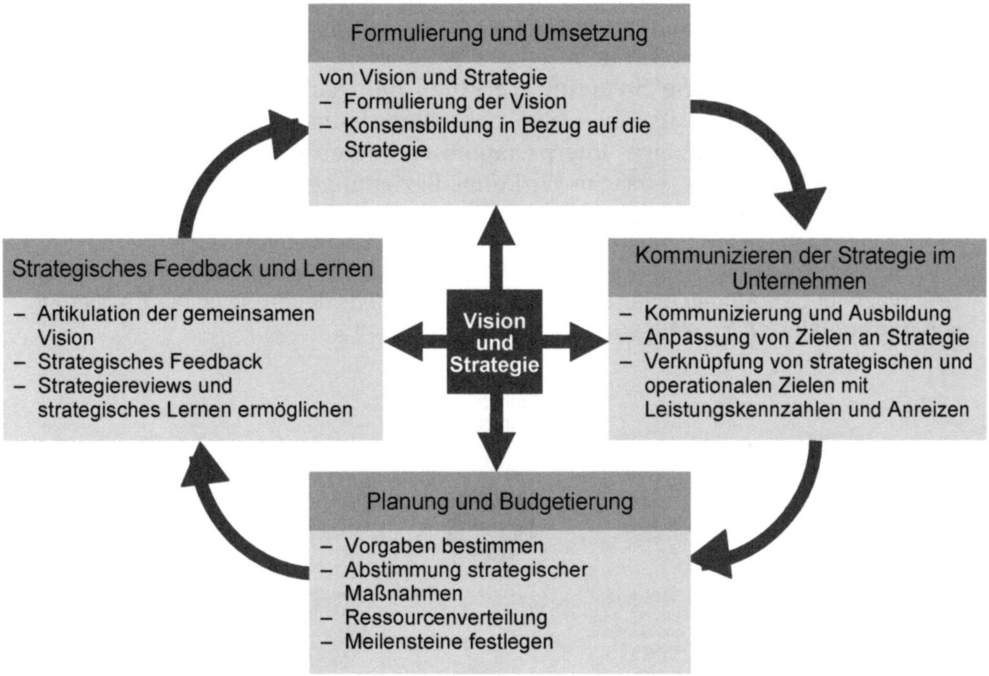

Abbildung 90: Zyklus strategischer Entwicklung im Unternehmen
Quelle: Eigene Darstellung

5.3.3.4 Harmonisierung des Corporate Performance Managements auf Basis einer konsolidierten Datenbasis

Verzahnungsparadigma

Die Einsicht in die große Bedeutung einer effektiven strategieorientierten Unternehmensführung für die wirtschaftliche Entwicklung einer Bank in einem komplexen Wirtschaftsumfeld hat rasch das Bedürfnis nach Verzahnung von Unternehmensstrukturen und der Integration von externen Informationsbeständen geweckt. Das zeigt auch das Referenzprojekt der NORD/LB, das sich mit der Umsetzung von erfolgs- und kostenorientierten Steuerungscockpits dieser Thematik widmete. Dennoch liegt das eigentliche Problem erfolgloser Unternehmen zumeist nicht in der gewählten Strategie. Vielmehr lassen sich Schwierigkeiten sowohl auf die schlechte Ableitung von Maßnahmen zur Zielerreichung, deren Umsetzung als auch deren Möglichkeiten zur Kontrolle zurückführen. Heterogene Informationsquellen potenzieren das Dilemma, da ein enormer Aufwand in die Konsolidierung investiert werden muss. Die NORD/LB hat mit ihrem integrierten Steuerungssystem eine harmonisierte Datenbasis für alle steuerungsrelevanten Inhalte geschaffen, auf denen erfolgs- und kostenoientierte Steuerungscockpits mit „harten" Fakteninformationen als KPIs aufbauen. Dabei verzichten sie im Ansatz jedoch vorerst bewusst auf eine Interpretation von Interdependenzen der KPIs in Form von Ursache-Wirkungs-Beziehungen. Gleichfalls bleiben so genannte „weiche Faktoren" unberücksichtigt (vgl. Abbildung 91).

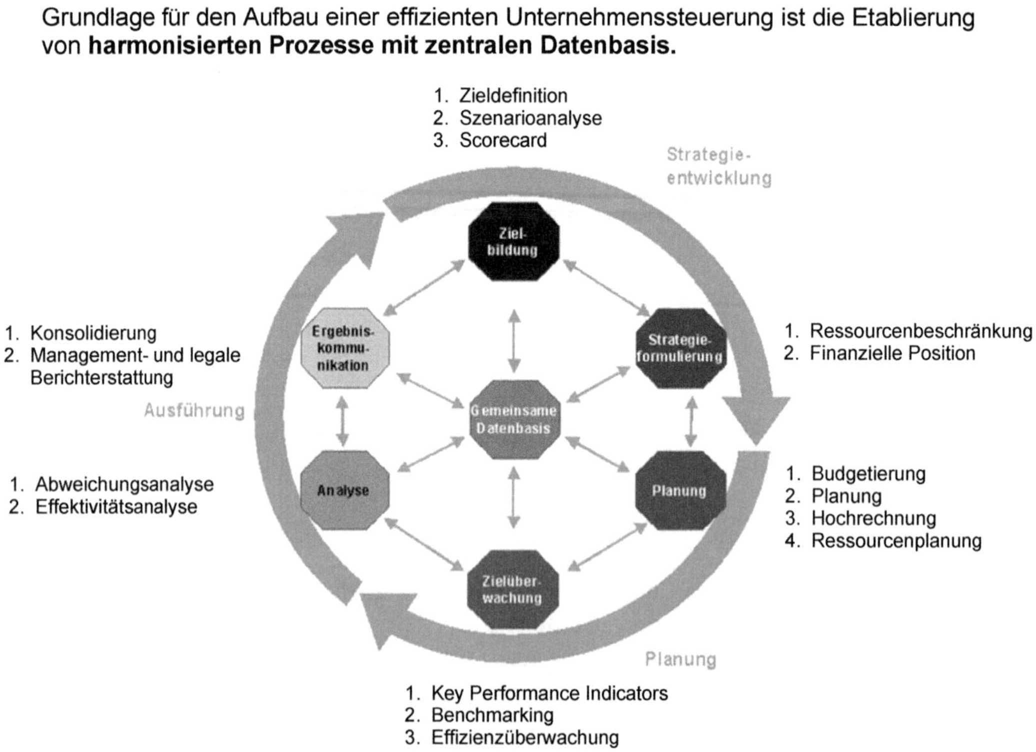

Abbildung 91: Bedeutung einer konsolidierten Datenbasis in der Unternehmensführung

Quelle: Eigene Darstellung

Mit der Einführung eines Excecutiv Information Systems (EIS) kommt die NORD/LB den Charakteristika einer BSC zwar sehr nahe. Das Institut differenziert hier aber ganz bewusst das Steuerungsinstrument von der BSC, da unter anderem weiche Faktoren, die in eine BSC gehören, vorerst nicht aufgenommen werden sollen.

Im Allgemeinen und losgelöst von dem konkreten Kreditinstitut NORD/LB, lässt sich aber nun der Grundgedanke auf die Entwicklung einer BalancedScorecard übertragen und auf Basis der bisher gewonnenen Informationen und Paradigmen der Großbanken weitertreiben. Sie stellt die **mögliche** Perspektive einer Weiterentwicklung der NORD/LB in diesem Bereich dar, die hier in Ansätzen näher betrachtet werden soll.

5.3.4 Vorgehensweise zur Implementierung der BSC mit BI

Enabler BI und BSC

Die BI ermöglicht es Unternehmen, wie Großbanken, Geschäftsszenarien und -prozesse zu kontrollieren, fortlaufend an neue Strategien anzupassen und somit aktuellen wirtschaftlichen Rahmenbedingungen gerecht zu werden. Gleichfalls kann eine Balanced Scorecard mittels der BI auf Veränderungen im Markt mit deren interdependenten Wirkungsweisen auf Perspektiven sowie deren Strategien schnell aufdecken, um daraus Maßnahmen abzuleiten.

Die Effizienz von Geschäftsprozessen ist für den für den langfristigen Unternehmenserfolg und auch für den Erfolg von Vertriebsinitiativen entscheidend. Organisationen, die im Wettbewerb bestehen wollen, benötigen transparente Geschäftsmodelle, die jederzeit angepasst werden können.

Um innovative Geschäftsstrategien erfolgreich umzusetzen, ist es notwendig, betriebswirtschaftliche Konzepte effizient in die IT-Welt zu übertragen. Neben der Frage nach geeigneten prozessorientierten Organisationsstrukturen und der Minimierung von Schnittstellen innerhalb der Prozessabläufe gehört die Automatisierung immer gleich ablaufender Teilprozesse zur Hauptaufgabe.

CPM-Strategie

Die Planung, Entwicklung und Einführung von BI- oder Scorecard-Systemen umfasst eine Vielfalt von verzahnten, sich gegenseitig beeinflussenden Aufgaben aus den unterschiedlichen Bereichen der Wirtschaftsinformatik, Informatik, Betriebs-, Arbeits- und Rechtswissenschaft. Es ist dadurch erforderlich, eine planmäßige Strategie der Systementwicklung aufzustellen, die die Art und Weise einer strukturierten Herangehensweise zur Komplexitätserschließung und Problemlösung festlegt. Dadurch soll typischen Problemen der Kommunikation, Koordination und Qualität zwischen Fachabteilung und IT

zu erreichen. Um eine Projektüberwachung realisieren zu können, werden kontinuierlich gleichmäßig verteile Meilensteine in einem Projektplan festgelegt, die den überprüfbaren Abschluss anhand der zusammengetragenen, dokumentierten Ergebnisse einer jeden Phase kennzeichnen und Abweichungen in der Qualität feststellen.

5.3.4.2 Das Fachkonzept als Grundlage des Designs

Am engsten verbunden mit der betriebswirtschaftlichen Problemstellung ist die Beschreibung des Fachkonzepts. Darin werden neben den Rahmenbedingungen die fachlichen Anforderungen und betriebswirtschaften Potenziale erfasst.

Single-Point-of-Truth

Die Integration einer Balanced Scorecard erleichtert zwar Kontrolle, Steuerung und Messung des Umsetzungsgrades der strategischen Initiativen in der operativen Ebene. Für die Steuerung des Vertriebs benötigen die Vertriebseinheiten und Führungskräfte jeder Bank jedoch zeitnahe Informationen. Tagesaktuelle Daten, verbunden mit einem wochenaktuellen Standardreporting sind für den Vertrieb unerlässlich. Um dem daraus resultierenden Anspruch gerecht zu werden, sollte die künftige IT-Unterstützung für das Vertriebscontrolling die ganzheitlich konsolidierte Arbeitsgrundlage bzw. Datenbasis entsprechend eines „Single-Point-of-Truth" darstellen. Sämtliche Standardreportings, Auswertungen, Recherchen und Individualreports zur Berichterstellung und -verteilung erfolgen künftig im integrierten Datenmodell des DataWarehouses. Die Erstellung von Standardberichten außerhalb der IT-Unterstützung wird soweit wie möglich reduziert. Ähnliche Anforderungen und Restriktionen sollten auch bei der Integration einer Balanced Scorecard gelten.

Kennzahlentypen

Basierend auf den Steuerungskonzepten einer Großbank, die in die Kennzahlentypen Erfolg, Bestand, Neugeschäft, Aktivitäten und Kunden aufgeteilt sind, werden Daten unter anderem aus folgenden Quellen benötigt:

- dem zentralen dispositiven Bestand,
- der Deckungsbeitragsrechung mit den Zinskonditionsbeiträgen und ROEs,
- den Beteiligungsprodukten wie auch
- den Daten aus dem Wertpapierbereich.

Ergänzt werden diese Datenbestände z. B. durch Informationen des Kreditrisikocontrollings, Human Ressources (HR) und den Plandaten für Aktivitäten, Bestände und Erfolge.

Aufbauorganisationen

Die Auswertungsebenen richten sich nach den bestehenden Aufbauorganisationen. Dabei müssen neben Verantwortungsbereichen, Hauptabteilungen und Marktbereichen auch Niederlassungen mit Teilmärkten als Aggregationslogiken vorhanden sein. Zusätzlich bilden Vertriebswege als Vermögensanlage- oder Gewerbezentren, Kampagnen und Vertriebskanäle weitere Bezugsobjekte zu den Organisationseinheiten, denen sich steuerungsrelevante Kennzahlen zuordnen lassen. Insbesondere vor dem Hintergrund der steigenden Anforderungen und Ergebnisbeiträge an die jeweiligen Vertriebswege sind für die Kennzahlentypen Erfolg, Bestand, Neugeschäft, Aktivitäten und Kunde vertriebsbezogene Auswertungen unabhängig von der aufbauorganisatorischen Struktur.

Vertriebsobjekte und -wege

Die Kennzahlentypen resultieren aus Bestands- und Neugeschäftsdaten, die stück- oder volumenmäßige Werte bzw. Ausprägungen zu einem bestimmten Zeitpunkt darstellen. Produkte, wie Immobilienfinanzierungen und Sofortkredite lassen sich mit ihren Volumen im Aktivgeschäft, den Privatgiro- und Sparbeständen dafür im Passivgeschäft wiederfinden. Im Steuerungskonzept werden analog den Beständen den jeweiligen Hierarchieebenen und einzelnen Vertriebswegen die Erfolgskennzahlen aus Deckungs- und Zinskonditionsbeiträgen zugewiesen.

Operationalisierung der Vision

Die Darstellung der Bestands-, Neugeschäfts- und Erfolgsdaten beruht auf Ist-Ergebnissen, die generell vergangenheitsbezogen sind. Für eine strategische Positionierung benötigt jeder Vertrieb jedoch eine Vision, die durch eine Strategie umgesetzt wird. Die Strategie wird soweit operationalisiert, indem bei den Vertriebseinheiten konkrete Maßnahmen und Planungsergebnisse zur Erreichung der Vision formuliert werden. Dabei können die Planergebnisse auf verschiedene Art und Weise ermittelt werden und hängen von Vorgaben des Controllings, der Steuerungskonzeption der Vertriebswege oder der strategischen Ausrichtung ab.

Werttreiberlogik

Die jeweiligen Steuerungskonzepte für die Vertriebswege vernetzen die einzelnen Kennzahlentypen anhand einer Werttreiberlogik miteinander, so dass ausgehend von Aktivitäten bis zu Erfolgen alle Werttreiber dargestellt werden. Demzufolge werden die einzelnen Hierarchieebenen nach unterschiedlichen Kennzahlen gesteuert und in Kombination mit den übrigen Perspektiven der Balanced Scorecard dargestellt.

Kundentypen

Die Bestandskunden einer Bank lassen sich für einen Steuerungsansatz in die vier verschiedenen Kundentypen Neukunden, Fokuskunden, wertorientiert zu betreuende Kunden und auszusteuernde Kunden unterteilen. Darüber hinaus sollten Zielkunden, die derzeit noch keine Kunden sind, aber Potenzial im Sinn einer Firmenkundeninitiative aufweisen, identifiziert werden.

5.3.4.3 Das DV-Konzept als Basis der Entwicklung

Eine größere Nähe zur Informationstechnologie besitzt die Beschreibungsebene des DV-Konzepts. Hier wird das Fachkonzept im Rahmen des Designs in die Kategorien der DV-technischen Umsetzung übertragen und an die Anforderungen und Schnittstellen der Implementierungswerkzeuge wie z. B. Datenbanksysteme oder Oberflächengeneratoren angepasst.

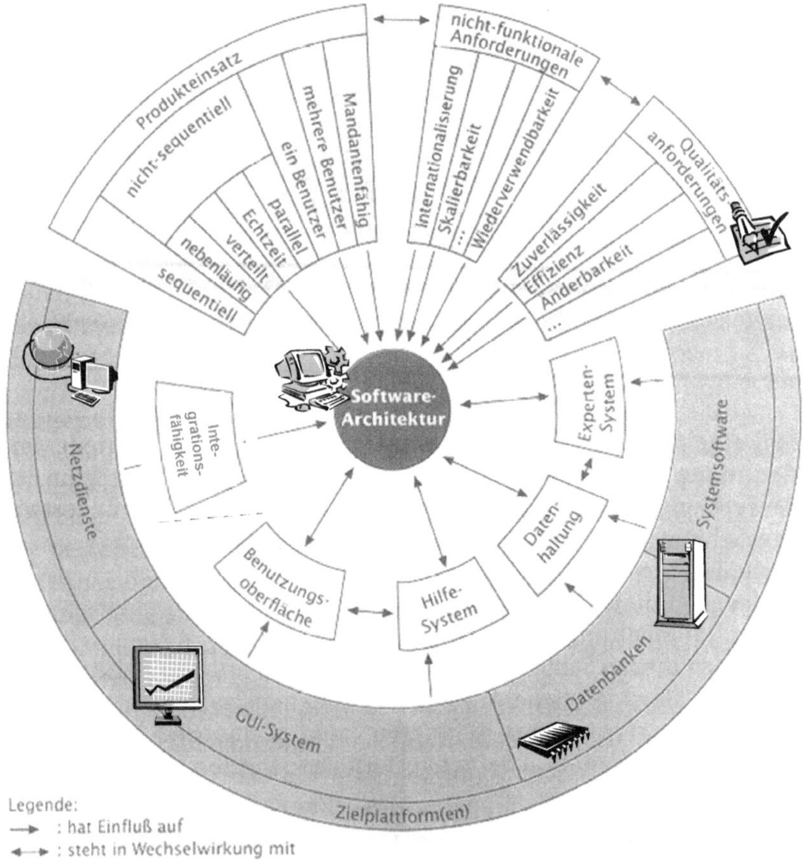

Abbildung 93: Einflussfaktoren auf die Softwarearchitektur
Quelle: Helmut Balzert, Lehrbuch der Softwaretechnik, 2. Auflage

Einflussfaktoren der IT

Die künftigen Einsatz-, Umgebungs- und Qualitätsbedingungen beeinflussen sowohl die Wahl der einzubindenden Applikationen und Funktionen als auch das zu entwerfende BI- und Balanced Scorecard-System im Zusammenhang mit der Datenhaltung, der Benutzeroberfläche und den zusätzlichen Hilfssystemen (vgl. Abbildung 93).

Softwarearchitektur

Aus den fachlichen Anforderungen und der abstrakten Zielarchitektur des Konzepts ergeben sich i. d. R. die Applikationen und Plattformen, auf denen das Zielsystem ablauffähig sein muss. Dazu ist es erforderlich, die einzelnen Applikationen in die bestehende Hardware, System- und Anwendungssoftware einzubetten und deren Schnittstellen zu identifizieren (vgl. Abbildung 93). Unter Umständen kann diese Einbindung zusätzliche Dritt-Systeme erfordern, die die Schnittstellen des BW oder der BSC-Anwendungen integrieren und dadurch eine Kommunikation ermöglichen.

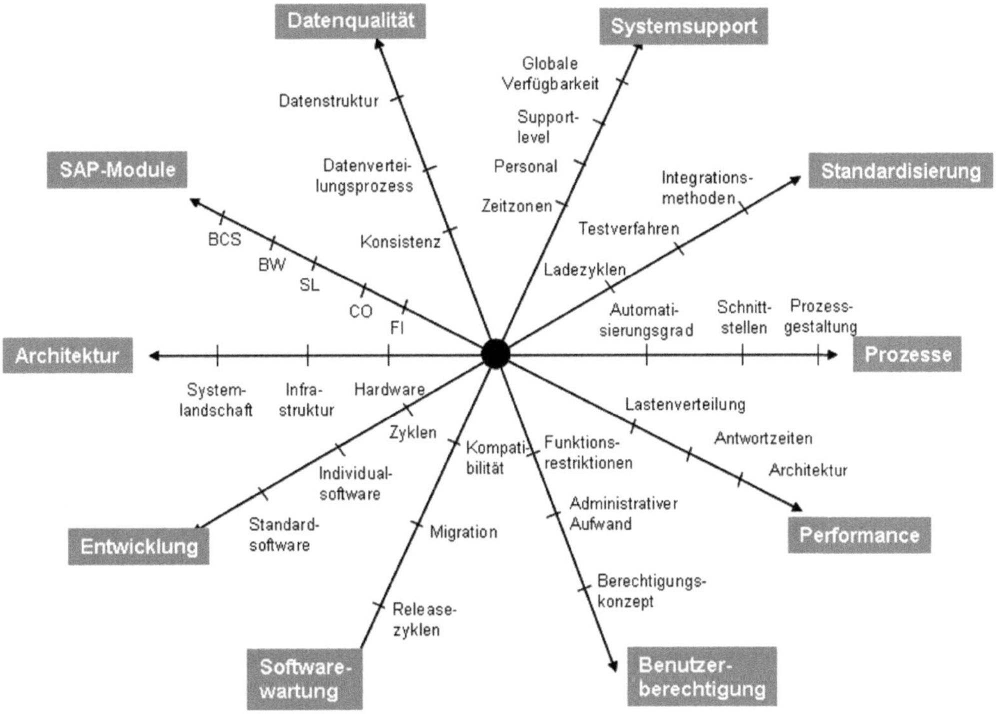

Abbildung 94: Dimensionen der technischen Fragestellung
Quelle: Eigene Darstellung

Metadaten-management

Durch das erstellte Datenmodell und die entworfenen Datenstrukturen ist ersichtlich, in welcher Form die zu integrierenden Stamm-, Bewegungs- und Metadaten für die Datenhaltung weiter komprimiert, aggregiert und archiviert werden müssen.

Die künftige IT-Unterstützung sollte für das Vertriebscontrolling eine ganzheitliche Arbeitsgrundlage darstellen. Sie garantiert zum einen, dass neben den finanziellen Zielen und Kennzahlen auch die Bereiche Markt, Kunden, Prozess- und Produktqualität, Innovationsfähigkeit und Personalwesen der Organisation und der Informationssysteme auf angemessene Weise einbezogen werden. Zum anderen wird durch die Berücksichtigung der verschiedenen Bereiche des Unternehmens ein Gleichgewicht zwischen Früh- und Spätindikatoren, internen und externen sowie qualitativen und quantitativen Leistungskennzahlen hergestellt.

5.3.4.4 Betriebswirtschaftliche Kernaspekte

Strategie-steuerungs-zyklus

In der Theorie und Praxis kommt es immer wieder zu Diskussionen darüber, ob der Ansatz der Balanced Scorecard verbunden mit dem Strategiesteuerungsaspekt wirklich als solcher eine Innovation ist und in einem Konzept, wie oben beschrieben, gewürdigt werden sollte (vgl. Abbildung 95). Diese Debatte geht an der Praxisrelevanz des Ansatzes völlig vorbei. Natürlich sind nicht alle einzelnen Bestandteile des Ansatzes als solche neu. Ziele, Messgrößen, Zielwerte und Aktionen gab es auch schon vor dem Erscheinen des betriebswirtschaftlichen Konzepts und sie lassen sich letztendlich auch über Reports oder Steuerungscockpits getrennt voneinander abbilden. Doch so, wie man die Leistung eines Schreiners an dem Ergebnis und nicht an dem Neuartigkeitsgrad der verwendeten Ingredienzien würdigt, sollte man auch die Leistung der Balanced Scorecard daran messen, in welcher Form angeführte und in diesem Buch beschriebene Mosaiksteine der modernen Unternehmensführung zu einem ganzheitlichen Ansatz verflochten werden, der über die Philosophie eines Steuerungscockpits hinausgeht.

Horizontale Abstimmung

Horizontale Steuerung

Während die bisherigen Überlegungen eher eine vertikale Verknüpfung zwischen strategischer und operativer Planung sowie Steuerung betrafen, spielt in der Praxis für eine Großbank auch die horizontale Koordination der Aktionen und Abstimmung der Ziele eine wichtige Rolle. Es gilt, Interdependenzen von Handlungen transparent zu machen und die Kommunikation zwischen den Vertriebsbereichen zu fördern.

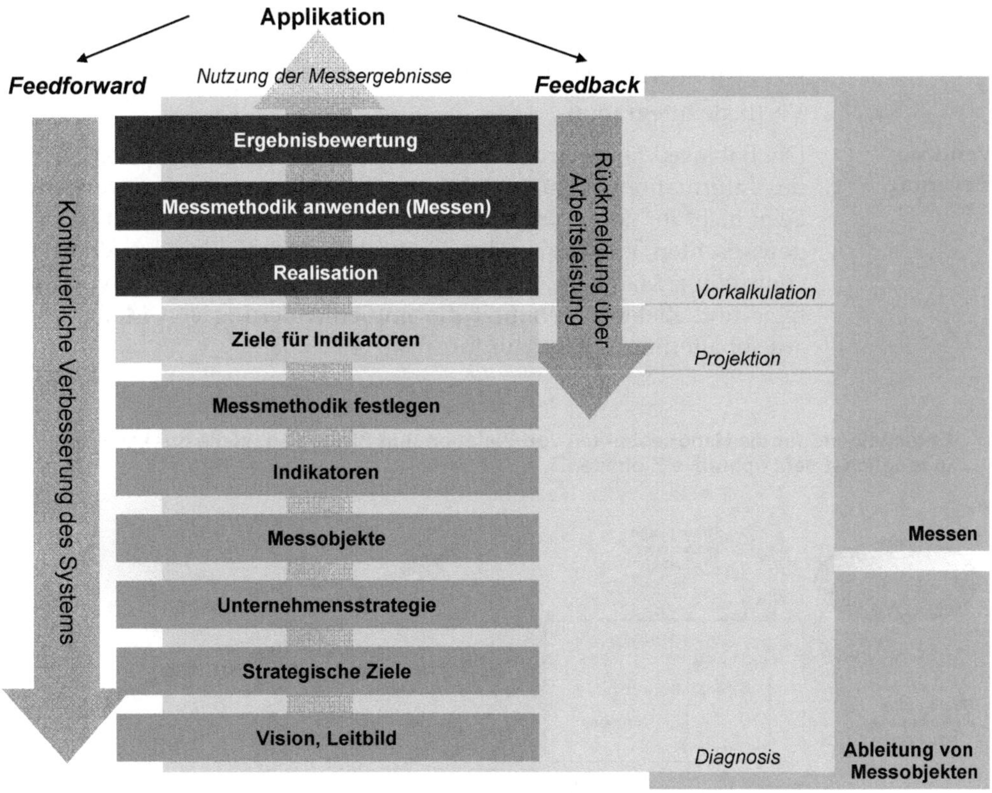

Abbildung 95: Schematischer Strategiesteuerungszyklus
Quelle: Eigene Darstellung

Handlungs-interdependenzen

Zur Ermittlung von Kosteninterdependenzen leistet die Scorecard im ersten Ansatz für ein Kreditinstitut jedoch keinen praktischen Beitrag, da sie keine analytische Rechenlogik zur Verfügung stellt. Diesen Anspruch erhebt sie jedoch auch nicht. Dagegen kann sie für die Transparenz von Handlungsinterdependenzen und damit auch für die Kommunikation der Vertriebsbereiche bedeutend werden, da in der Regel verschiedene Einheiten an der Umsetzung einzelner strategischer Zielsetzungen beteiligt sind. Ordnen einzelne Einheiten ihre Ziele, Messgrößen und Aktionen entsprechend übergeordneten Zielsetzungen zu, so lässt sich für jede dieser Zielsetzungen der bereichsübergreifende Zusammenhang der nachgelagerten Ziele, Messgrößen und Aktionen themenorientiert und nicht funktionsorientiert darstellen. Durch ein gemeinsames Verständnis, wo in der Prozesskette zur

Erreichung spezifischer strategischer Ziele die besonderen Herausforderungen liegen, wird die Zuordnung von Maßnahmen, Aktionen und damit einhergehenden Ressourcen der Bank erleichtern.

Vertikale Integration

Vertikale Steuerung

Die Balanced Scorecard in seiner ursprünglichen Konzeption als reines Informationsinstrument für das Top-Management zu verstehen, zeigt nicht ihr gesamtes Steuerungspotenzial und führt nicht zu einer gewünschten Entfaltung der Firmenkundeninitiative im Vertriebscontrolling. Mangelnde Kommunikation und Transparenz von Strategie und Zielen unterstützt die Implementierung von Maßnahmen auf subalternen Ebenen nur in Ansätzen.

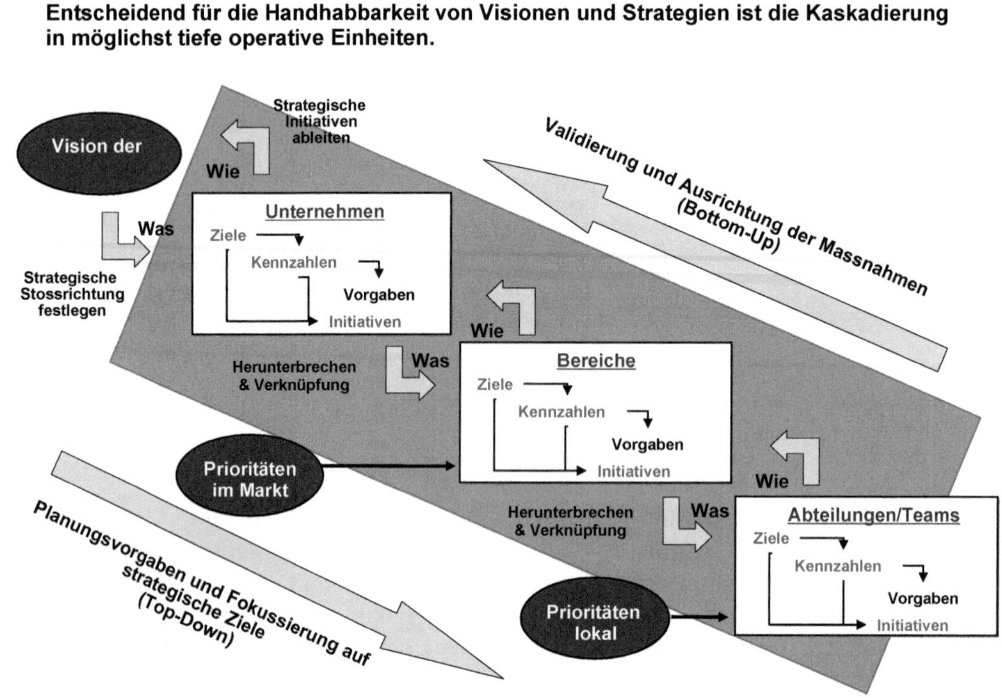

Abbildung 96: Von der Stoßrichtung zur gemeinsamen Ausrichtung
Quelle: Eigene Darstellung

Eine wichtige Voraussetzung für eine erfolgreiche Integration der strategischen mit der operativen Planung, Steuerung und Kontrolle ist, dass ein gemeinsames Verständnis für die strategische Zielsetzung erreicht wird und operative Aktionen am Strategiemuster orientiert getroffen werden.[55]

Stoßrichtung

Das Konzept der Balanced Scorecard systematisiert diesen Schritt, indem es die Strategie in der gleichen Logik von Perspektiven, Zielen und Messgrößen konkretisiert und in die Geschäftsbereiche kaskadiert (vgl. Abbildung 96). Diese intensive Auseinandersetzung mit übergeordneten Zielsetzungen und der Konkretisierung auf das organisatorische Umfeld führt zu einer Verteilung der Ressourcen entsprechend der strategischen Anforderungen.

Kaskadierende Scorecard

Vergleichbar einer organisatorischen Integration vereint der kaskadierende Ansatz die Führungsebenen der Vertriebsbereiche mit den direkt unterstellten Firmenkundenberatern und führt sie in eine ganzheitliche Ansicht einer Bank zusammen. Zudem erhalten die Gruppenleiter eine aggregierende Scorecard für die gesamte Organisationseinheit. Die Einsicht von anderen hierarchisch gleich gestellten Gruppen- oder Abteilungsleitern ist zu diskutieren, aber nicht zwingend vorgesehen, vereint die horizontale Integration ihre Ziele, Maßnahmen und Aktionen jedoch über eine ganzheitliche Balanced Scorecard (vgl. Abbildung 97).

Auf Abteilungsebene werden die Scorecards der einzelnen ProfitCenter zusammengefasst. Die Einsicht in die Perspektiven der einzelnen Mitarbeiter ist nicht relevant, da der Führungsprozess durch die direkten Führungskräfte erfolgt. Auf Vertriebsbereichebene werden ebenfalls die auf Abteilungs- und Gruppenebene aggregierten Scorecards ausgewiesen. Neben dem Firmenkunden haben der Vertriebsbereichsleiter einer Bank beispielsweise Einsicht in das Abteilungscockpit des Agrar-Banking oder die steuernde Balanced Scorecard der Wohnungswirtschaft. Eine Zusammenfassung ist aufgrund der unterschiedlichen Steuerungskennzahlen nicht möglich und kann nur über die horizontale Integration gesichert werden.

55 Vgl. *Wunder, T.*, Balanced Scorecard, 2001, S. 134

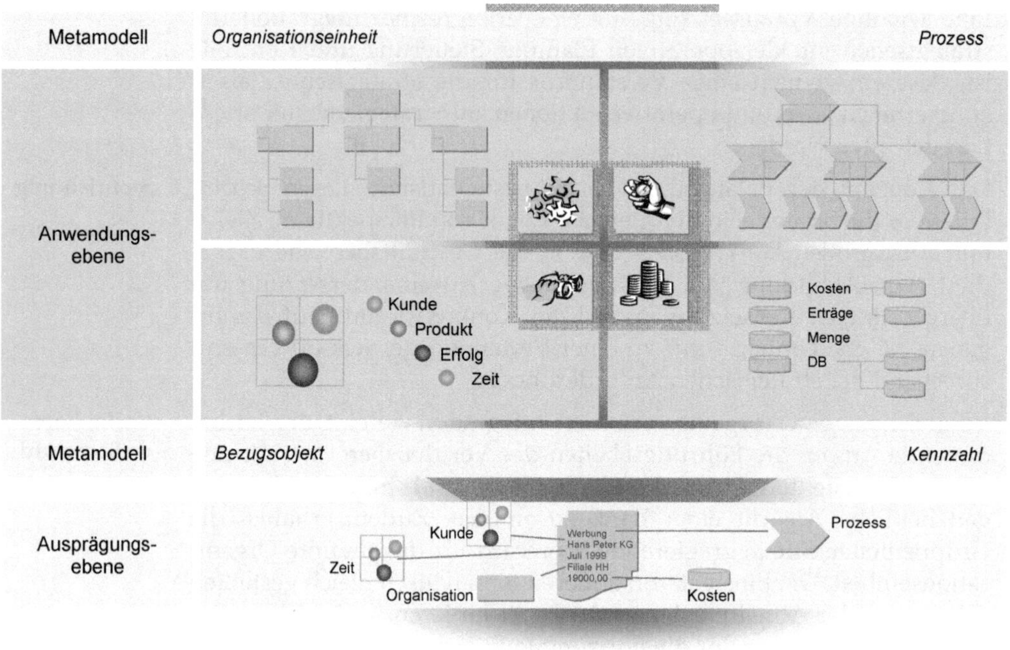

Abbildung 97: Kaskadierung auf die Ausprägungsebene von der generischen Definition der Anwendungsebene
Quelle: Eigene Darstellung

Ableitung von Ursache-Wirkungs-Beziehungen

Wirkungsbeziehungen

Zur Unterstützung der Ziel- und Strategieverfolgung in der organisatorischen Struktur eines Kreditinstitutes und der Kommunikation müssen die Basiselemente durch weitere Attribute angereichert und ihre Wirkungsbeziehungen bestimmt werden. Deshalb muss die Möglichkeit der Ableitung von Maßgrößen aus Basisgrößen bestehen, so dass Kopplungspunkte mit den operativen Systemen und anderen Controllingschnittstellen entstehen.

Zielinterdependenzen

Zur Umsetzung der verbindlichen Strategie des Managements muss aufgezeigt werden, wie deren komplementär, kooperativ oder neutral wirkenden Ziele unter verschiedenen Blickwickeln erreicht und operativ umgesetzt werden können. Neben den finanziellen Aspekten, die das zu erreichende Ergebnis beschreiben, bleiben angestrebte Ziele aus Sicht der Kunden und interne Prozesse zu berücksichtigen. Um die Wirkungszusammenhänge für das Management transparent zu machen, werden die charakterisierten Ziele, identifizierten Kennzahlen und Strategieelemente durch eine Ursache-Wirkungs-Kette in einen kausalen Zusammenhang gebracht. Die Verkettungen schlagen sich in den StrategyMaps nieder, die neben den definierten Beziehungen der verfügbaren Strategieelemente deren aktuellen Status im Kontext mit Perspektiven, Querverbindungen und Strategien abtragen. Ein einzelnes Strategieelement kann dabei auf mehrere Elemente gleicher oder anderer Perspektiven und Strategien einwirken und zugleich Wirkungsziel vieler Strategieelemente sein.[56]

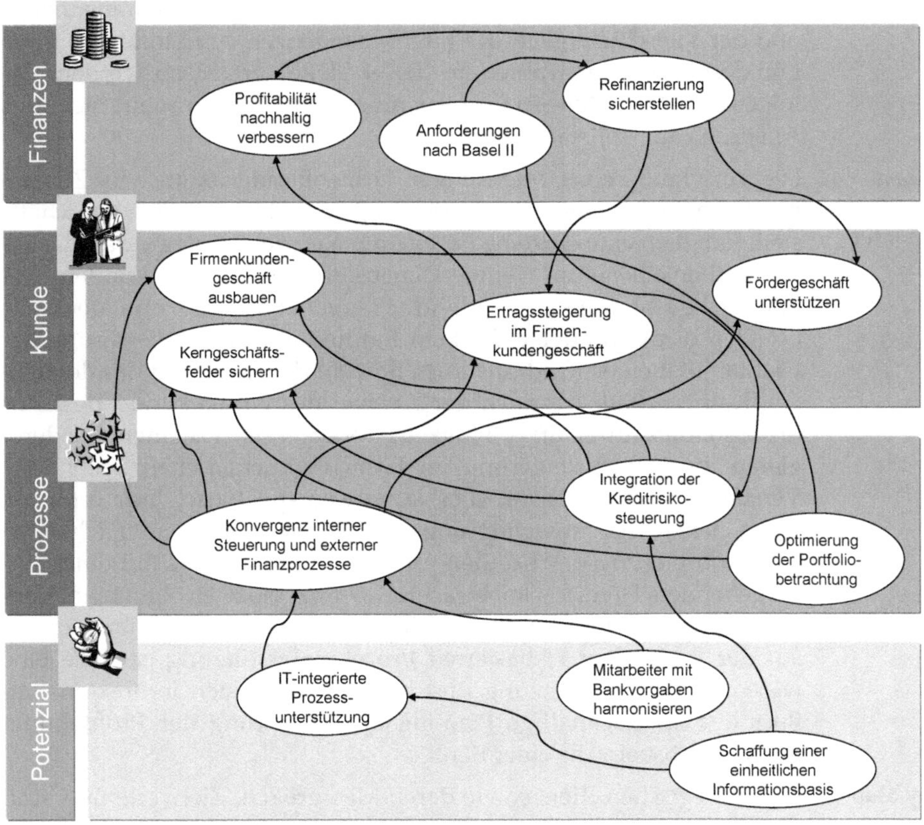

Abbildung 98: Ursache-Wirkungs-Beziehung
Quelle: Eigene Darstellung

---

56 Vgl. *SAP Deutschland AG & Co. KG,* Balanced Scorecard, 2001, S. 30–32; vgl. *Meier, M./ Sinzig, W./ Mertens, P.,* SAP Strategic Enterprise Management, 2002, S. 116–125.

Aus den Ausführungen und Ansätzen zur strategischen Neuausrichtung des Firmenkundengeschäfts resultieren vier Perspektiven, die sich für eine Balanced Scorecard anbieten und sich über ein Ursache-Wirkungs-Modell miteinander verbinden lassen (vgl. Abbildung 98).

Perspektiven

Die kundenorientierte Perspektive verbindet sich direkt mit der finanzierenden Dimension und der Organisation einer Großbank wie der NORD/LB, da Refinanzierungen getroffen werden und Prozesse koordiniert werden müssen. Ihre Ausgewogenheit besitzt sowohl mittelbare als auch unmittelbare Einflüsse auf die Finanzergebnisse.

Es gestaltet sich als schwierig, der Komplexität der Zusammenhänge und der Vielschichtigkeit der Interdependenzen von Einflussfaktoren und Steuerungskennzahlen an dieser Stelle gerecht zu werden. Die folgenden Darstellungen und Ausführungen erheben somit nicht den Anspruch auf Vollständigkeit.

Kernfragen und Erfolgsfaktor

Die Verfolgung einer offensiveren Firmenkundenakquise im Zusammenhang mit einer Neuausrichtung des Firmenkundengeschäfts stellt lediglich eine einzelne Facette der Vertriebsstrategie dar, die auf Gesamtbankebene um weitere Dimensionen (z. B. Privatkunden oder öffentliche Hand) institutsindividuell ergänzt werden kann, denn alle besitzen direkten oder indirekten Einfluss auf die Verbesserung der Profitabilität eines Kreditinstituts. Sowohl die Sicherung des derzeitigen Kerngeschäfts als auch der Ausbau des Firmenkundenbestands (insbesondere in Schiffs-, Flugzeug- oder Nischensegmenten) derogieren die Ertragssteigerung im Firmenkundengeschäft nachhaltig. Verständlicherweise kann dies kundenperspektivisch nur erfolgen, wenn neben der Ausschöpfung von Refinanzierungsmöglichkeiten eine Optimierung des Kunden- und Produktportfolios mit einer einhergehenden Kreditrisikobetrachtung prozessual erfolgt. Eine Konvergenz der internen Steuerung mit den externen Finanzprozessen auf der Basis einer IT-basierten Prozessunterstützung ist dazu eine wesentliche Voraussetzung und besitzt somit einen indirekten Einfluss auf die nachhaltige Planung und Steuerung der Profitabilität des Vertriebsbereichs einer Bank.

Strategy Map

Die strategischen Ziele sowie deren Messgrößen, Zielwerte und strategischen Aktionen stehen nicht losgelöst nebeneinander. Vielmehr zeigt das Geflecht als Strategy Map, wie die Ziele eng miteinander verknüpft sind und Aktionen sich entsprechend auswirken. Die Umsetzung eines strategischen Ziels fördert die Erreichung von anderen Zielen in einem ausgewogenen Zielsystem.

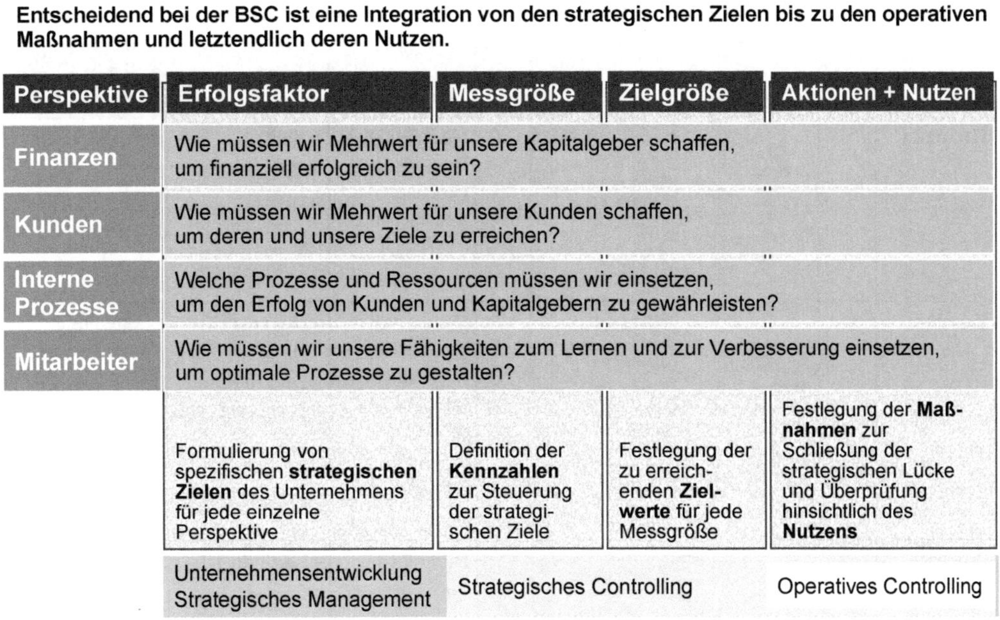

Abbildung 99: Perspektivenorientierte Kernfragen im Kontext der Scorecard-Elemente
Quelle: Eigene Darstellung

Zur Umsetzung in eine Balanced Scorecard müssen die Basiselemente mit Maßgrößen, Vorgaben und Initiativen angereichert bzw. hinterlegt werden (vgl. Abbildung 99 und Tabelle 9). Perspektiven und Zielinterdependenzen ergeben sich aus der Strategy Map des Vorhabens. Die Ursache-Wirkungs-Kette bildet dabei die Basis für die Visualisierung der Strategien, Perspektiven, Ziele und Kennzahlen einer BSC und der Definition von modifizierbaren Prognosemodellen. Neben der Formulierung von Strategien bietet die integrierte BSC in Kombination mit den Prognosemodellen vielfältige Analysepfade hinsichtlich Status, Beurteilung und Entwicklung der Unternehmensziele, Kennzahlen und Initiativen. Differenzierende Sichten des Systems ermöglichen einen globalen oder detaillierten Einblick in die Perspektiven einer Scorecard und die darin enthaltenen Strategieelemente und dokumentierten Maßnahmen.

Tabelle 9: Informationsobjekte im Zusammenhang

Perspektive	Strategy Map	Ziele	Maßgrößen	(Beispiele) Initiativen
Finanzen	Profitabilität nachhaltig verbessern Refinanzierung sicherstellen Anforderungen nach Basel II	Nachhaltige Profitabilität/ Geschäftsfeldwachstum	- RoE - CIR - DB	
Kunde	Fördergeschäft unterstützen Firmenkunden geschäft ausbauen Ertragssteigerung im Firmen-kundengeschäft Kerngeschäfts-felder sichern	Neuausrichtung im Firmenkundensektor bei Erhalt des Bestandsgeschäfts	- Neugeschäftsvolumen - DB pro Kunde - Fördervolumen	- Marketingoffensive im Firmensektor - Kundenloyalitätsprogramm - Qualitätsmanagement
Prozesse	Integration der Kreditrisiko-steuerung Konvergenz interner Steuerung und externer Finanzprozesse Optimierung der Portfoliobe-trachtung	Harmonisierung interner und externer Steuerung	- Kreditausfälle - Cross-Selling	- Prozessreorganisation - Informationsverteilung
Potenzial	Mitarbeiter mit Bankvorgaben harmonisieren IT-integrierte Prozessunter-stützung Schaffung einer einheitlichen Informationsbasis	Ausbau der Informationsbasis	- Systemintegrationsgrad - Informationsqualität	- Systemanbindungen an das SAP BW - Konsolidiertes Berichtswesen - Strategietransparenz bei MA

Quelle: Eigene Darstellung

Wertreiberbäume

Im Rahmen des Werttreiber-Managements ermöglichen Werttreiberbäume die Interpretation von Beziehungen operativer Werttreiber durch Konzentration auf strategisch relevante Kennzahlen. Ähnlich einer Ursache-Wirkungs-Kette sind diese einzeln oder vielfältig innerhalb eines gerichteten Netzes voneinander abhängig. Ausgehend von abstrakten, generischen Werttreibern wird auf geschäftsspezifische, steuerbare Werttreiberparameter quantitativ oder qualitativ verzweigt. Außer der Gewinnung von Erkenntnissen über die vorherrschenden Beziehungen der Werttreiber, Plan- und Ist-Datenverknüpfungen eignen sich diese Bäume als Grundlage zur Simulation und Planung auf Basis historischer Kennzahlen.[57] Qualitative Beziehungen innerhalb der Bäume ermöglichen Sensitivitätsanalysen und zeigen den direkten Einfluss von Kennzahlen auf die Schlüsselindikatoren.[58]

Natürlich könnten monetäre und nicht-monetäre strategische Zielsetzungen auch ohne die Balanced Scorecard in den Prozess der Planung und Steuerung einer Großbank eingebracht werden. Doch eine solche Integration kann scheitern, wenn die Strategie unklar strukturiert ist und die wesentlichen Impulse erst zeitintensiv zusammengetragen und mit einander in Beziehung gebracht werden müssen. Dagegen stellt die Scorecard eine verdichtete, verständliche und aktionsorientierte Darstellung der strategischen Planung und Steuerung dar.

Die anzustrebende Hierarchisierung und horizontale Integration der Scorecard zur Schaffung eines mehrschichtigen und dimensionalen Systems entlang der Organisation verfolgt zwei interdependente Zwecke. Zum einem soll auf diese Weise die Unternehmensstrategie in der gesamten Unternehmung transparent kommuniziert werden und zum anderen der Forderung nach Kongruenz von Steuerungsgrößen und Handlungsmöglichkeiten nachgekommen werden. Dies soll die konsistente Steuerung aller Unternehmensbereiche im Sinne der übergeordneten Strategie fördern.

Eine effiziente und effektive Nutzung der Scorecard erfordert in einem organisatorisch komplexen Unternehmen jedoch dadurch eine informationstechnische Unterstützung. Ihre wirtschaftliche und flexible Implementierung scheint nur durch die Integration in eine informationstechnische Infrastruktur möglich.

5.3.4.5 Implementierung der BSC in die IT-Infrastruktur

Eine Scorecard kann ihren gesamten Nutzen erst entfalten, wenn die wichtigsten Prozesse in einem hierarchischen System abgebildet sind. Die Balanced Scorecard basiert dazu auf derselben technischen Plattform wie das Reporting der DBR, der Planung und auch dem Er-

---

57 Vgl. *SAP Deutschland AG & Co. KG,* Werttreiberbaum, 2001, S. 14–20; vgl. *SAP Deutschland AG & Co. KG,* Konzept von SEM-CPM, 2001, S. 14.

58 Vgl. *SAP Deutschland AG & Co. KG,* Balanced Scorecard, 2001, S. 30–32; vgl. *Meier, M./ Sinzig, W./ Mertens, P.,* SAP Strategic Enterprise Management, 2002, S. 116–125.

tragscontrolling. Dies schließt die bereits im BW vorhandenen Daten mit ein. Das Projekt profitiert an dieser Stelle von einem homogenen und validen Datenbestand.

Systemlandschaft und -architektur

System-landschaft

Ein typisches SAP BW System besteht, aus einer 3-Systemlandschaft: Derzeit sind Entwicklungs-, Qualitätssicherungs- und Produktiv-System installiert. Grundsätzlich gilt für die technische Umsetzung der Anforderungen, dass die bestehende Produktivlandschaft nicht beeinträchtigt werden soll. Sämtliche Anpassungen am verwendeten Datenmodell werden daher immer auch auf ihre Auswirkungen auf die bereits produktiven Themen DBR, monatliche OE-Information, Planung, Ertragscontrolling untersucht.

Die bestehenden Strukturen werden so weit wie möglich genutzt. Nur gänzlich neue Sachverhalte sind neu zu modellieren.

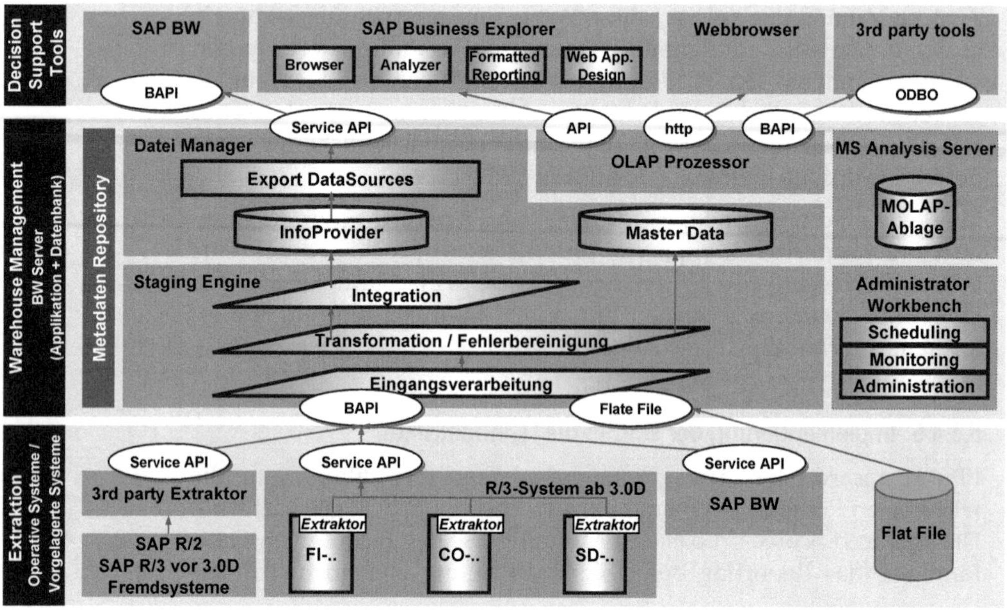

Abbildung 100: Architekturmodell eines SAP Business Warehouses
Quelle: Eigene Darstellung

Schichtenarchitktur

Wie bereits für die produktiven Themen umgesetzt, wird die Systemarchitektur grundsätzlich aus mehreren Schichten bestehen, die hier nur eher grob skizziert werden (vgl. Abbildung 100). Die Daten werden zunächst in einer Eingangsablage, der Persistant Staging Area (PSA®), unverändert zum Quellsystem gespeichert. Dort sind sie lediglich temporär vorhanden und werden zyklisch gelöscht, sobald die weitergegebenen Daten validiert und als fehlerfrei identifiziert wurden.[59]

Staging Engine

Eine hohe Integrität der Daten wird dadurch erzielt, dass gleiche Informationen durch gleiche Objekte abgebildet werden, unabhängig, aus welchem Quellsystem sie stammen. Durch die Einführung eines weiteren Data Warehouse-Layers sollen Daten aus den Quellsystemen nur einmal extrahiert werden, auch wenn sie in unterschiedlichen Datenzielen und Anwendungen genutzt werden. Dieser Data Warehouse-Layer ist das Kernstück eines Data Warehouses, in dem Informationen, die auswertungstechnisch zusammengehören, aber aus unterschiedlichen Quellstrukturen kommen, zusammengeführt werden. Technisch gesehen wird der Data Warehouse-Layer in der Regel mit Data Store (DSO)-Objekten des SAP BW in der Staging Engine (Transformation- and Integration-Layer) abgebildet.[60] Diese Strukturen ermöglichen eine automatische Deltaverarbeitung, was bei dem zu erwartenden Datenvolumen eine Reduktion der Ladezeiten innerhalb des SAP BWs bedeutet. Sämtliche Transformationen, die sich durch fachliche Anforderungen ergeben, wie z. B. das Ausfiltern von bestimmten Datensätzen, erfolgt nicht direkt beim Einlesen, sondern beim Weiterbuchen der Daten innerhalb des SAP BWs.[61]

Darüber hinaus ist eine Erweiterung eines Data Warehouses durch neue oder veränderte Auswertungsanforderungen wesentlich einfacher, wenn die benötigten Quellinformationen bzw. Teile davon bereits in einem solchen Layer zur Verfügung stehen. Mit einem Data Warehouse-Layer steigt also auch die Flexibilität des Systems.

Auswertungsschicht

In der Auswertungsschicht werden die Daten ausschließlich für Auswertungszwecke optimiert abgespeichert. Eine Weiterverarbeitung dieser Daten ist nicht vorgesehen. Neben den eigentlichen phy-

59 Vgl. *Egger, N.*, SAP BW 3.1, 2003, S. 54; vgl. *Mehrwald, C.*, SAP Business Information Warehouse 3, 2003, S. 28–29.

60 Vgl. *Seemann, A./ Schmalzridt, B./ Lehmann, P.*, Business Information Warehouse, 2001, S. 142–148.

61 Vgl. *Egger, N.*, SAP BW 3.1, 2003, S. 54; vgl. *Mehrwald, C.*, SAP Business Information Warehouse 3, 2003, S. 28–29.

sischen Datenspeichern (BasisCubes, Stammdaten, etc.) werden hierfür nach Bedarf auch Aggregate als Verdichtungen angelegt.[62]

Berichte, so genannte Queries werden grundsätzlich auf Multiprovider® erstellt. Multiprovider sind jedoch keine physischen Datenspeicher, sondern virtuelle Strukturen, die ohne weitere Logik auf einen oder mehrere physische Datenspeicher zugreifen. Selbst bei Zugriff auf nur einen Datenspeicher ist die Verwendung eines Multiproviders sinnvoll, da einerseits die Dimensionen der Auswertungsstruktur aus reiner Anwendungssicht gestaltet werden (BasisCubes werden aus Performance-Sicht modelliert) und andererseits bei einem Multiprovider die BasisCubes oder andere Provider jederzeit ausgetauscht werden können, ohne dass die angelegten Queries, Berichte und Scorecards davon betroffen sind.

DataMarts

Als Datenquellen dienen bei den Scorecards die Daten der Einzelkunden-DBR sowie des Kostenreportings aus der DBR. Diese werden aus den bereits produktiv genutzten Anwendungen geliefert und sind sowohl validiert als auch konsistent.

Es besteht keine Notwendigkeit das bestehende Datenmodell aus den Anwendungen Ertragscontrolling, DBR oder Planung anzupassen, um die relevanten Informationen für die Scorecards bereitzustellen. Eine Differenzierung zu den Daten dieser Anwendungen besteht lediglich in der Aggregation der von ihnen gelieferten Stamm- und Bewegungsdaten und einer Einschränkung der Selektionsmöglichkeiten auf das für die Perspektiven der Balanced Scorecard notwendige Maß.

Aggregate

Durch die Nutzung bereits bestehender Infoprovider® entsteht eine zusätzliche Last auf den Auswertungsobjekten. Dem muss durch die Bildung eigener, für die Balanced Scorecard optimierte Aggregate Rechnung getragen werden. Aggregate sind eine redundante Speicherung von Daten eines BasisCubes mit einer geringeren Detaillierung und/oder nur einer Teilmenge der Daten des BasisCubes. Sie sind zwar speicher- und verwaltungsintensiv, aber auch sehr flexibel und lassen sich an den Erfordernissen des Reportings ausrichten. Bei großem Datenvolumen stellen Aggregate die wichtigste Tuningmaßnahme für die Datenanalyse dar und konnten für bereits produktive Themen starke Performance-Verbesserungen erzielen.

Der Zugriff auf die Quellsysteme des Risikomanagements zur Anreicherung der bestehenden Informationsbasis erfolgt mit Hilfe der

62 Vgl. ebd., S. 138.

Kommunikationsschnittstellen des BW. Welche Schnittstellen und welche Art der Extraktion verwendet werden, hängt von den jeweiligen Quellsystemtypen ab.

Historische vs. aktuelle Sicht

Grundsätzlich werden in den Berichten für Endanwender immer die aktuellen Sichten dargestellt. Ändert sich beispielsweise im Laufe des Jahres die Kostenstellenstruktur, werden die Kostenstellen nach der aktuellsten Hierarchie angezeigt.

Historische Sichten, also Sichten auf eine Kennzahl gemäß den Auswertungskriterien, wie sie bei der Wertermittlung abgespeichert wurden, werden vor allem für zusätzliche Wanderungsberichte benötigt, die Veränderungen dokumentieren und in den Strukturen verdeutlichen. Dafür werden die relevanten Merkmale entweder bereits in den Stammdaten als zeitabhängig gekennzeichnet oder auch in den Bewegungsdaten entsprechend mitgeführt.

Berichtswesen mit Queries und Berichten

Berichtstypen

Auf dem Produktivsystem lassen sich drei unterschiedliche Arten von Reports gruppieren. Reports stehen nicht im Gegensatz zu den Scorecardinformationen oder werden redundant vorgehalten. Vielmehr bezieht sich ihre Aufgabe auf die Weiterführung von analytischen Prozessen innerhalb der Scorecards durch Navigations- und Rechenfunktionen. Sie vertiefen die Informationen der jeweiligen Perspektiven, indem sie konkretere dimensionsorientierte Daten bereitstellen.

- *Standardreports:* Sie werden auf dem Entwicklungssystem erstellt und über das Testsystem in das Produktivsystem transportiert. Standardreports sind auf dem Produktivsystem in ihrer globalen Definition nicht veränderbar. Das gilt auch für die global definierten Kennzahlen und Strukturen. In diesen Standardreports kann je nach Definition navigiert werden, und sie können als Vorlage für eigendefinierte Berichte dienen.
- *Übersichtsreports:* Bei diesen Reports handelt es sich ebenfalls um Standardreports, die die Informationen in kompakter Form und mit Unterstützung der grafischen Möglichkeiten des Web Application Designers® aufbereiten.
- *Individualreports:* Sie sind PowerUser bzw. Administratoren eigen erstellter Berichte. Damit können lokal Kennzahlen definiert werden, die dann nur für diesen einen Bericht gelten. Global definierte Kennzahlen und Strukturen können in den eigenerstellten Berichten verwendet, aber nicht geändert werden.

Globale Kennzahldefinitionen

Die eingeschränkten und berechneten Kennzahlen in den Standardberichten werden grundsätzlich global definiert. Dadurch ist gewährleistet, dass bei Änderungen einer Formel oder Kennzahldefinition nicht in allen Berichten nachgezogen werden muss, sondern sie nur zentral an einer Stelle zu erfolgen braucht. Hierbei kann bereits auf eine Vielzahl von vordefinierten Kennzahlen aus der Einzelkunden-DBR sowie der DBR zurückgegriffen werden (vgl. Abbildung 101).

Kennzahl
DB 2
DB 2 mit Neukunden (nachrichtlich)
DB 2 mit Fokuskunden (nachrichtlich)
DB 2 mit wertorientierten Kunden (nachrichtlich)
DB 2 mit auszusteuernden Kunden (nachrichtlich)
ZKB Aktiv
ZKB Aktiv mit Fokuskunden (nachrichtlich)
ZKB Aktiv mit wertorientierten Kunden (nachrichtlich)
davon Schuldscheindarlehen (SSD)
SSD mit Fokuskunden (nachrichtlich)
SSD mit wertorientierten Kunden (nachrichtlich)
davon Forderungsankauf
ZKB Passiv
ZKB Passiv mit Fokuskunden (nachrichtlich)
ZKB Passiv mit wertorientierten Kunden (nachrichtlich)
Dienstleistungsergebnis (DLE)
DLE mit Fokuskunden (nachrichtlich)
DLE mit wertorientierten Kunden (nachrichtlich)
davon Avale u. Bearbeitungsprovision (A. u. B.)
A. u. B. mit Fokuskunden (nachrichtlich)
A. u. B. mit wertorientierten Kunden (nachrichtlich)
davon M&A
Handelserfolge
HE mit Fokuskunden (nachrichtlich)
HE mit wertorientierten Kunden (nachrichtlich)

Kennzahl
DB 3
DB 3 mit Neukunden (nachrichtlich)
DB 3 mit Fokuskunden (nachrichtlich)
DB 3 mit wertorientierten Kunden (nachrichtlich)
DB 3 mit auszusteuernden Kunden (nachrichtlich)
DB 3 nach verrechn. Betriebskosten SC (nachrichtlich)
DB 2 auf OE-Ebene gem. Monatlicher OE-Information aus SAP BW (nur relevant für die GL und AL-Cockpits)
Dienstleistungsergebnis (ohne Nettoverwaltungsprovision) - Cockpit Agrar-Banking
Risikoprämie
Neugeschäftsvolumen (n.)
davon Eigenstrukturiert (n.)
davon Fremdstrukturiert (n.)
Aktien
Renten
Strukturierte Wertpapiere
Devisen
Geldprodukte
davon: Geldprodukte Aktiv (n.)
davon: Geldprodukte Passiv (n.)
Swap/Derivate
ZKB Aktiv (n.)
davon: Eurokredite Luxemburg (n.)
davon: Eurokredite London (n.)
ZKB Passiv (n.)
davon: Bodensatzvorteile und Floatnutzen (n.)

Abbildung 101: Reporting- und Steuerungskennzahlen
Quelle: Eigene Darstellung

Strategiekontrolle mit SAP Strategy Management

Ganzheitlicher Steuerungsansatz

Das SAP Strategy Management integriert durch die Möglichkeit einer vertikalen Kaskadierung und horizontalen Aufstellung der Scorecards alle Ziele des Vertriebsbereichs mit denen einer Großbank. Das Tool schafft mit den dazugehörigen Initiativen und Kennzahlen einen ganzheitlichen Steuerungsansatz entlang der Organisationsstruktur und des Strategiesteuerungszyklus auf Grundlage einer einheitlichen Datenbasis des SAP BW (vgl. Abbildung 102).

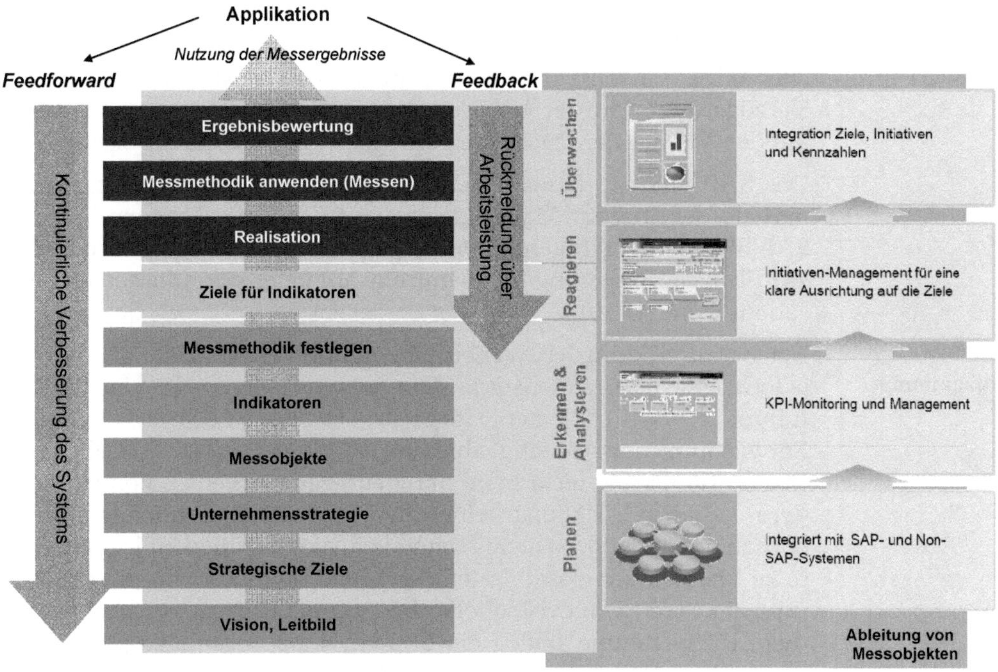

Abbildung 102: SAP Strategy Management, orientiert am Strategiesteuerungszyklus
Quelle: Eigene Darstellung

Strategiebereich mit Zeitreihen, StrategyMaps und Lebenszyklen

Der Anspruch, die Profitabilität einer Bank nachhaltig verbessern und damit einhergehend das Firmenkundengeschäft auszubauen, stellt hohe Anforderungen an die Transparenz von Entwicklungen und auch Interdependenzen lang- und kurzfristiger Ziele. Die Steuerungsrelevanz potenziert sich auf allen Organisationsebenen, wenn kurzfristige, volatile und vernetzte Aktionen auf Kennzahlen wirken oder kritische Meilensteine der Zielerreichung erlangt werden.

Entwicklungsgraphen

Interaktiv werden auf einem Entwicklungsgraphen die jeweiligen Fortschritte der strategischen Objekte abgetragen und die Evolution der Visionen dargestellt. Der Graph bietet der Organisation eine abstrakte Roadmap und beschreibt orientiert an dieser die kontinuierliche Ausbildung von Messgrößen und die Effektivität von Initiativen. Die Metriken strategischer Objekte lassen sich, den Strategy Maps folgend, im Graphen miteinander in Beziehung bringen und ermöglichen so, frühzeitig Ansatzpunkte zur zielorientierten Beeinflussung abhängiger Größen zu finden. Dadurch wirken sich unter anderem Verzögerungen in der Integration der Kreditrisikosteuerung direkt auf den Verlauf der Ertragssteigerung im Firmenkundengeschäft aus.

Das SAP Strategy Management unterstützt den Analyseprozess innerhalb der Strategy Map, indem es auf Basis des Datenmodells des SAP BW in Interaktion mit dem Reporting eine homogene Grundlage zur Planung, Steuerung und Kontrolle auf jeder kaskadierten Organisationsebene schafft.

Zieldiagramme

Einem Entwicklungs- bzw. Zeitreihengraphen zum Nachteil erwächst jedoch seine Informationsbasis. Erst auf Grundlage einer Vielzahl von Informationen über einen längeren Zeitraum lassen sich konkrete Entwicklungen nachhaltig ablesen. Damit verbindet sich aber das Risiko, Tendenzen nicht mehr aktiv entgegenwirken zu können, sondern lediglich reaktionär einer bereits sich abzeichnenden Folge nachzulaufen. Jedoch ist eine schnelle Reaktionsfähigkeit insbesondere zu Themen von Basel II, dem Kundenrating und einer Refinanzierung am Markt von existentieller Bedeutung. Darum werden interaktive Zieldiagramme analog der Strategy Map zusammengestellt, die weiterführende Informationen zur Zusammensetzung der Kennzahlen und Initiativen bieten (vgl. Abbildung 103). Die Flexibilität in der Zusammenstellung und Analyse der Diagramme erlaubt verdeckte Kontexte in Aktionen und Initiativen zu betrachten (Ursachenidentifikation), ohne auf die Interpretation der starren Zeitreihen zu vertrauen oder Gewichtungen einzelner Maßnahmen in ihrer Wirkung (Effektbetrachtung) zu unterschätzen. Das Ergebnis ist eine systemseitige Umsetzung der definierten Ursache-Wirkungs-Beziehungen entlang der Organisationsstruktur des Vertriebs einer Bank.

Frühindikator

Die Beurteilung der Zielerreichung lässt sich hingegen nicht direkt anhand eines Graphen operationalisierten. Zwischen den Maßgrößen und den Zielen stehen in der Regel nicht deterministische Zusammenhänge. Eine Verbesserung des Deckungsbeitrags wird zwar beispielsweise ein Indikator für die Sicherung des Firmenkundengeschäfts sein, eventuell ist aber das Geschäftsvolumen in Bereichen gesunken, da Kunden Teile ihres Geschäfts verlagert haben. Die Einschätzung, ob der Fortschritt bezüglich des Ziels damit akzeptabel ist, kann hier nur bedingt systemseitig getroffen werden. Jedes Scorecard-Element sollte deshalb über einen grafischen Indikator verfügen, um Verzögerungen im gesetzten Meilenstein, dem Status oder aktuellen Entwicklungsstand im Konklumerat mit den Zeitreihen zu sehen und entsprechende Entscheidungen zielorientiert zu dokumentieren. Eine Konkretisierung erfahren Ursache-Wirkungs-Ketten letztendlich aber nur, wenn die Stärken und die zeitlichen Verzögerungen der Beziehungen zu ihrer Verflechtung zusätzlich offengelegt werden. Im Zusammenhang mit der Verwendung von Frühindikatoren und historischen Informationen als Zeitreihen lassen sich aus den Kausalkettenfolgen erkennen und steuern.

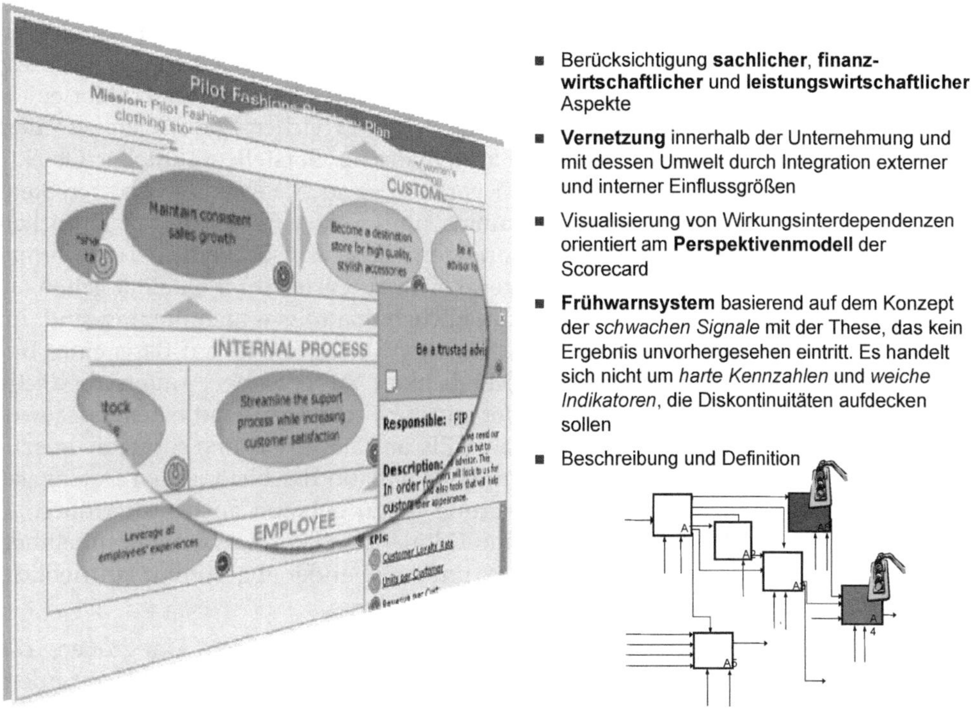

Abbildung 103: Perspektivenorientierte StrategyMap mit Status im StrategyManagement
Quelle: Eigene Darstellung

Treiber- und Ergebnisgrößen

Kritisiert wird an dem Konzept der Kausalketten, dass deren Wahrheitsgehalt aufgrund der Mannigfaltigkeit der Interdependenzen mehr als fragwürdig ist. Dem ist entgegenzusetzen, dass die Explizierung der Kette eine Verbesserung gegenüber der traditionellen bestehenden Intransparenz über Beziehungszusammenhänge im Hinblick auf die Strategiesetzung darstellt. Eine kontinuierliche Berichterstattung der definierten Maß- und Steuergrößen erlaubt es, die zugrunde liegenden Hypothesen zu evaluieren. Durch die Vorgabe von Zwischenzielen zu festgelegten Meilensteinen im Rahmen des Prozesses der Strategieimplementierung können tatsächliche Beziehungen zwischen Treiber- und Ergebnisgrößen nach Stärke und Wirkungsverzögerung ansatzweise ermittelt und mit den Zeitreihenentwicklungen unterlegt werden.

Integrationsaspekte

Das Strategy Management fördert durch die Zusammenführung aktueller Status mit historisch orientierten Zeitreihen vor dem Hintergrund der definierten Kausalkette über die definierten Perspektiven hinweg ein ganzheitliches Verständnis und befähigt so den Vertrieb, auf Basis von Frühindikatoren Trends zu erkennen und zielorieniertere Entscheidungen zu treffen. Das Erreichen von Zielen erfordert also mehr als das bloße systematische Darstellen aktueller Objekte und Situationen. Vielmehr verlangt es auch, neben den eigenen Steuerungsaspekten Auswirkungen und Seiteneffekte im ganzheitlichen Bild zu betrachten. Die vorangetriebene Konsolidierung der Informationsbasis darf beispielsweise nicht zu Lasten ihrer Qualität gehen, da die Abhängigkeiten und möglichen Spätfolgen mannigfaltig sind. Im Grundverständnis ist das Strategy Managements auf Basis eines Business Warehouses als Möglichkeit zu erkennen, unterschiedliche Bereiche des Vertriebs oder gar der Gesamtbank mit einem ausgewogenen Instrumentarium an KPIs an der Vision und Strategie auszurichten. Es bildet die Grundlage anhand der historischen Datenbasis und vielfältigen Visualisierung (dazu gehören auch weiterführende Reports des SAP BW) multidimensionale Analysen vorzunehmen oder Szenarien zu erstellen, um aufeinander abgestimmt vertrieblich, organisatorisch und finanziell zu agieren.

Die Ausgewogenheit der zu berücksichtigenden Maßgrößen, die ihren Niederschlag in Reports, Zeitreihen und StrategieMaps finden, wird in dreifacher Hinsicht angestrebt. Einmal werden neben den Ergebnisgrößen auch entsprechende Leistungstreiber berücksichtigt, um den Erfolg der Implementierung von Initiativen im Vertrieb zu messen. Aus den aufgestellten Ursache-Wirkungs-Beziehungen wird darüber hinaus aber auch ersichtlich, dass diese sowohl aus finanziellen und nicht-finanziellen Inhalten zur Steuerung zu bedienen sind und darüber hinaus in- und externen Ursprungs sein sollten.

Initiativen, Maßnahmen und Kollaboration

Operativer Prozess

Ziele sind der erste Schritt, eine Strategie zu operationalisieren. Sie werden mit konkreten, strategischen Initiativen als Aktionsprogramme hinterlegt, die auf der Informationsbasis der StrategyMaps durch eine Bank ergriffen werden, um ein oder mehrere strategische Ziele zu erreichen. Doch müssen sich Initiativen in konkreten Maßnahmen und Verantwortlichkeiten niederschlagen, die ihrerseits Einbindung im Unternehmens- bzw. Arbeitsprozess finden. Sie zeigen organisiert in Arbeitspaketen und Meilensteinen auf, wie sie in diesen Prozessen umzusetzen sind. Typischerweise erfahren Initiativen dazu mit ihren Zielen zusammen eine fortlaufende Granulierung bzw. Fokussierung in der gesamten Unternehmensorganisation, begleitet von der Zuordnung entsprechender originärer oder abgeleiteter Kennzahlen.

Strategischer Handlungsrahmen

Die Unterscheidung zwischen einer definierten Initiative zur Zielerreichung und den daraus abgeleiteten Maßnahmen verdeutlicht die Komplexität für ein Kreditinstitut einen Link zwischen den operativen Prozessen und dem strategisch ersinnten Handlungsrahmen zu schlagen. Mit einer Marketingoffensive im Firmenkundensektor und dem Kundenloyalitätsprogramm als Initiativen des Vertriebs verbindet sich eine Reihe von zusätzlichen Maßnahmen und Prozessen, die im operativen Geschäft bereichsübergreifend aufeinander abgestimmt vorgenommen werden.

Das Strategy Management unterstützt als Mittler den Prozess der Umsetzung, indem Initiativen in eine direkte Verbindung mit den dazugehörigen terminierten Maßnahmen und Kennzahlen gebracht und diese dann gegen die angestrebten Vorgaben als Zielerreichung reflektiert werden (vgl. Abbildung 104). Das verbindet eigenständige Initiativen zu einem Konklumerat, wodurch zusätzliche Interdependenzen aufgezeigt und kritische Zusammenhänge identifiziert werden. Hierdurch wird ein Feedback im kybernetischen Kreislauf von Planung, Steuerung und Kontrolle erst möglich und bildet den Ausgangspunkt, in Verbindung mit den definierten StrategyMaps, den Maßnahmenkatalog zur vertrieblichen Ausrichtung in der jeweiligen Organisationseinheit des Instituts zu eruieren. So entsteht die erforderliche Grundlage basierend auf den Feedback Projektressourcen im Vertrieb priorisierend zu koordinieren, ohne selbst im Anblick kritischer Pakete den Blick auf die eigentlichen wichtigen Zeitpunkte und das Gesamtziel, die Profitabilität im Firmenkundensektor zu steigern, zu verlieren.

Ein vorherrschendes Problem ist jedoch, dass weder eine entsprechende Verbindung von Prozessen aus Projekten oder Linientätigkeiten auf das Unternehmensziel besteht noch eine abgestimmte Budgetierung vorgenommen wird. Damit besteht vertrieblich die Gefahr, dass identifizierte Risiken im Feedbackzyklus nicht erkannt oder strategische Ziele mit ihren Plänen im Tagesgeschäft als Einflusscharaktere auf das Gesamtbild unverstanden und somit ungewürdigt bleiben. Konsequent würden Maßnahmen vorangetrieben werden, dessen politische Gewichtung am größten ist oder deren Status am weitesten in der Zeitplanung zurückliegt. Vertrieblich wäre dies im dienstleistungsorientierten Firmenkundengeschäft ein Desaster, da nicht alle Potenziale ausgenutzt, Aktionen aufeinander abgestimmt und die angestrebte Intensivierung des Firmenkundensektors in gewünschten Umfängen nicht erreicht würden.

- Maßnahmen wirken je nach Ausnutzung der Potenziale unterschiedlich stark auf die Initiativen des Unternehmens im Hinblick auf Produktpolitik und Anforderungen an die Funktionsbereiche.

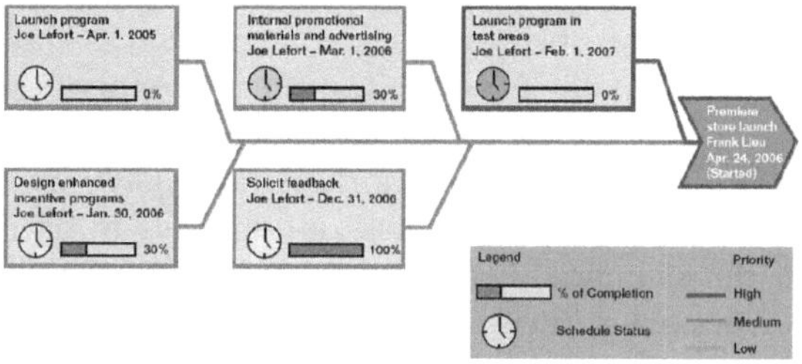

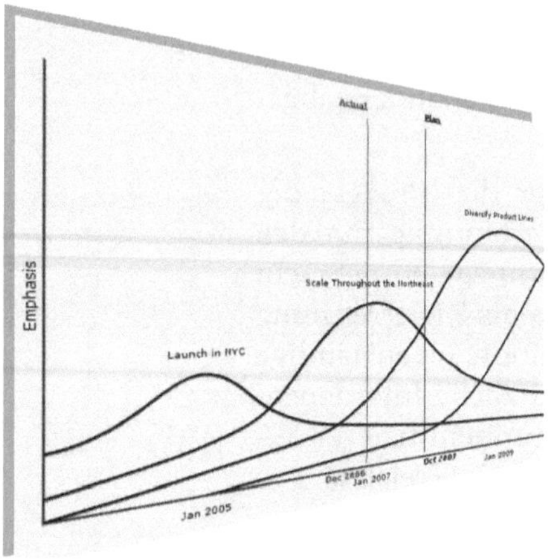

- Die Produktlebenszyklusanalyse stellt marktphasenbedingte Potenziale dar.
- Das Konzept liefert eine Aussagekraft für die strategische Produkt- und Programmpolitik und liefert Hilfestellung für die Analyse der Sortimentsstruktur.
- Zudem werden Anhaltspunkte für die Anforderungen an die Potenziale der betrieblichen Funktionsbereiche in Abhängigkeit zur Phase des Lebenszyklus gegeben.
- Nachteile des Produktlebenszyklus ist die klare Abgrenzung der verschiedenen Zyklusphasen.
- Vorteil der Produktlebenszyklusphase gegenüber dem Zeitvergleich ist der externe Bezug der Lebenszyklusbetrachtung.

Abbildung 104: Fishbone-Diagramm und Lebenszyklus zur Visualisierung von Interdependenzen zwischen Initiativen und Zielen im Strategy Management
Quelle: Eigene Darstellung

Initiativenmatrix

Um die Corporate Performance des Vertriebs, also die vereinigte und zielorientierte Strategiedurchführung im Kreditinstitut, effizienter zu gestaltet, benötigt die Organisation einer Bank einen Wechsel von einer einzelnen projektorientierten Strategiedefinition zu einer ganzheitlichen Strategie, die alle Schlüsselinitiativen verbindend berücksichtigt, mit denen weitestgehend jedes einzelne Ziel erreicht wird.

Dabei ist zu vermeiden, dass Ziele, Initiativen und Maßnahmen konträr zueinander wirken und auch deren Prioritäten berücksichtigt werden (vgl. Abbildung 105).

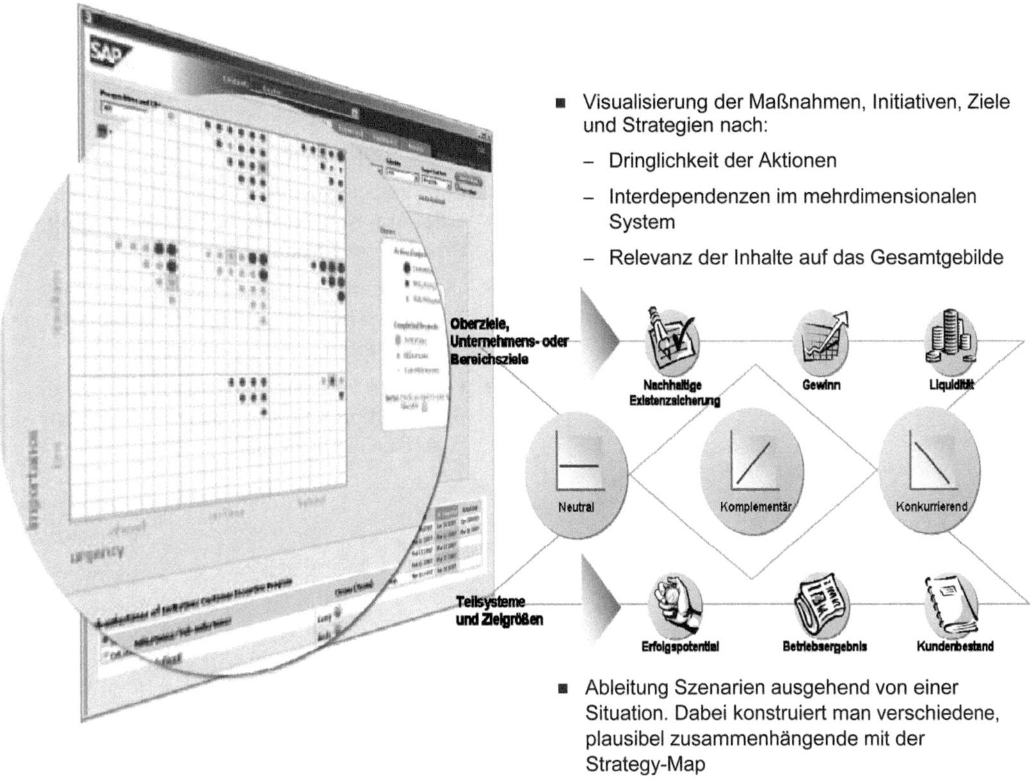

Abbildung 105: Prioritätenmatrix des SAP Strategy Managements
Quelle: Eigene Darstellung

Stakeholdermotivation

Das Strategy Management integriert die Stakeholder entlang der Organisation im Findungs- und Umsetzungsprozess der Strategie interaktiv. Durch die Verknüpfung der Initiativen verdeutlicht sich das Zielbild jeder einzelnen im operativen Prozess eingebrachten Maßnahme und deren Abhängigkeit im Gesamtgefüge. In anderen Worten: Mit dem prozessualen, aufgabenorientierten „Wie" verbindet sich nunmehr für jeden in der Organisation nachvollziehbar das ganzheitliche und bereichsübergreifende „Was" und stimmt dies auf das Zielbild bis hin zur Strategie ab (vgl. Abbildung 106).

Der Begriff der Motivation beschreibt den Prozess, Bereitschaft und Einsatz zur Erreichung bestimmter Ziele beeinflussen.

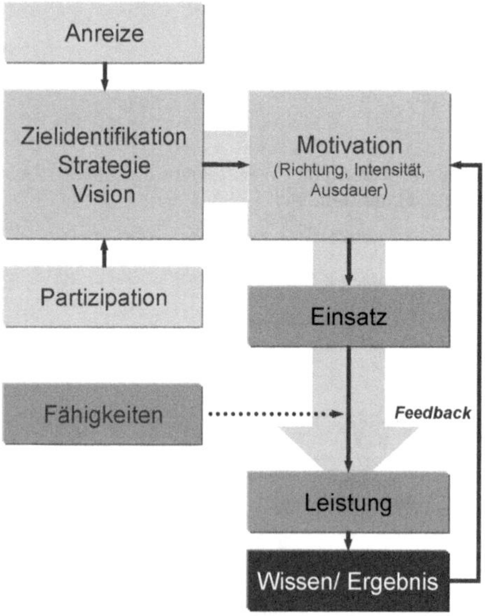

- Im Allgemeinen werden drei Kriterien genutzt, um konkrete Ausprägungen zu charakterisieren
  - **Intensität** der Anstrengung zur Strategie
  - **Ausrichtung** auf die Strategie
  - **Dauerhaftigkeit**
- Zur Strategieumsetzung lassen sich die Motive **Leistung**, **Kompetenz**, **Entgelt**, **Sicherheit**, **Prestige**- und **Statusmotiv** beeinflussen.
- Die Stärke der Motivation hängt ab von der **Zielschwierigkeit, –spezifität**, **-akzeptanz** und **-identifikation**.
- **Feedback** über erreichte **Ergebnisse** und die **Partizipation** steigern neben den **Anreizen** zusätzlich die Motivation.

Abbildung 106: Motive und Motivation
Quelle: Eigene Darstellung

Stakeholder-kollaboration

Neben dem SAP BW als einheitliche Datenbasis mit allen Vorzügen obliegt dem Strategy Management hierin ein wesentlicher Vorteil gegenüber einer excelbasierten Definition von Strategien und deren Überführung in Initiativen. Um eine Strategie in der Organisation leben zu können, ist es notwendig, auf einer einheitlichen Plattform (z. B. einem Diskussionsforum) die Kollaboration seiner Stakeholder zu fördern (vgl. Abbildung 107). Dies erfordert ein Medium, das sie stets miteinander auf aktueller Daten- bzw. Informationsbasis verbindet und in Diskussion und Interaktion versetzt sowie ihre Maßnahmen zielorientiert und auch transparent bündelt.

Es bedeutet darüber hinaus jedoch auch in der Anforderung an ein Tool, Probleme beim Auftreten zu identifizieren, Entscheidungsprozesse zu visualisieren und geeignete Maßnahmenkataloge zu kommunizieren.

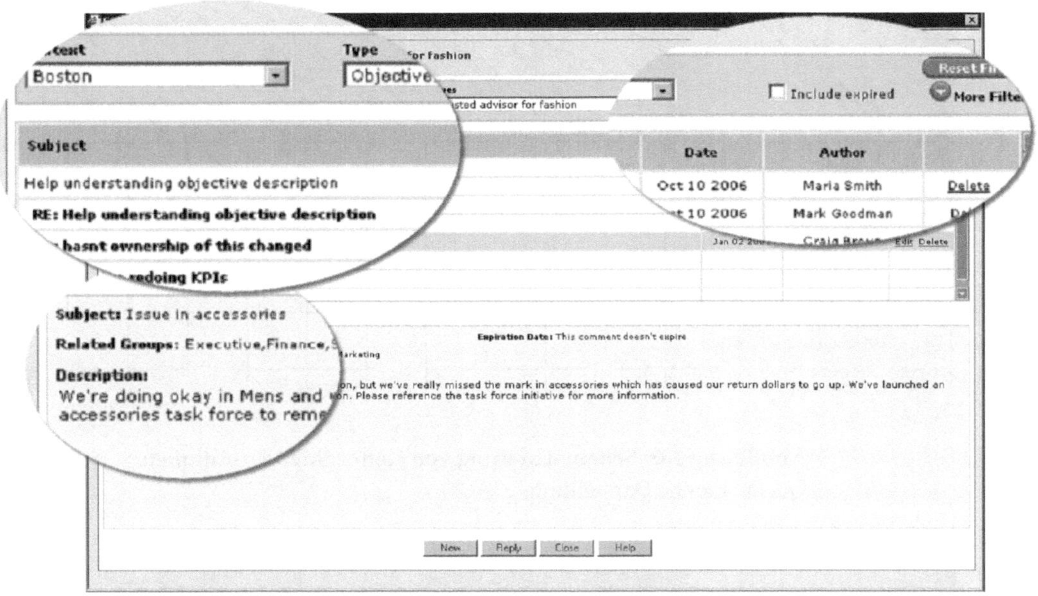

Abbildung 107: Online Diskussionsforum des SAP Strategy Managements
Quelle: Eigene Darstellung

Mit Scorecards und Dashboards den Fortschritt feststellen

„Leading und lagging indicators"

Ergebnis- und Treibergrößen zeigen als „lagging indicators" das Resultat von Handlungen bzw. Strategien auf, die in der Vergangenheit unternommen wurden oder dokumentieren als vorlaufende „leading indicators" im Sinne einer „Feed-forward"-Steuerung den aktuellen Stand der Strategieimplementierung. Der nächste Schritt besteht nunmehr darin, diesen Indikatoren als definierte Steuerungs- oder Schlüsselkennzahlen, also den KPIs, konkrete messbare Größen zuzuordnen bzw. diese in eine Beziehung zu versetzten. Dabei ist zu entscheiden, wie die Indikatoren (z. B. Neugeschäftsvolumen, DB pro Kunde) erhoben werden können (Messmethodik).

KPIs

Eine wesentliche Eigenschaft der Balanced Scorecard ist somit die Komprimierung des vertrieblichen Geschehens auf eine einzige Darstellung und damit verbunden die funktionale Möglichkeit der Verwendung als Management Cockpit. Den Identikatoren sind, um sie als Umsetzung korrekter strategischer Ziele erkennen zu können, Zielwerte beigegeben (vgl. Abbildung 108). Diese Zielwerte charakterisieren das Niveau, das vom Vertrieb erreicht werden soll.

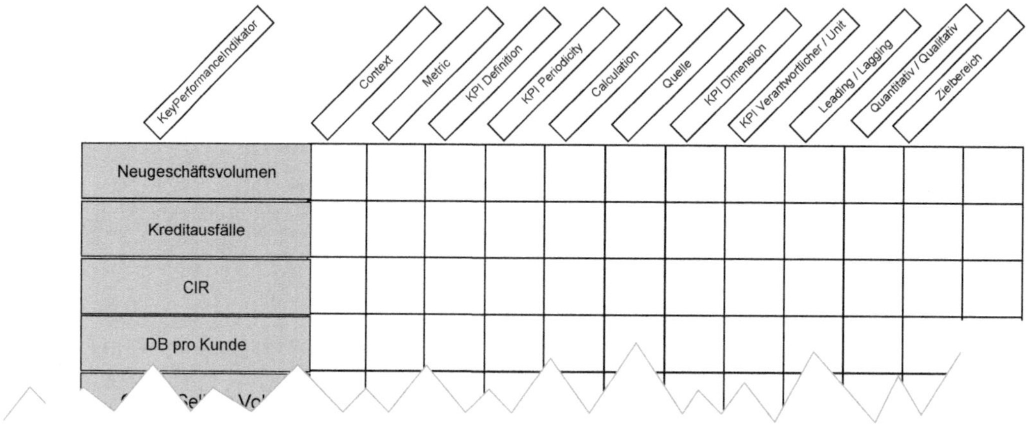

Abbildung 108: Schematisierung von Kennzahlendefinitionen
Quelle: Eigene Darstellung

Die Schlüsselobjekte bzw. KPIs bilden die Grundlage für die Zusammenfassung der Messgrößen in die vier Perspektiven Finanzen, Kunden, Prozesse und Potenzial. Wie schon aus der Ursache-Wirkungs-Beziehung erkennbar, stehen diese vier Perspektiven nicht lose nebeneinander, sondern sind untereinander verbunden.

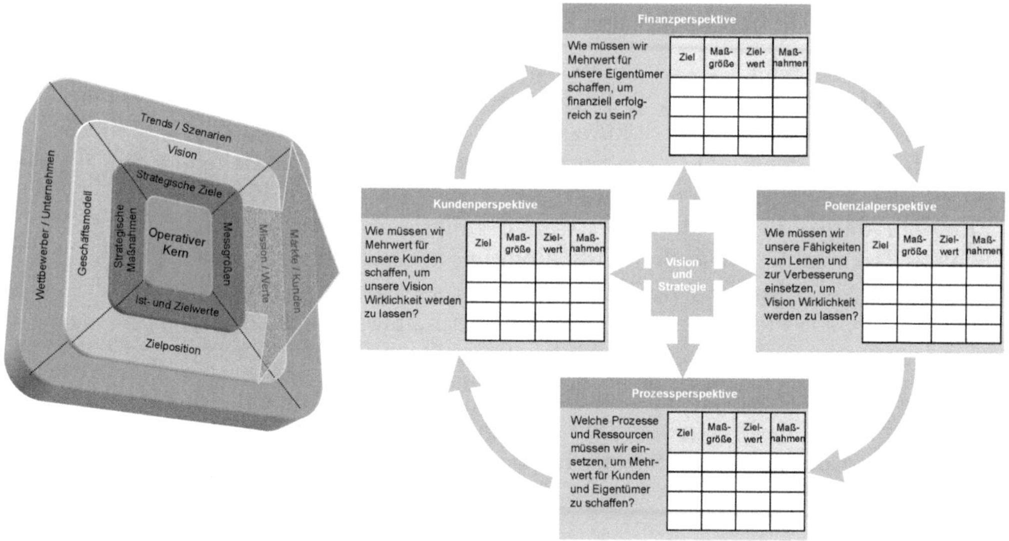

Abbildung 109: Die Balanced Scorecard als Bestandteil des Strategiemodells
Quelle: Eigene Darstellung

Finanzperspektive

Die finanzielle Perspektive betrachtet im Kern die Ergebnisse der Strategieimplementierung des Vertriebs und der integrierten Fachbereiche im Hinblick auf die ökonomische Zieldimension, auf deren Grundlage festgestellt wird, inwieweit die in der Vergangenheit implementierte Strategie auf Maßgrößen der finanziellen Perspektive gewirkt hat. Ihre Steuerungskennzahlen RoE, CIR und Deckungsbeitrag ergeben sich aus den Initiativen der anderen Perspektiven und dokumentieren deren Wirksamkeit auf das Mikro- und Makro-Unternehmensumfeld (vgl. Abbildung 109). Zusammenfassend können diese KPIs als Ergebnisgrößen skizziert werden, die primär finanzieller Natur sind. Die Quellen zur Gewinnung dieser Informationen sind unternehmensintern und entstammen im SAP BW aus den Bereichen der Finanzbuchhaltung oder der Kosten- und Erlösrechnung.

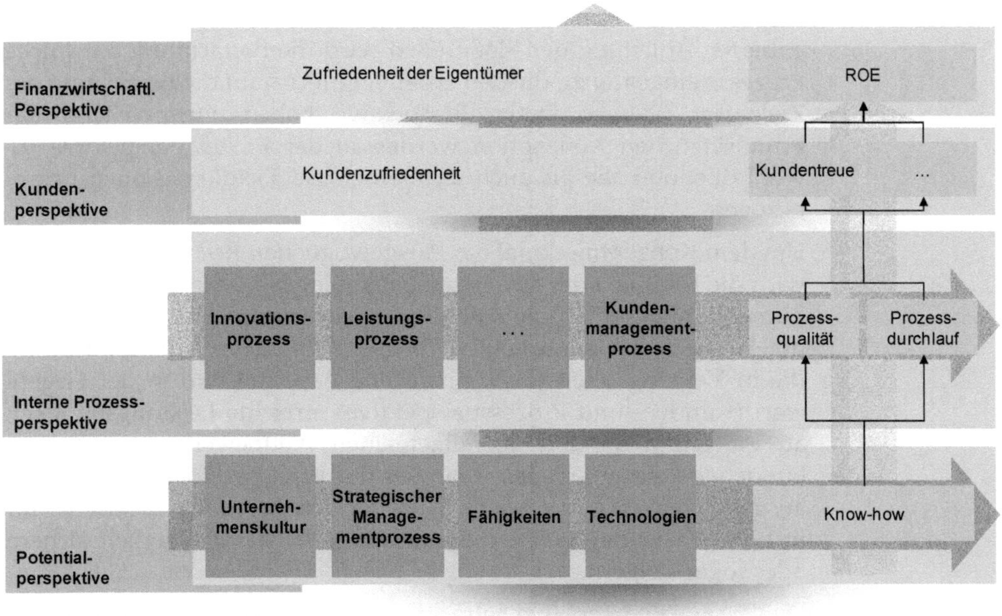

Abbildung 110: Hierarchie der Perspektiven in der Balanced Scorecard
Quelle: Eigene Darstellung

Kundenperspektive

Die Kundenperspektive der Balanced Scorecard beinhaltet nunmehr die Ziele des Vertriebs, die sich direkt auf die Offensive und den Marktsegmenten der Firmenkunden beziehen. Daraus resultiert aber, dass Maßgrößenkategorien in Treiber- und Ergebnisgrößen explizit unterschieden werden müssen. Der Marktanteil stellt das ergebnisorientierte Schlusslicht in der Kausalkette dar, dem die treiberorientierte Kundenbindung, Kundenzufriedenheit und Neuakquise vorausgeht. Dabei ist festzustellen, dass in der Kundenperspektive sowohl finanzielle als auch nicht-finanzielle Maßgrößen Verwendung finden, wobei Letztere im Vordergrund stehen. Ihre Quellen liegen originär im unternehmensexternen Bereich (vgl. Abbildung 110).

Prozess-perspektive

Um den Kundenerwartungen und den finanziellen Entwicklungsansprüchen in der Perspektive gerecht zu werden, ist es notwendig, dass die internen Prozesse zielorientiert ausgeführt werden und sich in einer ausgewogenen Balance zu den übrigen Prozessen befinden. Zu diesem Zweck werden die Größen der übergeordneten Perspektiven konkretisiert. Auf diese Weise sollen die Prozesse auf Basis der Mittel-Zweck-Beziehung an den übergeordneten Perspektiven ausgerichtet werden. Entsprechend des Konzeptmerkmals der strategieorientierten Ableitung der Maßgrößen wird die Betrachtung auf solche Prozesse eingegrenzt, die den größten Einfluss auf die Erreichung der Ziele der übergeordneten Perspektive haben. Entsprechend der grundsätzlichen Konzeption werden in der Prozessperspektive sowohl ökonomische als auch technologische Zieldimensionen herangezogen.

Um dem Konzeptmerkmal der Ausgewogenheit Rechnung zu tragen, wird die Fähigkeit der jeweiligen Bank gemessen, die Bedürfnisse der Firmenkunden in Vergangenheit, Gegenwart und Zukunft zu befriedigen. Die bisher dargestellten Perspektiven stellen insbesondere auf die in Vergangenheit (insb. finanzielle Aspekte) und in der Gegenwart (Kunden- und Prozessperspektive) erreichte Leistungsfähigkeit ab. Aufgrund des mit der allgemeinen Wettbewerbsdynamik verbundenen kontinuierlichen Wandels der Erfolgsfaktoren wird davon ausgegangen, dass die Maßgrößen der genannten Perspektiven nur in unzureichender Weise die zukünftige Leistungsfähigkeit sichern oder sogar steigern.

Potenzial-perspektive

Die Potenzialperspektive betrachtet solche Sachverhalte, die langfristig die Quelle des Erfolgs bildet. Dabei wird eine Kausalbeziehung zu den anderen Perspektiven unterstellt. Solche Vorausstetzungen spiegeln sich insbesondere in einer qualifizierten Infrastruktur wider.

Der Aufbau der Balanced Scorecard innerhalb der Perspektiven gestaltet sich einheitlich über die Organisationsebenen. Strategische Ziele, Initiativen, Messgrößen und Zielwerte definieren den jeweiligen strategischen Handlungsrahmen der organisatorischen Einheit (vgl. Abbildung 111). Dies verfolgt zwei wesentliche Zwecke. Zum einem soll damit die Strategie zur Forcierung des Firmenkundengeschäfts auf allen Ebenen transparent kommuniziert und zum anderem der Forderung nach Kongruenz von Steuergrößen und Handlungs- bzw. Einflussmöglichkeiten nachgekommen werden. Die Balanced Scorecard wird dazu im SAP Strategy Management auf alle Bereiche in gleicher Weise kaskadiert und mit entsprechenden Zielwerten zur Performanceanalyse hinterlegt.

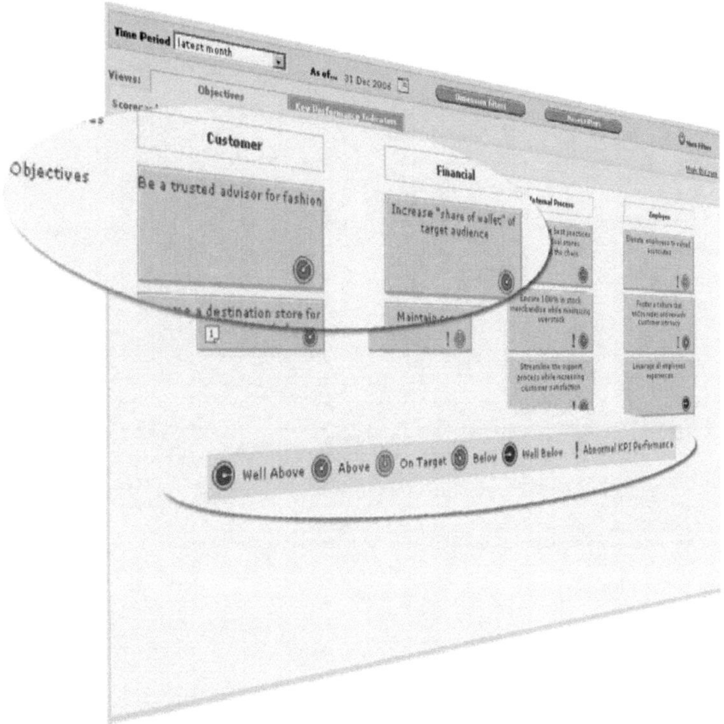

Die Ursachen-Wirkungs-Kette bildet die Basis für die Visualisierung der Strategien, Perspektiven, Ziele und Kennzahlen einer BSC und der Definition von modifizierbaren Prognosemodellen.

Analysepfade hinsichtlich Status, Beurteilung und Entwicklung der Ziele, Kennzahlen und Initiativen.

Differenzierende Sichten des Systems ermöglichen:

- einen globalen oder detaillierten Einblick in die Perspektiven einer Scorecard und
- die darin enthaltenen Strategieelemente und dokumentierten Maßnahmen.

Abbildung 111: Balanced Scorecard im SAP Strategy Management
Quelle: Eigene Darstellung

Dashboarding

Ergänzt werden die Scorecards um ein erweitertes Reporting, das zusätzliche Funktionalitäten, die für den Ausbau des bestehenden Berichtswesens zu einem Vorstandsreportings entscheidend sind, liefert. Themen sind in diesem Zusammenhang der Aufbau von Management Dashboards und standardisierten Berichten (Enterprise

Reporting). Ziel ist es, eine unternehmensweite, einheitliche Reportingplattform für sämtliche Entscheidungsebenen zur Verfügung zu stellen (vgl. Abbildung 112). Dabei konsolidieren Dashboards die Informationen der Balanced Scorecard nach bestimmten Metriken oder Rollen und ermöglichen multidimensionale Analysen vorzunehmen. Informationen beschränken sich auf relevante Steuerungsgrößen, die einen entsprechenden Indikationscharakter aufweisen.

Perspektive/ KPI	Trend	Status	Actual	Target	Score	Lead/Lag	Unread Comments
Financial							
Gross Profit Margin	–		73.70	146.78	-49.79	Leading	
Net Sales	↗		3,079,553.02	4,454,615.95	-30.87	Leading	
Store Units Sold	–		76,146.00	60,819.00	25.20	Leading	

Abbildung 112: Dashboard-Visualisierung im Strategy Management mit Tachometer
Quelle: Eigene Darstellung

Werttreiberlogik

Anhand einer Werttreiberlogik werden die bedeutenden Werttreiber erhoben, analysiert und ihre Wichtigkeit wird anhand der Erlöse sowie der strategischen Bedeutung bewertet. Aus den Perspektiven mit entsprechenden Steuerungskennzahlen für die Abteilungen des Firmenkundengeschäfts und dem Agrar-Banking, der Wohnungswirtschaft sowie den Corporate Finance leiten sich vor dem Hintergrund der erfolgten Bewertung dann die Informationsinhalte der Dashboards ab (vgl. Abbildung 113).

Kennzahl
Anzahl Neukunden
Konversionsrate (Neukunden/Zielkunden)
insgesamt angesprochene Zielkunden
Akquisitionstermine mit Zielkunden
Zielkunden
Anzahl Kunden (nachrichtlich)
Anzahl Fokuskunden (nachrichtlich)
Anzahl wertorientierte Kunden (nachrichtlich)
Anzahl auszusteuernde Kunden (nachrichtlich)
Beratungsgespräche mit Fokuskunden (nachrichtlich)
Beratungsgespräche mit wertorientierten Kunden (nachrichtlich)

Abbildung 113: Auszug steuerungsrelevanter Kennzahlen in der Kundenperspektive
Quelle: Eigene Darstellung

In den Dashboards werden die Monatswerte mit kumulierten Jahreswerten in Verbindung gebracht. Aus ihnen werden im Zusammenhang mit den Zeitreihenanalysen saisonale Schwankungen ersichtlich und punktuell und in sinnvoller Abhängigkeit zur Kennzahl dann die Planwerte in die Betrachtung einbezogen.

Gegenstand der Betrachtung in den standardisierten Firmenkunden-Dashboards sind in erster Linie Akquisitionsverbände, um das Gesamtengagement der Kundenbeziehung zu betrachten. Weiterführende Informationen zu den einzelnen Kunden werden jedoch auf granularer Ebene als Reports jedoch vorgehalten (vgl. Abbildung 114).

Einzelnachweis DB 2
(Nachweis auf Kundenebene)

NLB-AKQ-Nummer aus PoKs	NLB-AKQ-Name aus PoKs	Kundentyp	Kunden-nummer (gem. KIS)	Kundenname (gem. KIS)	Rating	KUST	DB 2 01.2007 - xx.2007 (in TEUR)	Anteil am Gesamt-DB 2 der Ziel-/ Neu- und Fokuskunden (in %)
150	xxxxx	Fokuskunde	1234567	Test-Kunde 1	2	000	25,36	7,07
42	yyyyy	wertorientiert zu betreuender Kunde	25677	Test-Kunde 2	2	000	56,41	15,72
42	yyyyy	wertorientiert zu betreuender Kunde	215635	Test-Kunde 3	3	000	102,1	28,46
123	sssss	Neukunde	55214	Test-Kunde 4	1	000	54,63	15,23
123	sssss	Neukunde	12314	Test-Kunde 5	2	000	120,3	33,53
Summe Ziel- / Neu- und Fokuskunden							358,8	100,00

Abbildung 114: Beispiel einer detaillierteren Einzelkundenübersicht in der Kundenperspektive
Quelle: Eigene Darstellung

5.3.5 Nutzwert der Balanced Scorecard heute und morgen

Schwachstelle des BSC-Konzepts

Die aktuelle Schwachstelle des BSC-Konzepts liegt in der mangelnden Operationalität der Aussagen. Dies betrifft einerseits den Aspekt der Hierarchisierung des Konzepts als Grundlage der Informationsversorgung und Steuerung auf allen Fachbereichsebenen. Andererseits besteht ein Mangel durch die fehlende Integration in die betriebliche Informationsinfrastruktur als Voraussetzung eines nachhaltigen Einsatzes.

Informationspotenzial und Reifegrade

Eine Vielzahl von Unternehmen hat das Potenzial ihrer Daten und der darin enthaltenen Informationen als Faktor zur Strategieverfolgung zwar erkannt, ist jedoch nicht in der Lage, die quantitativen, heterogenen Informationen aus seinen unterschiedlich agierenden Bereichen effektiv im horizontalen und vertikalen Führungsprozess mit einer Balanced Scorecard zu nutzen, geschweige denn für die Strategieumsetzung urbar zu machen. Unterschiedliche Reifegrade von Informationssystemen und die wechselnde Qualität der gesammelten Unternehmensdaten sorgen immer wieder für ein Spannungsfeld zwischen der Abdeckung betriebswirtschaftlicher Anforderungen und den gegebenen technischen Möglichkeiten. Dabei lassen sich die Ursachen für mangelhafte Analysemöglichkeiten des Datenbestandes vor allem im fehlenden Abgleich mit dem Geschäftsprozess, in der redundanten Datenhaltung oder in dem fehlerhaften Datenbestand finden. Die Verzahnung von Unternehmensstrukturen erfordert neben den internen Daten zusätzlich über kurz oder lang die Integration und Auswertung von externen Informationsbeständen aus dem Makro-Umfeld über unterschiedliche Schnittstellen. Das Projektbeispiel zeigte einen Weg auf, das Konzept der BSC für einen nachhaltigen Einsatz in die Informationsstruktur zu integrieren.

6 Schlusswort und Ausblick

6.1 Schlusswort

Die Balanced Scorecard, die meist in Verbindung mit *Kaplan* und *Norton* erwähnt wird, wird als eines der wichtigsten Konzepte zur Leistungsmessung im Unternehmen bezeichnet.

Mittlerweile existiert eine Vielzahl an Modellen für die mögliche Einführung einer Balanced Scorecard. Viele Beratungsunternehmen entwerfen ihre eigenen Methoden der Implementierung, die alle ihre Berechtigung haben, im Grunde jedoch nur die ursprüngliche Version von *Kaplan* und *Norton* auf den individuellen Fall anpassen.

Das Managementsystem Balanced Scorecard, das ursprünglich für Großunternehmen entwickelt wurde, lässt sich durchaus auf KMU und die öffentliche Verwaltung anwenden, obwohl es immer noch von Großunternehmen dominiert wird. Gerade der öffentliche Sektor, der sich im Wandel vom Bürokratiemodell zum New-Public-Management-Modell befindet, kann die BSC zu diesem Zweck nutzbringend einsetzen.

Auch die gewinnbringende Verbindung zu anderen Managementsystemen, wie beispielsweise dem Risikomanagement, wurde von den Unternehmen erkannt und wird vermehrt umgesetzt, was nicht zuletzt mit dem Gesetz zur Kontrolle und Transparenz im Unternehmen (KonTraG) zu tun hat.

Der Vergleich traditioneller Kennzahlensysteme mit der Balanced Scorecard in Kapitel 2.3 lässt erkennen, dass die BSC den heutigen Anforderungen an Strategiebezogenheit und Zukunftsorientiertheit stärker entspricht. Das führt dazu, dass ein Großteil der Unternehmen das Ersetzen der traditionellen Kennzahlensysteme durch die BSC plant.

Dieses Buch stellte klar heraus, dass die Auswahl und der Einsatz einer adäquaten BSC-Software für den Erfolg der Balanced Scorecard-Implementierung unumgänglich sind.

Softwareunternehmen haben dies erkannt. Eine Vielzahl an Applikationen befinden sich mittlerweile auf dem Markt, die sich in die drei Kategorien CPM-Systeme, spezielle BSC-Software und Individualentwicklungen einordnen lassen, jedoch nicht gleichermaßen für alle Unternehmenstypen geeignet sind. Bei der Auswahl der Kategorien hat sich ergeben, dass die in der Literatur häufig verwendete Kategorisierung nach OLAP, ERP-Systemen oder Data Warehouse in Bezug auf BSC-Lösungen nicht mehr sinnvoll ist, da diese oft aufeinander aufbauen und dadurch kein klares Abgrenzen erlauben.

Unternehmen müssen bei der Auswahl einer geeigneten Software eine große Menge an Kriterien beachten, deren Wichtigkeit sowohl zwischen verschiedenen Unternehmenstypen als auch innerhalb eines Typs variieren. Auf diese Kriterien hin müssen die in Frage kommenden Produkte geprüft und miteinander verglichen werden. Herausgestellt wurde, dass die von BSCol vorgegebenen und für die Zertifizierung notwendigen Kriterien keinesfalls ausreichen, um eine geeignete Software bestimmen zu können.

In Form dreier Fallstudien wurde in Kapitel 5 die Einführung einer Balanced Scorecard zur Veranschaulichung der beschriebenen Inhalte gezeigt. Bei Marc O'Polo wurde die Balanced Scorecard ähnlich dem in Kapitel 3 beschriebenen Horváth-Modell eingeführt, was zeigt, dass dieses Modell auch auf KMU angewendet werden kann. Nachdem im Kick-off-Meeting der organisatorische Rahmen geschaffen wurde, erstellte man die BSC mit ihren strategischen Zielen, Messgrößen und Maßnahmen, bevor sie verabschiedet und der kontinuierliche Einsatz sichergestellt wurde. Auf die vierte Phase „Roll-out managen" des Horváth-Modells wurde dabei verzichtet, da alle von der BSC betroffenen Bereiche von Marc O'Polo an der Konzeption beteiligt waren. Somit reichte die Erstellung einer einzigen BSC aus, was für KMU nicht ungewöhnlich ist.

Nach der erfolgreichen Einführung und Nutzung der BSC auf Basis der BSC-Lösung ScorePrise für den Retailbereich von Marc O'Polo wird ScorePrise für den Wholesalebereich und für die Zentrale eingesetzt. Damit hat sich die BSC auf Basis von ScorePrise zum zentrale Führungssystem für alle Leistungsbereiche von Marc O'Polo entwickelt.

In Zukunft soll zum einen für jede Führungskraft eine Führungs-Scorecard erstellt werden, die auch mit dem Anreiz- und Entlohnungssystem verknüpft ist und zum anderem die BSC mit dem Risikomanagement auf Basis von ScorePrise verknüpft werden, um so nachhaltig die Unternehmenswerte weiterzuentwickeln. Zum permanenten Erfolg des Projekts hat neben dem Einsatz der Software ScorePrise auch beigetragen, dass das Management geschlossen hinter dem Projekt zur Einführung der BSC steht und an der Umsetzung beteiligt ist.

Auch bei Marc O'Polo stellte sich nach einer gewissen Zeit heraus, dass die Einführung einer BSC-Software unumgänglich ist, wenn der Erfolg der Balanced Scorecard auch in Zukunft gewährleistet sein soll.

6.2 Ausblick

Im Fazit der „Balanced Scorecard-Studie 2005" von *Horváth & Partner* wird aufgelistet, welche Punkte verbessert werden müssen, um die Balanced Scorecard positiv weiterzuentwickeln. Hierzu gehören die Harmonisierung der BSC mit den Verfahren des Qualitäts- und des Risikomanagements. Ein Punkt, der bereits in Kapitel 1 ausführlich beschrieben wurde, beinhaltet die Harmonisierung der BSC mit den Verfahren des Qualitäts- und des Risikomanagements. Ein weiteres Ziel fordert die verbesserte Suche nach einer adäquaten Softwarelösung.[1]

In der Praxis ist man sich der Bedeutung einer BSC-Umsetzung mittels einer Software noch nicht ausreichend bewusst. Dies wird durch die Tatsache bestätigt, dass 70 % der Unternehmen die BSC mit Hilfe von Excel umsetzen.

Die Tendenz zeigt jedoch, dass sich das strategische Bewusstsein und das damit einhergehende Verständnis für die Notwendigkeit einer passenden Softwarelösung in Zukunft verbessern werden. Das ergibt sich zum einen aus dem aufgezeigten Ergebnis einer Studie, wonach die große Mehrheit die bestehenden Kennzahlensysteme durch die Balanced Scorecard ersetzen werden. Zum anderen bestätigt das die Tatsache, dass nur 28 % der Unternehmen keine Probleme mit der derzeit eingesetzten BSC-Software haben.

Unternehmen, die wirklich an einer nutzbringenden Umsetzung der Balanced Scorecard interessiert sind, werden um die Maßnahme der Einführung einer adäquaten Software nicht umhinkommen. Ohne eine passende Softwarelösung können die Nutzenpotenziale der BSC nicht ausgeschöpft werden.

Im Sinne eines Best of Breed haben Unternehmen auf Basis der vorgestellten Checkliste und einer unternehmensindividuellen Gewichtung die Möglichkeit, die für sie am besten geeignete BSC-Lösung zu bestimmen. Am Beispiel der BSC-Software ScorePrise wurde dargestellt, dass speziell für die BSC entwickelte Softwarelösungen, sehr

---

1 Vgl. *Horváth & Partner*, Studie, 2005, www, Zugriff am 05.12.2005.

gut in der Lage sind, den Informationsbedarf und die Anforderungen einer BSC-Anwendung abzudecken sowie insbesondere in punkto eigenständiger Pflegbarkeit und Weiterentwicklungsfähigkeit große Vorteile bieten. Die Integration der BSC-Anwendung mit dem Risikomanagement verspricht vielfältige Verbesserungen im Sinne einer nachhaltigen wertorientierten Unternehmensführung. Zum einen werden beide Seiten einer Medaille in Form von Chance und Risiko betrachtet und zum anderen bestehen viele Interdependenzen, die zur weiteren Verbesserung des Performance Management wie auch des Risikomanagement führen können.[2]

Durch die Berücksichtigung von Wahrscheinlichkeiten, Verteilungen und Korrelationen aus dem Risikomanagement lassen sich gerade im Performance Management Forecast- und Trendrechnungen verbessern sowie Simulationen und Szenarien erstellen. Dies ist ein wichtiger Beitrag von einer eher vergangenheitsorientierten zu einer zukunftsorientierten Unternehmensführung.

2 Vgl. *Gleißner, W./Romeike, F., Risikomanagement,* 2005, S. 164.

Literaturverzeichnis

Anahory, Sam/Murray, Dennis: [Data Warehouse: Planung, 1997], Implementierung und Administration (Data Warehousing in the Real World), übers. von G&U Technische Dokumentation GmbH (Flensburg), Bonn/Reading, Massachusetts u. a.: Addison-Wesley-Longman, 1997.

Arnold, Wolfgang/Freimann, Jürgen/Kurz, Rudi [SBS, 2003]: Sustainable Balanced Scorecard (SBS): Integration von Nachhaltigkeitsaspekten in das BSC-Konzept, in: ZfCM, 47. Jg., Nr. 06, 2003, S. 391–400.

Bachmann, Martin/Jeker, Carmen [Mittelstand, 2001]: Balanced Scorecard im Mittelstand: Maßanzug der BSC AG, in: Management und Qualität, Nr. 03, 2001, S. 8–11.

Bachmann, Martin/Jeker, Carmen [Qualität, 2002]: BSC – neue Qualität im strategischen Management, in: SMM, Nr. 31, 2002, S. 33–40.

Balanced Scorecard Collaborative, Inc. (Hrsg.) [Standards, 2000]: Balanced Scorecard Functional Standards™, Release 1.0a, 5. Mai 2000, URL:
http://www.bscol.com/pdf/Standardsv10a.pdf (Oktober 2005).

Bange, Carsten/Mathes, Tobias: Damit das Stahlwerk sich nicht selber zerstört... [Management der Datenqualität, 09/2003], in: is report – Informationssysteme für erfolgreiche Unternehmen, 7. Jahrgang, München: OXYGON Verlag, 09/2003, S. 28–31.

Bange, Carsten: [Business Intelligence, 2003]: Systeme und Anwendungen – Werkzeuge und Technologien für die Unternehmenssteuerung, 01.04.2003, URL:
http://businessintelligence.brainguide.de/de/publications/PDF/dok/4026.html (03.03.2004).

Bauer, Andreas/Günzel, Holger (Hrsg.): [Data-Warehouse-Systeme, 2001]: Architektur, Entwicklung, Anwendung, Heidelberg: dpunkt-Verlag, 2001.

Bauer, Thomas [Kategorien, 2000]: Vier Kategorien, in: IS Report, Nr. 10, 2000, S. 36–39.

Bea, Franz Xaver/Haas, Jürgen: [Strategisches Management, 2001], 3. Auflage, Stuttgart: Lucius und Lucius, 2001.

Behme, Wolfgang/Muksch, Harry: Die Notwendigkeit einer entscheidungsorientierten [Informationsversorgung, 1997], in: Harry Muksch/Wolfgang Behme (Hrsg.), Data Warehouse-Konzept, 2. Auflage, Wiesbaden: Gabler, 1997, S. 3–30.

Bernhard, Martin G.: [Strategieumsetzung, 2001] durch Balanced Scorecard: Kennzahlensysteme entwickeln und Managementprozesse steuern, in: Martin G. Bernhard/Stefan Hoffschröer (Hrsg.), Report Balanced Scorecard, 2001, S. 207–267.

Bertelsmann Stiftung (Hrsg.) [Studie, 2005]: Studie der Bertelsmann Stiftung: Gewinn ist nicht das einzige Unternehmensziel, 8. August 2005, URL: http://www.bertelsmann-stiftung.de/cps/rde/xchg/stiftung/hs.xsl/16412_32489.html (September 2005).

Blomer, Roland/Bernhard, Martin G. (Hrsg.) [Spezialreport, 2003]: Spezialreport Balanced Scorecard in der IT: Praxisbeispiele-Methoden-Umsetzung, Düsseldorf: Symposion Publishing GmbH, 2003.

Braun, Christian/Carne, Oliver de: Entwicklung einer Balanced Scorecard. FH NON, Semesterarbeit, 2003.

Braunschweig, Christoph [Unternehmensführung, 1998]: Unternehmensführung, hrsg. von Harald Dettmer, WiSo – Lehr- und Handbücher, München/Wien: Oldenbourg, 1998.

Bundesverwaltungsamt (Hrsg.) [Managementkonzept, 2000]: Das Managementkonzept der Balanced Scorecard, Info 1614, August 2000, URL:
http://www.bva.bund.de/imperia/md/content/win-test/1.pdf (Oktober 2005).

Bundesverwaltungsamt (Hrsg.) [Steuerung, 2002]: Strategische Steuerung, Info 1694, Juli 2002, URL:
http://www.bva.bund.de/imperia/md/content/bbb_win/neuesteuerung/34.pdf (Oktober 2005).

Bundesverwaltungsamt (Hrsg.) [KLR, 2003]: Kosten- und Leistungsrechnung (KLR), 2003, URL:
http://www.bva.bund.de/aufgaben/kosten_leistungs_rechnung (Oktober 2005).

Buytendijk, Frank/Geishecker, Lee [Management, 2004]: Corporate Performance Management: Connecting the Dots, Publikation der Gartner Group, 30. Januar 2004, URL:
http://www.decimal.ca/fr/menu/z-images/pdf/CPM_119549.pdf (November 2005).

Chamoni, Peter: Analytische [Informationssysteme, 2003] für das Controlling – Stand und Entwicklungsperspektiven, in: Controlling & Management, 47. Jahrgang, Sonderheft 2, 2003, S. 4–13.

Cognos, Inc. (Hrsg.) [Guide, 2003]: Corporate Performance Management Guide, 2003, zu bestellen über http://www.cognos.de.

Copeland, Tom/Koller, Tim/Murrin, Jack: [Unternehmenswert, 2002]: Methoden und Strategien für eine wertorientierte Unternehmensführung, (Valuation. Measuring and Managing the Value of Companies – 3rd ed.), übers. von Friedrich Mader, 3. Auflage, Frankfurt (Main)/New York: Campus Verlag, 2002.

CP Corporate Planning AG (Hrsg.) [Performance, 2004]: Controlling aktuell: Corporate Performance Management, 2004, URL: http://www.corporate-planning.com/de/pages/controlling_aktuell/cpm.php (November 2005).

Diederich, Helmut: [Allgemeine Betriebswirtschaftslehre, 1992], 7. Auflage, Stuttgart/Berlin/Köln: Kohlhammer, 1992.

Dumke, Reiner: [Software Engineering, 2001] – Eine Einführung für Informatiker und Ingenieure: Systeme, Erfahrungen, Methoden, Tools, 3. Auflage, Braunschweig/Wiesbaden: Vieweg, 2001.

Edding AG, Edding Geschäftsbericht 2007, Ahrensburg (2008).

Ehrmann, Harald [Kompakt-Training, 2003]: Kompakt-Training Balanced Scorecard, 3., aktualisierte und erw. Aufl., Ludwigshafen: Kiehl Verlag, 2003.

Egger, Anton/Winterheller, Manfred: [Kurzfristige Unternehmensplanung, 1996]: Budgetierung, 9. Auflage, Wien: Linde, 1996.

Egger, Norbert: Praxishandbuch [SAP BW 3.1], hrsg. von Bernhard Hochlehnert, SAP Press, Bonn: Galileo Press GmbH, 2003.

Ehrmann, Harald: [Unternehmensplanung, 1997], in: Klaus Olfert (Hrsg.): Kompendium der praktischen Betriebswirtschaft, 2. Auflage, Ludwigshafen (Rhein): Kiehl, 1997.

Eicker, Stefan/Kress, Stephan/Lelke, Frank [Geschäftssteuerung, 2005]: Kennzahlengestützte Geschäftssteuerung im Dienstleistungssektor, Ergebnisse einer empirischen Untersuchung, in: ZfCM, Nr. 06, 2005, Vorabversion für Abonnenten über http://www.zfcm.de/index.php?do=first (November 2005).

Erler, Thomas/Schelp, Joachim: Das [Data Warehouse, 1998] im Kontext der strategischen Bedeutung betrieblicher Informationssysteme, Arbeitsbericht 98-32, 2. Auflage, Bochum: Ruhr-Universität Bochum, Lehrstuhl für Wirtschaftsinformatik, Fakultät für Wirtschaftswissenschaften, 1998.

Eschenbach, Rolf/Haddad, Tarek (Hrsg.) [Handel, 1999]: Die Balanced Scorecard, Führungsinstrument im Handel, Wien: Servicefachverlag, 1999.

Esswein, Werner/Räbiger, Manuela/Selz, Achim: [Anforderungen an Data-Warehouse-Systeme, 1997], hrsg. von Professoren der Fachgruppe Wirtschaftsinformatik, Dresdner Beiträge zur Wirtschaftsinformatik, Nr. 23/97, Dresden: Technische Universität Dresden: Fakultät Wirtschaftswissenschaften, 1997.

Ewert, Ralf/Wagenhofer, Alfred: [Rechnungslegung, 2000] und Kennzahlen für das wertorientierte Management, in: Wertorientiertes Management. Konzepte und Umsetzung zur Unternehmenswertsteigerung, hrsg. von A. Wagenhofer/G. Hrebicek, Stuttgart: Technische Universität Dresden: Fakultät Wirtschaftswissenschaften, 2000, S. 3–64.

Ferrari, Elisabeth/Tausch, Christa [Verwaltung, 2002]: Balanced Scorecard – und die Verwaltung findet ihren Weg, in: Controlling, Nr. 4/5, 2002, S. 245–255.

Fischer, Roland: [Unternehmensplanung mit SAP SEM, 2003]: Operative und strategische Planung mit BW-/SEM-BPS, hrsg. von Bernhard Hochlehnert, SAP Press, Bonn: Galilieo Press GmbH, 2003.

Fleckenstein, Thomas [SEM, 2004]: Customer experiences using SAP SEM Balanced Scorecard and SAP SEM Management Cockpit, 2004, URL:
http://www70.sap.com/community/pub/showdetail.epx?ItemID=1222, (November 2005).

Frantz, Alexandra/Frommen-Pleterski, Katja [Einsatz, 2005]: Einsatz der Balanced Scorecard in kleinen und mittleren Unternehmen, 2005, URL: http://www.innovation-aktuell.de/kl0807.htm (September 2005).

Frick, Iris [Größen, 2000]: Visionen und strategische Ziele sind messbare Größen des Erfolgs, in: Industrieanzeiger, Nr. 45, 2000, S. 22–25.

Friedag, Herwig R./Schmidt, Walter [Scorecard, 2000]: My Balanced Scorecard, Freiburg i. Br.: Rudolf Haufe Verlag, 2000.

Friedl, Gunther/Hilz, Christian/Pedell, Burkhard: [Integriertes Controlling, 2001] mit SAP-Software, 2001-13, URL:
http://www.intranet-lehrstuhl.bwl.uni-muenchen.de/dispatch/Publikation/Volltexte/sapwp.pdf (11.02.2004).

Gabriel, Roland/Dittmar, Carsten: Der Ansatz des [Knowledge Managements, 2001] im Rahmen des Business Intelligence, in: Knut Hildebrand (Hrsg.): Business Intelligence, Heidelberg: dpunkt.verlag GmbH, Dezember 2001, S. 17–28.

Gedat, Alexander/Salfeld, André [Retailführung, 2005]: Erfolgsorientierte Marken- und Retailführung bei Marc O'Polo, 2005, URL: http://www.bsp-unternehmensberatung.de (Dezember 2005).

Gedat, Alexander/Salfeld, André [Mitarbeiterführung, 2005]: Marktorientierte Retailführung ist Mitarbeiterführung, in: Absatzwirtschaft, Nr. 12, 2005, S. 32–35.

Georg, Stefan [Managementinstrument, 1999]: Die Balanced Scorecard als Controlling- bzw. Managementinstrument, Aachen: Shaker Verlag, 1999.

Gerberich, Claus/Stephan, Mario: [Balanced Scorecard, 2002]: Ein innovatives Beratungs- und Management-Tool, in: Controller Magazin, 27. Jahrgang (2002), Heft Nr.1, S. 60–61.

Gladen, Werner [Berichtssysteme, 2003]: Kennzahlen- und Berichtssysteme, 2., überarbeitete Aufl., Wiesbaden: Gabler Verlag, 2003.

Gleich, Ronald [Performance, 2001]: Das System des Performance Measurement, München: Verlag Franz Vahlen GmbH, 2001.

Gleißner, Werner/Füser, Karsten: [Moderne Frühwarn- und Prognosesysteme, ohne Datum] für Unternehmensplanung und Risikomanagement, ohne Datum, URL: http://www.steuerrechtcompetencecenter.de/controlling.nsf/DAEFA794B24A9F91C12569880064F91C/$File/moderne%20fr%C3%BChwarn%20und%20prognosesystme%20f%C3%BCr%20unternehmensplanung%20und%20risikomanagement.pdf (15.03.2004).

Gleißner, Werner/Romeike, Frank [Risikomanagement, 2005]: Anforderungen an die Softwareunterstützung für das Risikomanagement, in: ZfCM, Nr. 02, 2005, S. 154–164.

Gluchowski, Peter: [Techniken und Werkzeuge, 1998] zum Aufbau betrieblicher Berichtssysteme, in: Peter Chamoni/Peter Gluchowski (Hrsg.), Analytische Informationssysteme, Berlin u. a.: Springer, 1998, S. 179–201.

Götze, Uwe/Rudolph, Friedhelm: [Instrumente, 1994] der strategischen Planung, in Band: Jürgen Bloech u. a. (Hrsg.), Strategische Planung – Instrumente, Vorgehensweisen und Informationssysteme, in Reihe: Jürgen Bloech u. a., Beiträge zur Unternehmensplanung, Heidelberg: Physica-Verlag, 1994, S. 1–56.

Gronau, Norbert u. a. [Wirtschaftsinformatik, 2003]: Enterprise Resource Planning Software am Beispiel von SAP R/3, Vorlesungsskript, Oldenburg, 2003, URL: http://www.unipotsdam.de/u/wvinf/WS0304/ERPSysteme_am_Beispiel_ SAP_R3.pdf (11.02.2004).

Grothe, Martin/Gentsch, Peter [Business Intelligence, 2000]: – Aus Informationen Wettbewerbsvorteile gewinnen, München u. a.: Addison-Wesley, 2000.

Günther, Thomas: [Unternehmenswertorientiertes Controlling, 1997], München u. a.: Addison-Wesley, 2000.

Hahn, Dietger [PuK, 1996]: Controllingkonzepte: Planung und Kontrolle, Planungs- und Kontrollsysteme, Planungs- und Kontrollrechnung; Unternehmensbeispiele von Henkel KGaA, Düsseldorf, Daimler Benz AG, Stuttgart, Siemens AG, München, Preussag AG, Hannover, Franz Haniel & Cie. GmbH, Duisburg, 5. Auflage, Wiesbaden: Gabler, 1996.

Hahn, Dietger: Zweck und Entwicklung der [Portfolio-Konzepte, 1997] in der strategischen Unternehmensplanung, in: Dietger Hahn/ Bernd Taylor (Hrsg.), Strategische Unternehmensplanung – strategische Unternehmensführung: Stand und Entwicklungstendenzen, 7. Auflage, Heidelberg: Physica-Verlag, 1997, S. 372–406.

Hayn, Sven/Graf Waldersee, Georg: [IAS/US-GAAP/HGB im Vergleich, 2002] – Synoptische Darstellung für den Einzel- und Konzernabschlus.

Henschel, Thomas [Risikomanagement, 2003]: Risikomanagement im Mittelstand: Eine empirische Untersuchung, in: ZfCM, 47. Jg., Nr. 5, 2003, S. 331–337.

Henseler, Jörg/Jonen, Andreas/Lingnau, Volker (Hrsg.) [Controlling, 2004]: Beiträge zur Controlling-Forschung: Nr. 7: Die Rolle des Controllings bei der Ein- und Weiterführung der Balanced Scorecard, 2004, URL:
http://www.controlling-forschung.de (September 2005).

Herden, Olaf: Eine [Entwurfsmethodik, 2001] für Data Warehouses, Oldenburg: vervielf. Diss. Carl von Ossietzky Universität Oldenburg, 2001, URL:
http://docserver.bis.unioldenburg.de/publikationen/dissertation/ 2002/herent01/herent01.html (11.02.2004).

Hinrichs, Holger: [Datenqualitätsmanagement, 2002] in Data Warehouse-Systemen, Oldenburg: vervielf. Diss. Carl von Ossietzky Universität Oldenburg, 2002, URL:
http://docserver.bis.uni-oldenburg.de/publikationen/dissertation /2002/hindat02/hindat02.html (11.02.2004).

Hoffmann, Olaf [Performance, 1999]: Performance Management: Dissertation der Universität St. Gallen, Bern/Stuttgart/Wien: Verlag Paul Haupt, 1999.

Holthuis, Jan: Der [Aufbau, 1997] von Data Warehouse-Systemen: Konzeption – Datenmodellierung – Vorgehen, mit einem Geleitwort von Jörg Biethahn, 2. Auflage, Wiesbaden. Dt. Univ. Verlag/Wiesbaden: Gabler, 1999, (zugl. Diss. Univ. Göttingen, 1997).

Holthuis, Jan: Multidimensionale [Datenstrukturen, 1997] – Modellierung, Strukturkomponenten, Implementierungsaspekte, in: Harry Muksch/Wolfgang Behme (Hrsg.), Data Warehouse-Konzept, 2. Auflage, Wiesbaden: Gabler, 1997, S. 137–186.

Holthuis, Jan: [Multidimensionale Datenstrukturen, 1998] – Modellierung, Strukturkomponenten, Implementierungsaspekte, in: Harry Muksch/Wolfgang Behme (Hrsg.), Data Warehouse-Konzept: Architektur – Datenmodelle – Anwendungen, 3. Auflage, Wiesbaden: Gabler, 1998, S. 143–195.

Hopfenbeck, Waldemar: Allgemeine [Betriebswirtschafts- und Managementlehre, 2000]: das Unternehmen im Spannungsfeld zwischen ökonomischen, sozialen und ökologischen Interessen, 13. Auflage, Landsberg/Lech: Verlag Moderne Industrie, 2000.

Horstmann, Walter: Der Balanced Scorecard-Ansatz als Instrument der [Umsetzung von Unternehmensstrategien, 1999], in: Controlling, 11. Jahrgang (1999), Heft Nr. 4/5, S. 193–199.

Horváth, Péter/Gaiser, Bernd: [Implementierungserfahrungen, 2000] mit der Balanced Scorecard im deutschen Sprachraum: Anstöße zur konzeptionellen Weiterentwicklung, in: Betriebswirtschaftliche Forschung und Praxis, 52. Jahrgang (2000), Heft Nr. 1, S. 17–35.

Horváth, Péter [Controlling, 1994]: 5. Auflage, München: Vahlen, 1994.

Horváth, Péter [Umsetzungserfahrungen, 2000]: Umsetzungserfahrungen mit der Balanced Scorecard, in: krp-Sonderheft, Nr. 2, 2000, S.125–127.

Horváth & Partner (Hrsg.) [Scorecard, 2001]: Balanced Scorecard umsetzen, 2. überarb. Aufl., Stuttgart: Schäffer-Poeschel Verlag, 2001.

Horváth & Partner (Hrsg.) [Studie, 2003]: Studie 100-mal BSC, 2003, URL: http://www.horvath-partners.com/hp3/1709153/1873341/index.html (September 2005).

Horváth & Partner (Hrsg.) [Scorecard, 2004]: Balanced Scorecard umsetzen, 3., vollst. überarb. Aufl., Stuttgart: Schäffer-Poeschel Verlag, 2004.

Horváth & Partner (Hrsg.) [Studie, 2004]: Ergebnisse der Studie „Best Practice Anreizsysteme“: Balanced-Scorecard-basierte Anreizsysteme leisten wertvollen Beitrag zur Strategieumsetzung, 2004, http://www.horvath-partners.com/hp3/pdf/Studie_ Anreizsysteme_Summary.pdf (September 2005).

Horváth & Partner [Studie, 2005]: Balanced-Scorecard-Studie, 2005, URL: http://www.horvath-partners.com/hp3/1709153/2336048. html (November 2005).

Hummel, Thomas R./Zander, Ernst [Unternehmensführung, 2002]: Lehrbuch für Studium und Praxis, Stuttgart: Schäffel-Poeschel, 2002.

Inmon, William H.: Building the [data warehouse, 1992], New York u. a.: John Wiley & Sons, Inc., 1992.

Inmon, William H./Hackathorn, R. D.: [Using the Data Warehouse, 1994], New York u. a.: John Wiley & Sons, Inc., 1994.

Kämpf, Rainer/Albrecht, Franziska [EFQM-Modell, 2001]: Das EFQM-Modell für Excellence, August 2001, URL: http://www.ebz-beratungszentrum.de/organisation/efqm.html (September 2005).

Kaplan, Robert S./Norton, David P. [Performance, 1992]: The Balanced Scorecard: Measures That Drive Performance, in: Harvard Business Review, Januar–Februar, 1992, S. 71–79.

Kaplan, Robert S./Norton, David P. [Strategien, 1997]: Balanced Scorecard: Strategien erfolgreich umsetzen, Stuttgart: Schäffer-Poeschel Verlag, 1997.

Kaplan, Robert S./Norton, David P. [Organisation, 2001]: Die strategiefokussierte Organisation: Führen mit der Balanced Scorecard, Stuttgart: Schäffer-Poeschel Verlag, 2001.

Katzy, Bernhard Robert [Unternehmensplanung, 1994]: in produzierenden Unternehmen: -Entwicklung einer Methode auf der Basis von Unternehmensmodellen, hrsg. von W. Eversheim u. a., Berichte aus der Produktionstechnik, Band 25/94, Aachen: Shaker, 1994, (zugl. Diss. Techn. Hochschule Aachen, 1994).

Kayser, Gunter [KMU, 2003]: Was sind eigentlich kleine und mittlere Unternehmen (KMU)?, Diskussionsbeitrag, Institut für Mittelstandsforschung, Bonn, 24. April 2003, URL: http://www.ifm-bonn.org/presse/kay-aif.pdf (September 2005).

Kirchner, Joachim: [Online Analytical Processing, 1998], in: Wolfgang Martin (Hrsg.): Data Warehousing, Bonn/ Albany u. a.: Internat. Thomson Publ., 1998, S. 147–168.

Kreikebaum, Hartmut: [Strategische Unternehmensplanung, 1997], 6. Auflage, Stuttgart/Berlin/Köln: Kohlhammer, 1997.

Krey, Antje [Branchen, 2003]: „Wunderwaffe" BSC im Spiegel der Branchen, in: Controller Magazin, Nr. 4, 2003, S. 325–333.

Küpper, Hans-Ulrich: [Controlling, 1997]: Konzeption, Aufgaben und Instrumente, 2. Auflage, Stuttgart: Schäffer-Poeschel, 1997.

Langenscheidt (Hrsg.) [Handwörterbuch, 1996]: Langenscheidts Handwörterbuch Englisch, Neubearbeitung, Berlin/München: Langenscheidt KG, 1996.

Lichka, Christian/Kühn, Harald/ Karagiannis, Dimitris: [IT-gestützte Balanced Scorecard, 2002], in: WISU das Wirtschaftsstudium, 31. Jahrgang (2002), Heft Nr. 7, S. 915–918.

Lusti, Markus: [Data Warehousing, 2002] und Data Mining: Eine Einführung in entscheidungsunterstützende Systeme, 2. Auflage, Berlin u. a.: Springer, 2002.

Macharzina, Klaus: [Unternehmensführung, 1999]: das internationale Managementwissen; Konzepte – Methoden – Praxis, 3. Auflage, Wiesbaden: Gabler, 1999.

Marc O'Polo (Hrsg.) [Unternehmensdarstellung, 2005]: Marc O'Polo: Unternehmen & Organisation, Distribution & Vertrieb, Präsentation zur Unternehmensdarstellung, Juli 2005.

Marc O'Polo (Hrsg.) [Nachhaltigkeit]: Sustainability Marc O'Polo, 2009, URL: http://www.marc-o-polo.de (März 2009).

Marr, Bernard/Neely, Andy [Softwareanwendung, 2003]: Balanced Scorecard: Die richtige Softwareanwendung für strategieorientierte Unternehmen auswählen, in: ZfCM, 47. Jg., Nr. 4, 2003, S. 237–240.

Martin, Wolfgang: [Data Warehouse, Data Mining und OLAP, 1998]: Von der Datenquelle zum Informationsverbraucher, in: Wolfgang Martin (Hrsg.): Data Warehousing, Bonn/Albany u. a.: Internat. Thomson Publ., 1998, S. 19–38.

Mehrwald, Christian: [SAP Business Information Warehouse 3, 2003]: Architektur, Konzeption, Implementierung, Heidelberg: dpunkt-Verlag, 2003.

Meier, Marco/Sinzig, Werner/Mertens, Peter: [SAP Strategic Enterprise Management, 2002]/Business Analytics: Integration von strategischer und operativer Unternehmensführung, hrsg. von Peter Mertens/Peter Zencke, SAP Kompetent, Berlin/Heidelberg/New York: Springer-Verlag, 2002.

Mertens, Peter: [Business Intelligence – Ein Überblick, 2002], in: IM – Information Management & Consulting Controlling, Heft 17 (Sonderausgabe), Saarbrücken: imc – information multimedia communication AG, 2002, S. 65–73.

Michel, U.: [Wertmanagement, 1999]. Ein umfassender und durchgängiger Ansatz zur kapitalmarktorientierten Unternehmenssteuerung, in: Controlling, Heft 8/9, Heidelberg: Sauer/ Zürich: Verlag Industrielle Organisation, 1999, S. 371–379.

Muksch, Harry/Behme, Wolfgang: Das Data Warehouse-Konzept als Basis einer unternehmensweiten [Informationslogistik, 1997], in: Harry Muksch/Wolfgang Behme (Hrsg.), Data Warehouse-Konzept, 2. Auflage, Wiesbaden: Gabler, 1997, S. 31–94.

Müller, Armin [Management, 2000]: Strategisches Management mit der Balanced Scorecard, Stuttgart/Berlin/Köln: Verlag W. Kohlhammer, 2000.

Neu, Matthias: [Unternehmensführung, 1998], hrsg. vom Institut für Angewandte Wirtschafts- und Sozialforschung IFA WISO e.V. (Dieburg), Berlin: Berlin Verlag Spitz, 1998.

Niven, Paul R. [Scorecard, 2003]: Balanced Scorecard: Schritt für Schritt, Weinheim: WILEY-VCH GmbH &Co. KGaA, 2003.

Norton, David P. [Organization, 2002]: #3 – Building an Organization to Execute Strategy, November 2002, URL:
http://www.teymi.is/norton/pdf/003-build.pdf (November 2005).

Oehler, Karsten [Umsetzung, 2000]: Gestaltungsoptionen bei der DV-gestützten Umsetzung einer Balanced Scorecard, in: krp-Sonderheft, Nr. 2, 2000, S. 77–85.

Oehler, Karsten [Management, 2002]: Balanced Scorecard and beyond: Integriertes strategisches (Chancen- und Risiko-)Management statt Controller-Insellösungen, 2002, URL:
http://www.controllerspielwiese.de/Inhalte/Themen/bsc003.htm (Oktober 2005).

Oehler, Karsten/Sylvester, Michael: Der [International Accounting Standard, 2003]: Auswirkungen auf das Controlling, in: is report – Informationssysteme für erfolgreiche Unternehmen, 7. Jahrgang, München: OXYGON Verlag, 12/2003, S. 16–19.

Oepping, Hardy/Siemes, Andreas [Risikomanagement, 2003]: Strategisches Risikomanagement mit der Balanced Scorecard, in: Controller Magazin, Nr. 3, 2003, S. 229–238.

Olfert, Klaus/Pischulti, Helmut: [Unternehmensführung, 1999], hrsg. von Klaus Olfert, Kompakt-Training praktische Betriebswirtschaft, Ludwigshafen: Kiehl, 1999.

o.V.: [OLAP, ohne Datum] und Business Intelligence, Stuttgart: Business Application Research Center (BARC), ohne Datum.

Pape, Ulrich: [Wertorientierte Unternehmensführung, 1999] und Controlling, in: Schriftenreihe Controlling, Band 6, 2. Auflage, Sternenfels/Berlin: Verlag Wiss. und Praxis, 1999, (zugl. Diss. Techn. Univ. Berlin 1996).

Pedell, Burkhard/Schwihel, André [Risikomanagement, 2004]: Integiertes Strategie- und Risikomanagement mit der Balanced Scorecard, in: Controlling, Nr. 3, 2004, S. 149–155.

Preßmar, Dieter B.: Computergestützte Informations- und [Planungssysteme, ohne Datum], Hamburg: Universität Hamburg, Institut für Wirtschaftsinformatik, ohne Datum.

Preuss, Peter [Scorecard-Systeme, 2003]: IT-gestützte Balanced Scorecard-Systeme, Wiesbaden: Deutscher Universitäts-Verlag, 2003.

Prosser, Alexander/Auer, Josef/Kellermann, Sarah [SAP®, 2005]: Balanced Scorecards with SAP® Strategic Enterprise Management, Wien: WUV Universitätsverlag, 2005.

Rahn, Horst-Joachim: [Unternehmensführung, 2002], hrsg. von Klaus Olfert, Kompendium der praktischen Betriebswirtschaft, 5. Auflage, Ludwigshafen (Rhein): Kiehl, 2002.

Rossmanith, Jonas/Kabela, Andreas [Kleinunternehmen, 2004]: BSC-Implementierung in einem Kleinunternehmen, in: Controlling, Nr. 4/5, 2004, S. 217–228.

Ruhtz, Vanessa [Praxistest, 2001]: Die Balanced Scorecard im Praxistest: Wie zufrieden sind Anwender? PWC-Studie, Februar 2001, URL: http://www.pwc.com/de/ger/ins-sol/publ/ger_510_balanced_scorecard.pdf (September 2005).

Rüth, Burghard [Einführung, 2004]: Einführung der Balanced Scorecard in fünf Phasen, Kissing: WEKA MEDIA Verlag, 2004.

SAP AG (Hrsg.) [Strategien, 1999]: SAP Strategic Enterprise Management – Strategien erfolgreich umsetzen: Die Balanced Scorecard, White Paper, 1999.

SAP Deutschland AG & Co. KG: Das [Konzept von SEM-CPM, 2001], Schulungsunterlagen: SEM220, Kapitel 1, Walldorf: SAP AG, 2001.

SAP Deutschland AG & Co. KG: SAP – Strategic Enterprise Management: [Werttreiberbaum, 2001], Schulungsunterlagen: SEM220, Kapitel 3, Walldorf: SAP AG, 2001.

SAP Deutschland AG & Co. KG: SAP – Strategic Enterprise Management: [Balanced Scorecard, 2001], Schulungsunterlagen: SEM220, Kapitel 4, Walldorf: SAP AG, 2001.

SAP AG (Hrsg.) [Unternehmensführung, 2001]: Strategische Unternehmensführung mit der Balanced Scorecard, 2001, URL: http://www70.sap.com/germany/media/50051158.pdf (November 2005).

SAP AG (Hrsg.) [SAP, 2004]: SAP Strategic Enterprise Management (SAP SEM), 2004, URL: http://www70.sap.com/germany/media/50071524.pdf (November 2005).

SAP AG (Hrsg.) [Help-Portal, 2005]: Help-Portal der SAP AG, 2005, URL: http://help.sap.com (November 2005).

Schaltegger, Stefan [Sustainability, 2004]: Sustainability Balanced Scorecard: Unternehmerische Steuerung von Nachhaltigkeitsaspekten, in: Controlling, Nr. 8/9, 2004, S. 511–516.

Schaltegger, Stefan/Dyllick, Thomas (Hrsg.) [Scorecard, 2002]: Nachhaltig managen mit der Balanced Scorecard, Wiesbaden: Gabler Verlag, 2002.

Scheibeler, Alexander A. W. [KMU, 2001]: Balanced Scorecard für KMU: Kennzahlenermittlung mit ISO 9001:2000 leicht gemacht, Berlin: Springer Verlag, 2001.

Schelp, Joachim: Konzeptionelle Modellierung mehrdimensionaler [Datenstrukturen, 1998], in: Peter Chamoni/Peter Gluchowski (Hrsg.), Analytische Informationssysteme, Berlin u. a.: Springer, 1998, S. 264–275.

Scherer, Andreas Georg/Alt, Jens Michael [Verwaltung, 2002]: Balanced Scorecard in Verwaltung und Non-Profit-Organisationen, Stuttgart: Schäffer-Poeschel Verlag 2002.

Schinzer, Heiko D./Bange, Carsten/ Mertens, Holger: [Data warehouse und Data mining, 1999]: marktführende Produkte im Vergleich, hrsg. von Rainer Thome, Edition wirtschaftliche Informationsverarbeitung, 2. Auflage, München: Vahlen, 1999.

Schwarze, Jochen: [Systementwicklung, 1995]: Grundzüge der wirtschaftlichen Planung, Entwicklung und Einführung von Informationssystemen, hrsg. von Jochen Schwarze, NWBStudienbücher Wirtschaftsinformatik, Herne/Berlin: Neue Wirtschafts-Briefe, 1995.

ScorePrise Business Solutions GmbH (Hrsg.) [Benutzerhandbuch, 2005]: Benutzerhandbuch ScorePrise, Version 1.4, 2005.

ScorePrise Business Solutions GmbH (Hrsg.) [Broschüre, 2007]: ScorePrise Broschüre, Erfolgsmonitor, 2007, URL: http://www.bsp-unternehmensberatung.de (Dezember 2005).

Seemann, Achim/Schmalzridt, Bernd/ Lehmann, Peter: SAP [Business Information Warehouse], hrsg. von Bernhard Hochlehnert/Gerhard Keller, SAP Press, Bonn: Galileo Press GmbH, 2001.

Seufert, Andreas: Anforderungen und Gestaltungspotentiale der Informations- und Kommunikationstechnologie im Rahmen von [Wissensnetzwerken, ohne Datum], ohne Datum, URL: http://www.meistersingertreffen.de/datenpublic/Seufert.pdf (11.02.2004).

Simon, Hermann/von der Gathen, Andreas: Das große Handbuch der [Strategieinstrumente, 2002]: Werkzeuge für eine erfolgreiche Unternehmensführung, Frankfurt (Main)/New York: Campus Verlag, 2002.

Sommerville, Ian: [Software Engineering, 2001] (Software Engineering, 6th edition), übers. von G&U Technische Dokumentation GmbH (Flensburg), 6. Auflage, München: Pearson Studium, 2001.

Steinle, Claus/Harmening, Stephan: [Strategische Planung, 1994] mit dem PC – Grundüberlegungen und praktische Lösungshinweise, in Band: Jürgen Bloech u. a. (Hrsg.), Strategische Planung, in Reihe: Jürgen Bloech u. a., Beiträge zur Unternehmensplanung, Heidelberg: Physica-Verlag, 1994, S. 229–250.

Steinmann, Horst/Schreyögg, Georg [Management, 2000]: Management – Grundlagen der Unternehmensführung: Konzeption – Funktion – Fallstudien, 5. Auflage, Wiesbaden: Gabler, 2000.

Taylor, Bernd: The New [Strategic Leadership, 1997] – Driving Change, Getting Results, in: Dietger Hahn/Bernd Taylor (Hrsg.), Strategische Unternehmensplanung, 7. Auflage, Heidelberg: Physica-Verlag, 1997, S. 174–192.

Tewald, Claudia [Risikomanagement, 2004]: Integration des Risikomanagements in die Erfolgsfaktoren-basierte Balanced Scorecard, in: Controller Magazin, Nr. 3, 2004, S. 278–284.

Töpfer, Armin/Linstädt, Gerhard/Förster, Kati [Nutzen, 2002]: Balanced Scorecard, Hoher Nutzen trotz zu langer Einführungszeit, in: Controlling, Nr. 2, 2002, S. 79–84.

Totok, Andreas: [Modellierung, 2000] von OLAP- und Data-Warehouse-Systemen, Oberursel: PDF-Version der gedruckten Ausgabe, 2000.

Walter, Hans-Christian: [Systementwicklung, 1992] – Planung, Realisierung und Einführung von EDV-Anwendungssystemen, 3. Auflage, Köln: Verlag TÜV Rheinland, 1992.

Weber, Jürgen/Weißenberger, Barbara E.: Finanzorientiertes [Controlling, 1998], in: Advanced Controlling, Reihe: Neue Aufgabenfelder und Instrumente, Band 6., Vallendar, 1998, S. 1–51.

Weber, Jürgen/Grothe, Martin/Schäffer, Utz: [Business Intelligence, 1999], in: Advanced Controlling, Reihe: Neue Aufgabenfelder und Instrumente, Band 13., Vallendar, 1999, S. 1–41.

Weber, Jürgen/Schäffer, Utz [Controlling, 2000]: Balanced Scorecard & Controlling, 3., überarb. Aufl., Wiesbaden: Gabler Verlag, 2000.

Weck, Annett [Konzeption, 2000]: Balanced Scorecard: Von der Konzeption zur Applikation, in: krp-Sonderheft, Nr. 2, 2000, S. 99–105.

Weißenberger, Barbara E. u. a.: [IAS/ IFRS, 2003]: Quo vadis Unternehmensrechnung? Konsequenzen für die Unternehmensrechnung in deutschen Unternehmen, in: Advanced Controlling, Band 31., Vallendar, 6. Jahrgang (2003), S. 1–54.

Welge, Martin K./Al-Laham, Andreas: [Strategisches Management, 2003]: Grundlagen – Prozess – Implementierung, 4. Auflage, Wiesbaden: Gabler, 2003.

Wieken, John-Harry: Der Weg zum [Data Warehouse, 1999]: Wettbewerbsvorteile durch strukturierte Unternehmensinformationen, München/Reading, Mass. u. a.: Addison-Wesley-Longman, 1999.

Wiese, Jens [Implementierung, 2000]: Implementierung der Balanced Scorecard, Wiesbaden: Deutscher Universitäts-Verlag, 2000.

Woll, Artur (Hrsg.): [Wirtschaftslexikon, 1996], 8. Auflage, München/ Wien: Oldenbourg, 1996.

Wolter, Olaf [TQM, 2000]: TQM Scorecard, München/Wien: Carl Hanser Verlag, 2000.

Wunder, Thomas: Wie konkret muss eine [Balanced Scorecard, 2001] sein?, in: Controller Magazin, 26. Jahrgang (2001), Heft Nr.2, S. 133–139.

Ziegenbein, Klaus: [Controlling, 2002], in: Klaus Olfert (Hrsg.): Kompendium der praktischen Betriebswirtschaft, 7. Auflage, Ludwigshafen (Rhein): Kiehl, 2002.

Stichwortverzeichnis

Q

R

S

T

SCOREPRISE

250,-€/ zweihundertfünfzig

Betrag / in Buchstaben

- Einmalig anrechenbar für die Jahreslizenz von SCOREPRISE ACCESS GER-VERSION
- Gutschein ist nicht mit anderen Gutschriften oder Aktionen kombinierbar
- Barauszahlung ist nicht möglich

Gutscheincode
11777

www.scoreprise.com

GPSR Compliance

The European Union's (EU) General Product Safety Regulation (GPSR) is a set of rules that requires consumer products to be safe and our obligations to ensure this.

If you have any concerns about our products, you can contact us on ProductSafety@springernature.com

In case Publisher is established outside the EU, the EU authorized representative is:

Springer Nature Customer Service Center GmbH
Europaplatz 3
69115 Heidelberg, Germany

Batch number: 10577946

Printed by Printforce, the Netherlands